KB213478

언어를 통해 본 문화 이야기

김동섭 지음

신아사

언어를 통해 본 문화이야기

들어가는 말

　우리는 하루도 말을 안 하고 살 수 없다. 마치 공기의 고마움과 중요함을 모르듯이 우리는 말을 언제 배웠는지 모르며, 말의 중요한 역할을 당연한 것으로 생각하며 살아간다. 우리는 문화란 말을 주변에서 너무 자주 듣는다. 청소년 문화, 네티즌 문화, 프랑스 문화, 히피 문화 등등 문화의 개념은 언뜻 보아도 그 범위가 매우 넓은 것을 알 수 있다.

　우리가 이 책에서 말하려는 것은 언어와 문화의 얘기다. 지금까지 학자들은 언어를 문화의 구성요소로서 이해하였다. 그러나 언어는 문화의 단편을 보여주는 종속물이 아니다. 언어에는 한 집단의 역사, 세계관, 친족관계, 성명을 짓는 법, 신앙 등 모든 것이 녹아있는 자료의 보고이다. 그러므로 이 책에서 말하는 문화란 유행이나 예술과 같이 교양과 관련이 있는 것이 아니라, 한 집단이 살아온 과거가 송두리째 들어 있는 유기체 같은 것이다. 여기에서 유기체란 용어는 문화와 언어의 관계를 잘 설명해줄 수 있는 말이다. 왜냐하면 유기체의 각 부분들이 필연적인 관계를 가진 조직체인 것처럼 언어와 문화와의 관계도 그런 맥락에서 이해할 수 있기 때문이다. 인류역사상 언어가 없는 문화는 존재하지 않았다. 이 말은 언어와 문화와의 관계가 그토록 밀접하다는 뜻이다. 그 이유는 문화의 학습과 보존·계승의 도구가 바로 언어이기 때문이다.

이 책에서는 언어라는 프리즘을 통해 한 집단의 살아온 방식, 사고하는 법, 유형·무형의 문화 형태를 살펴볼 것이다. 다시 말해 문화속에 포함된 언어가 아니라, 문화와 동격으로서 또는 문화를 내포하는 차원에서 언어를 조망할 것이다.

이 책은 언어와 문화와의 관계에서 많은 학자들이 관심을 가졌던 사고의 문제, 역사, 문자, 성명(姓名)의 문제, 언어 이외의 언어 등 여러 문제를 다룰 것이다.

2013년 1월
와우리 연구실에서

언어를 통해 본 문화이야기

차 례

제 1장 : 언어와 문화의 만남

'언어를 배우는 것은 새롭게 사는 법을 배우는 것이다'라는 서양의 격언이 있다. 이 말은 언어를 습득하는 것이 단순한 문법과 어휘에 국한되지 않는다는 말이다. 다시 말해 언어 속에는 한 민족이 살아왔던 삶의 방식이 모두 녹아 있다는 말이다. 그러므로 언어를 배우면 그 나라의 문화를 동시에 배운다. 그래서 외국 문화의 수용에는 해당 언어의 습득이 필수적이다. 그렇다면 언어와 문화는 어떻게 정의내릴 수 있으며, 그 관계는 어떻게 설명할 수 있을까?

먼저 언어와 문화와의 관계를 생각할 수 있는 몇 가지 질문들을 던져 보자.

> ▶ 왜 한국인들은 하늘도 파랗고, 들판의 풀도 파랗고, 바다색도 파랗다고 말하는가?
> ▶ 우리말의 '모', '벼', '쌀', '밥', '떡'에 해당하는 영어 단어는 존재하는가?
> ▶ 왜 어떤 집단에서는 몇몇 단어들을 입에 올리는 것조차 꺼리는가?
> ▶ 왜 한국어에는 그토록 복잡한 친족 명칭이 존재하는가?

위의 질문은 언어와 문화와의 만남을 단적으로 보여주는 질문들이다. 여기에 대한 답은 많은 자료와 인접 학문들의 도움을 받아 하나씩 풀어갈 수 있을 것이다. 먼저 언어와 문화의 실체에 대하여 살펴보기로 하자.

1. 언어는 무엇인가?

언어를 연구의 대상으로 삼는 언어학의 정의를 인용하지 않더라도 우리는 한번쯤 언어에 대해서 생각해 보았을 것이다. 언어는 무엇인가? 조금 더 구체적으로 이 문제에 접근해 보자.

▶ 언어는 인간과 동물을 구별시켜 주는 유일한 수단인가?
▶ 일반적으로 언어는 음성 언어만을 가리키는가?
▶ 언어의 기능은 무엇인가?

위에서 제기한 문제 외에도 언어와 관련된 의문점은 하나 둘이 아닐 것이다. 하나씩 이 문제들을 풀어보자.

언어의 기원[1]

고대 이집트의 왕 프사메티코스 Psammetichos는 세계의 여러 언어 가운데 어느 언어가 가장 오래된 것인지를 알아보려고 했다. 그리하여 그는 갓 태어난 아이를 사회와 격리시켜 양과 더불어 키우게 했다. 그런데 가장 처음 말한 것이 모두 bekos였다. 이 말은 프리지아어(소아시아의 고대 언어)로 '빵'을 의미하였으므로 그는 프리지아어가 인류 최초의 언어라고 생각하였다고 한다. 이러한 실험은 인간이 오래전부터 언어의 기원에 관심이 많았다는 것 외에는 큰 의미가 없다.

그러나 언어는 인간 사회와 격리된 상태에서는 습득될 수 없다는 것이 입증되었다. 실제로 인도의 어느 숲에서 두 소녀가 정글에서 발견

---

1) 『언어학의 이해』, 김방한, 민음사, 1992년, p.20.

되었다. 동화 속의 '정글북' 같은 이야기이다. 발견 당시 2세된 소녀는 아마라, 7세된 소녀는 카마라고 이름을 붙여 주었다. 그러나 문명 세계에 돌아온 자매는 여느 아동들처럼 언어를 습득할 수 없었다고 한다. 아마라는 <물>을 의미하는 단어의 습득에 2개월, 카마라는 <배고픔>과 <목마름>을 호소하는 말을 하기에 2년이나 걸렸다고 한다. 이 예는 언어의 습득에도 시기와 조건이 있음을 반증하는 것이었다.

그 조건은 두 가지인데, 공간적인 것과 시간적인 것이 있다고 언어학자들은 말한다. 인간은 사춘기 이전에 언어 습득을 관장하는 뇌가 굳어진다고 한다. 그러므로 위의 자매의 경우는 여기에 해당이 안 된다. 그러나 두번째 조건인 언어 습득의 사회적 배경이 그들에게는 치명적이었던 것이다. 즉, 인간은 언어를 습득할 수 있는 능력은 타고 나지만, 그 능력은 타인과의 교류를 통하여 실현되는 것이다.

중세에는 언어신수설이 널리 퍼져 있었다. 서유럽인들 중에는 자신들의 언어가 히브리어와 같은 뿌리라고 생각하는 사람들도 있었다. 왜냐하면 그들은 아담과 이브의 후손이므로 언어도 이스라엘 민족과 같은 히브리어 계열이라고 생각한 것이다. 종교가 지배했던 시대에 나올 수 있는 주장이다. 이후 계몽주의 철학자들은 인간이 스스로의 표현 수단으로서 언어를 발명했다는 이른바 <발명설>을 제창하기도 했다. 그러나 언어 기원설의 본격적인 주장은 19세기에 진화론이 대두되면서 일반화되었다.

1) 자연발성음 기원설

인간의 감정(놀라움, 두려움, 기쁨)에 따라 자연히 발성되는 소리에서 인간의 언어가 발달(감탄사 기원설이라고도 한다)했다는 설이다. 그리스의 에피쿠로스 Epicurus 학파에서도 발견된다. 이 가설은 프랑스의 철학자 꽁디악 E. B. de Condillac이 감탄사 기원설을 제창한 이후 널리 알려졌다. 이 가설에 따르면 언어 요소는 역사적으로 모두 감탄사에 소급했다는 학설이다. 그러나 감탄사는 그 수가 제한적이고 감탄 표출인 외침은 목적이나 의도가 없는 본능적 행동이라는 점에서 문제가 있다. 게다가 언어는 타인과의 접촉과 상호 이해라는 커뮤니케이션에서 행해지는 것이다. 그러므로 이 가설은 언어의 본질과는 차이가 있다. 독일의 뮐러 Müller는 이 가설을 흥흥설 pooh-pooh theory이라고 불렀다.

2) 의성음 기원설

자연계의 여러 소리를 모방하여 언어가 발달했다는 설이다. 모방설 imitation theory이라고도 불린다. 독일의 뮐러는 멍멍설 bow-bow theory이라고 불렀다. 그러나 인간 언어에서 의성어는 그 수가 제한적이므로 의성음 기원설이 언어의 기원설이 되기는 어렵다.

3) 원시적 노래 기원설

노래부름설 Sing-Song theory이라고도 한다. 덴마크의 언어학자 예스페르센 Jespersen이 주장하였다. 그는 인류의 언어가 그 초기 단계로 소급할수록 단어의 어형이 길고 그 의미가 빈약하다는 점을 지적하고, 의미가 없는 음절로 이루어진 어떤 원시적 노래에서 언어의 기원을 찾을 수 있다는 가설을 제창하였다. 그러나 언어의 기능이 커뮤니케이션이 아니라 외침이나 노래였다는 주장은 언어의 본질과 위배되는 주장이다.

4) 몸짓 기원설

독일의 민족심리학자 분트 W. Wundt의 주장이다. 인간 언어는 초기 단계에서는 몸짓만이 사용되었다고 한다. 그러나 그는 몸짓 언어에서 음성 언어로 어떻게 발달했는지 밝히지 못하고 있다. 또한 체질인류학이나 해부학 연구에 따르면 인간의 후두 구조는 다른 동물과는 달리 음성언어를 발달시키는 조건을 이미 갖추고 있었다고 주장하고 있다. 그러므로 몸짓 언어가 커뮤니케이션에서 중요한 역할을 했다고 해도 처음부터 음성언어의 보조 수단이었다고 보는 것이 타당할 것이다.

5) 접촉설

심리학자 레베스 Révész의 가설이다. 그에 의하면 접촉은 인간의 생득적 경향이며, 여기에는 능동적·감정적·지적 접촉의 세 단계가 있다. 지적 접촉에 의해서 참다운 커뮤니케이션이 이루어진다.

커뮤니케이션의 발전 단계는 세 단계로 나눌 수 있다. 첫번째는 집단에 대한 부름, 두번째는 개인에 대한 부름, 그리고 세번째 단계는 단어에 의한 커뮤니케이션이 그것이다. 첫번째 및 두번째 단계(명령법이 나타난다)가 언어라고 할 수 없는 커뮤니케이션이라면, 세번째 단계에서 비로소 참다운 언어가 나타난다.

이 설에 의하면 첫번째 및 두번째 단계에서 명령법이 나타나고, 이어서 다른 중요한 기능, 즉 진술을 의미하는 진술법과 질문을 의미하는 의문법이 일찍 나타난다. 그리고 커뮤니케이션의 필요성이 증가함에 따라서 이 세 가지 기능 이외의 문법 형식도 점차 발달하여 완성기에 가까워진다. 다른 가설에 비해 보다 넓은 시야에서 언어의 기원 문제에 접근한 설이다.

이상에서 살펴본 바와 같이 언어의 기원에 대한 문제는 검증할 수 없는 가설이 대부분이다. 그 이유는 먼저 이 질문 자체가 과학적이지 않기 때문이고, 두번째로 이 질문을 실증적으로 추론한다는 것 자체가 불가능하기 때문이다. 인간은 어쩔 수 없이 본질적으로 사회적 동물이며 말하는 동물이다. 언어의 기원에 대한 문제는 인간의 기원 문제와 분리할 수 없는 문제이기에 더욱 더 언어의 기원은 풀 수 없는 문제로 남는다.

<말>의 기원

언어학자 김방한[2]은 『언어학의 이해』에서 <말[言]>의 기원에 대해 흥미로운 설명을 하고 있다. 결론부터 말하면 우리말의 <말>이란 단어의 기원을 알 수 없다는 것인데, 다른 언어에서는 분명한 특징을 찾을 수 있다. 몽골어에서 kele는 <혀>와 <말, 말하다>라는 뜻을 동시에 지닌다. 이는 말을 할 때 발성 기관 중에서 가장 중요한 기관이 혀이기 때문일 것이다. 라틴어에서도 lingua는 <혀>와 <말>의 두 가지 뜻으로 해석된다. 또한 lingere란 동사는 <핥다>라는 의미인데, lingua와 같은 뿌리의 단어임을 쉽게 알 수 있다. 우리말에서도 <혀>와 <핥다>의 관계도 라틴어와 마찬가지이다. 그러나 <말>과 <혀>의 관계는 라틴어와 몽골어의 경우를 따르지 않는 것으로 보인다.

동사와 명사의 유사한 파생 관계는 다른 말에서도 발견된다. 영어의 water와 wash, 우리말의 <물>과 <미끄럽다>는 이 단어들이 동일한 어원에서 파생되었음을 보여주는 예이다. <물>의 고대 고구려어가 [mie] 혹은 [mai]라는 사실을 안다면 위의 관계를 쉽게 이해할 수 있다. 영어의 경우는 <말>을 의미하는 단어는 language이지만 <말하다>는 speak이다. 두 단어 사이에는 연관성이 없는데, 그 이유는 language는 불어에서 차용한 말이고, speak는 순수한 게르만 계통의 말이기 때문이다. 독일어에서 <말하다>라는 동사는 sprechen인 것으로 보아 영어와 밀접한 관계를 짐작할 수 있다. 끝으로 순수한 영어의 <말>은 speak의 명사 speech(독어의 sprache)이다.

---

2) 같은 책, p.53.

인간 언어의 공통점

인간이 생물학적으로 같은 종에서 진화했다는 가정하에 일찍이 철학자들과 언어학자들은 인간이 사용하는 언어들 사이에도 보편성이 존재할 것이라고 믿고 있었다. 언어학자들이 정리한 인간 언어의 공통점은 다음과 같다.

1) 음성자질의 수는 수십 개에 지나지 않는다.

모든 인간 언어는 수십 개의 자음과 모음을 가지고 있다. 만약 그렇지 않으면 인간의 기억 능력으로는 수많은 음성 자질들을 암기할 수 없을 것이다. 이것이 인간 언어의 놀라운 경제성이다. 유한한 음성 자질을 가지고 무한한 소리와 단어를 만들어 내는 것이다.

2) 자음과 모음의 두 종류를 갖지 않는 언어는 없다.

지금까지 언어학자나 인류학자들이 조사한 수천 개의 인간 언어 중에서 자음과 모음이 없는 언어는 존재하지 않는 것으로 조사되었다.

3) 어느 언어에나 명사나 동사 같은 주요 품사가 있다.

아마존의 인디언의 언어나 에스키모의 언어에도 영어와 같은 주요 품사는 존재한다. 그들이 비문명의 세계에 살고 있다고 언어마저 미개하다고 생각해서는 안 된다.

4) 어떤 언어에도 부정(否定)법이 있다.
5) 모든 언어에는 서술형에 대한 의문형·명령형이 존재한다.

언어의 정의

언어와 문화와의 만남을 이해하기 위해 먼저 언어에 대한 정의에 대해 살펴보자. 진부한 질문인 것 같지만 언어에 대한 정의를 살펴보는 것은 언어와 문화와의 관계를 이해하는 데 필수적인 과정이다. 몇몇 언어학자들은 언어를 다음과 같이 정의하였다.

1) 사피어(Sapir)의 정의[3]

미국의 언어학자 사피어는 언어를 다음과 같이 정의하였다: "언어는 의도적으로 산출된 상징 기호로서, 생각·감정·욕구를 전달하는 인간에게 고유하고 비본능적인 방식이다".

이 정의는 크게 세 부분으로 되어 있다. ① 언어는 인간이 상징기호를 사용하여, ② 자신의 생각·감정·욕구를 의도적으로 전달하는, ③ 의지적 수단이라는 것이다. 여기에서 가장 중요한 것은 인간이 상징 기호를 사용한다는 것이다. 인간이 사용하는 다양한 상징 기호의 체계 중에서 언어야말로 가장 고차원적인 상징체계이다.

2) 블로흐(B. Bloch)와 트래거(Trager)의 정의

블로흐와 트래거는 "언어란 자의적인 음성상징 기호 체계로서, 이것으로써 사회집단이 상호 협력한다"라고 언어에 대해 정의하였다. 먼저 이 정의에서 '자의적'(恣意的)이라는 말이 중요한 의미를 지닌다. 자의적이란 말은 쉽게 말해 A라는 대상을 B라고 부르는 데는 임의적인 관계에 있다는 말이다. 즉, 들판에서 자라는 큰 식물을 한국어에서는 '나무'라고 부르는 데에는 어떤 필연적인 관계도 없다는 뜻이다. 만약 둘의 관계가 내재적(內在的)이라면 각국의 언어에서는 나무를 지칭하는

---

3) 같은 책, p.48.

말들이 공통적인 특징을 보여야 하지만, 그런 경우는 찾아볼 수 없다.
이 정의의 또 다른 특징은 언어의 전달 기능보다는 언어의 사회적 기
능을 강조한 것이라고 말할 수 있다.

3) 마르띠네(Martinet)의 정의

구조주의 언어학자이면서 기능주의 언어학자인 앙드레 마르띠네는
"언어란 인간 경험이 각 언어공동체에 따라 분석되는 의사전달의 수
단이다"라고 언어에 대해 정의를 내렸다. 이 정의는 언어가 무엇보다
도 의사전달의 도구라는 점을 강조한 데 그 의의가 있다.

4) 촘스키(Chomsky)의 정의

변형생성문법의 창시자인 미국의 언어학자 촘스키는, "이제부터 언
어를 문장들의 (유한 또는 무한)집합으로 간주할 것이며, 이 문장 하
나하나는 길이가 유한하며 유한집합의 요소들로 구성되어 있다"라고
언어에 대해 새로운 정의를 내렸다.

이 정의는 앞에서 인용한 정의들과는 달리 언어의 상징화 기능이나
의사소통의 수단에 대해서는 전혀 언급이 없을 뿐만 아니라, 그것이
가지고 있는 기호학적 특성도 간과하고 있다. 즉, 언어의 구조적 특성
을 오직 수학적이고 형식적인 관점에서 정의하고 있다.

2. 인간과 동물의 의사소통

흔히 언어는 인간만의 고유한 능력이라고 말한다. 여기에서 언어는
음성 언어를 지칭한다. 그러나 보다 광의(廣義)의 언어는 동물에서도
발견된다. 이때의 언어는 정보 전달이 가능한 모든 수단에 의해 이루
어지는 의사소통을 말한다. 그러나 분명한 것은 인간의 언어와 동물의

언어 사이에는 뚜렷한 차이가 존재한다는 것이다. 동물 언어의 예를 들어 그 차이점을 살펴보자.

1) 돌고래의 언어

학자들의 연구에 따르면 돌고래의 소리 중에서 '맑은 소리'보다는 '박동음'에 속하는 소리들이 더 본능적이고 감정적이라고 한다. 돌고래의 입에서 나오는 다양한 소리를 통하여 그들은 상호 의사소통을 한다. 맑은 소리의 경우, '삐익'하는 소리는 구애(求愛)의 의미라고 한다. 그러나 이러한 돌고래의 소리는 인간의 언어와는 달리 전혀 체계적이지 못하고, 본능적 반응 체계라는 점도 인간의 언어와 크게 구별되는 부분이다.

2) 영장류의 언어

일찍이 학자들은 생물학적으로 인간과 가장 비슷한 영장류에게 인간의 언어를 가르치려고 많은 실험을 하였다. 그 중에서도 가드너 Gardner 부부의 실험은 특히 유명하다. 그들은 침팬지가 발성 능력이 없어도 언어능력 자체는 있을지도 모른다는 생각에서 실험을 시작했다. 수년의 실험 결과, 침팬지에게 수화(手話)를 통해 <오다>를 가르치는 데 7개월이 걸렸으며, 2개월 후에 침팬지는 3~4개의 단어를 손짓으로 표시할 수 있었다. 그리고 수년 뒤에 그 침팬지는 106개의 손짓 단어를 습득하였다. 예를 들어 냉장고는 <open+eat+drink>로 표현하는 방법이었다. 하루는 뱀이 나타난 것을 보고 다른 동물들은 모두 도망갔지만, 이 침팬지는 달려와서 <come+hurry up+dear(친애하는 사람)>, 즉 <제발 빨리 와 달라>라는 표시를 했다. 그러나 이 침팬지는 다른 침팬지에게 그것을 가르칠 능력이 없었고, 대부분의 손짓 언어도 수동적으로 익힌 것에 불과했다. 침팬지에게 인간처럼 언어 능력이 있을지도 모른다는 가정하에 실시된 이 실험은 결국 실패로 돌아갔다.

3) 꿀벌의 언어

꿀벌 같은 곤충은 날개짓을 통하여 정보를 전달한다. 예를 들어 '8' 자 모양으로 춤을 추면 100m에서 6km 이내에 꿀이 있다는 의미인데, 더 정확히 말해 꿀이 100m 정도에 있으면 15초 동안에 9~10회의 회전을 한다. 같은 방법으로 200m 정도에 꿀이 있으면 4회, 6km 거리에 꿀이 있으면 2회의 춤을 춘다. 그리고 춤의 각도는 먹이의 방향을 가리킨다고 한다. 이 경우 꿀벌의 정보전달 체계를 광의의 언어로 간주할 수도 있지만 인간 언어와의 차이는 분명히 드러난다. 꿀벌의 춤은 원을 그리는 춤과 '8'자를 그리는 춤으로 구분할 수 있다.

<그림 1> 원을 그리는 꿀벌의 춤[4]

<그림 2> '8'자 모양의 춤

---

4) http://www.chungdong.or.kr/middroom/korean/lang/lang02.htm

첫째, 꿀벌의 언어는 시각적이며 음성에 의해 이루어지지 않는다. 즉, 밝은 곳에서만 이루어진다.

둘째, 꿀벌의 메시지는 이것을 전달받은 쪽에서 보면 아무런 응답이 없고, 다만 어떤 행동을 유발시킬 따름이다. 응답은 인간 언어에 있어서 언어적 표출에 대한 언어적 대응이다.

셋째, 꿀벌의 언어에는 먹이의 거리와 위치밖에 담고 있지 않다. 다시 말해 정보의 내용이 극히 제한적이다.

위의 예에서 본 것처럼 정보 전달이라는 점에서만 본다면 인간 이외의 다른 동물에서도 원시적인 언어가 존재함을 확인할 수 있다. 그러나 그 어떤 동물에서도 인간의 언어처럼 조직적인 체계성을 찾아볼 수 없다. 결국 동물의 언어는 본능에 의존하고 있는 반면, 선천적으로 유전되는 인간의 언어 능력은 학습을 통하여 습득된다는 것이 가장 큰 차이라고 말할 수 있다.

3. 문화란 무엇인가?

'문화'란 말처럼 그 의미가 다양하고 광범위한 말도 없을 것이다. 그러나 문화에 대해 정의를 내려 보라면 명쾌하게 '이것이 문화다'라고 설명하기 어렵다. 우리는 어떤 개념의 정확한 이해를 위해서 그 용어의 어원을 찾는다. 그 이유는 그 용어를 만들어 낸 집단을 통하여 그 의미를 가장 정확하게 파악할 수 있기 때문이다. 문화를 의미하는 culture의 어원은 라틴어의 cultura에서 왔다. 본래 cultura는 '농작물의 재배' 혹은 '경작'을 의미하는 단어였다. 이후 농작물 가꾸기에서 '마음 또는 정신의 가꾸기'로 그 의미가 확대된 말이다. 이 경우 우리는 문화라는 말이 <교양> 또는 <예술>의 동의어가 될 수 있다고 생각하며, 사실 그런 경우도 빈번하다.

문화와 문명의 차이

우리는 흔히 문화는 정신적이고 추상적인 것으로, 그리고 문명 civilization은 구체적이고 물질적인 것으로 구분하기도 하지만, 어떤 경우에는 두 용어를 혼용하기도 한다. 영국과 프랑스에서는 두 용어를 서로 중복하여 사용하는데, 모두 인간의 보편적 발전을 의미하는 뜻으로 쓰인다. 그러나 독일의 경우는 두 용어가 구분되어 그 용례가 정착되었다.

독일에서 Zivilisation은 부정적 의미, Kultur는 긍정적 의미로 발전하였다. 즉, Zivilisation은 예절이나 매너의 뜻으로, Kultur는 지적·예술적·정신적 생산물을 의미했다. 이렇게 독일에서 두 용어의 구분이 생긴 배경은 다음과 같다.[5]

계몽시대인 18세기에 불어는 상류 부르쥬아지의 언어였다. 그렇기 때문에 독일에서는 불어를 사용하는 것이 상류 계급의 상징으로 여겨졌다. 그러나 이러한 상류 계급에 속하지 못한 독일의 지식인들은 귀족들의 행동을 프랑스 귀족 흉내내기를 통한 멋부리기, 외적인 세련미, 형식적 예절이라고 평가한 반면, 자신들의 활동은 지적이고 예술적인 완성을 위한 고귀한 행위라고 보았다.[6] 따라서 귀족들의 프랑스 흉내내기는 Zivilisation, 지식인의 지적 활동은 Kultur라고 구분해서 불렀다. 칸트 같은 철학자는 사람은 예술과 과학을 통하여 '문화화되고(cultivated)', 사회적 세련됨과 품위를 획득함으로써 '문명화된다(civilized)'고 보았다. 따라서 18세기 후반과 19세기에 나타난 culture라는 개념은 주로 독일 지식인들에 의해 부여된 특별한 의미를 가지게 되었다. 한편 문명을 의미하는 civilization은 라틴어의 civis에서 나온 말로, 18세기 후반에 불어와 영어에서 점진적인 인간의 발전 즉, 세련

---

5) 『문화의 세계화』, 쟝 피에르 베르니에, 주형일 옮김, 한울, 2000년, p.158.
6) 같은 책, p.159.

됨과 질서를 향한 움직임, 야만성과 난폭함으로부터의 탈피를 의미하는 말로 정착되었다.

<사진 1> 계몽사상가 볼테르(Voltaire)

문화와 문명의 차이를 좀더 실체적으로 구분해 보자. 아랍 문명 연구의 권위자인 정수일 교수는 『고대 문명 교류사』[7]에서 '문화는 문명을 구성하는 개별적 요소이며 그 양상이다'라고 그 포함 관계를 설명하고 있다. 다시 말해 문명과 문화의 관계는 위계적 관계가 아니라 총제와 개체, 복합성과 단일성, 내재(內在)와 외형, 제품과 재료의 포괄적 관계라는 뜻이다. 그는 문명이 총체로서 피륙이라면 문화는 개체로서의 재료인 줄, 즉 씨줄과 날줄에 해당된다고 보았다.

위의 구분에서 우리는 문화와 문명의 범주가 상호 배타적인 관계가 아니라 밀접한 포함 관계인 것을 알 수 있다. 물론 문화가 씨줄이라면 씨줄을 구성하는 더 가는 실들이 있을 것이다. 이처럼 문화는 더 세분화될 수 있는데 이러한 문화는 한 재료의 세분 문화라고 불린다.

---

7) 정수일, 『고대 문명 교류사』, 사계절, p.23, 2001년.

언어와 문화의 만남

　본서에서 말하는 문화는 위에서 소개한 의미와는 조금 다르다. 우리는 '문화'의 정의를 철학에서 빌어오지 않고 인류학에서 빌어온다. 문화를 연구 대상으로 삼는 문화인류학에서 문화란 '한 집단의 생활양식이다'라고 정의를 내린다. 구체적으로 설명하자면, 문화란 사람의 행동 및 사고에서 나타나는 상이한 양식을 말한다. 예를 들어 한국인과 인도인은 주택, 의복, 음식의 종류, 요리 방법, 음식을 먹는 방법, 친족 조직, 신앙, 조상에 대한 태도 등에서 많은 차이를 보이는데, 이것이 문화의 차이라고 인류학자들은 설명한다. 본서에서는 언어와 문화의 만남을 인류학에서 정의한 문화의 개념에 의해 살펴볼 것이다.

　언어학에서는 문화가, 문화인류학에서는 언어가 중요한 의미를 가지는 이유는 두 학문이 언어와 문화라는 매개체를 통하여 서로 상보적 관계에 있기 때문이다. 언어학에서 문화가 문제가 되는 것은 언어 자체가 문화적 존재이기 때문이다. 문화의 여러 요소 중에서 언어는 인간만이 가진 기호 체계이며, 지적 또는 사회적 활동을 가능하게 하고, 그 소산을 다음 세대에 전해주는 중요한 역할을 한다. 이런 의미에서 언어는 문화의 한 부분인 동시에 문화 자체를 떠받치고 있다고 말할 수 있다.

　언어는 문화의 소산이라고 한다. 이 말은 언어가 문화의 구성 요소 중의 하나라는 의미이다. 그러나 위에서 언급한 문화의 다른 요소 중에서 언어의 비중은 매우 크다. 언어와 문화와의 관계는 인류학에서 다루는데, 그중에서도 문화인류학이 그 연구의 대상으로 삼는다. 문화인류학은 문화를 연구의 대상으로 하는 학문으로 주로 미개 민족의 친족 제도, 사회 제도, 경제 제도, 종교적 행사, 세계관 등을 조사한다.

　언어와 문화에 관심을 가지는 문화인류학자들은 언어가 문화에 종속된 구성 요소라는 입장에서 연구를 시작한다. 그러나 과연 언어와 문화와의 관계는 일방적으로 문화가 언어에 영향만 미치는 것일까? 이 문제는 아주 중요한 질문을 우리에게 던진다. 물론 처음에는 다양한 문화 형태가 생겨난 다음에 언어가 생겼을 것이다. 그러나 일단 형성된 언어는 그 다음 단계에서는 반대로 문화에 영향을 미친다. 본서에서 언어와 문화의 상관관계는 후자의 입장에서 살펴볼 것이다.

문화의 특징

문화인류학자들은 문화와 개인 간의 관계를 거미와 거미집의 관계에 비유한다. 거미는 개인에 해당되고 거미집이 문화에 해당된다면, 거미가 자신의 몸에서 실을 뽑아내어 거미집을 만들듯이 개인은 문화의 창조자인 동시에 문화의 소재지가 된다. 그리고 그 개인은 그 자신이 자아낸 거미집인 문화를 벗어나서 존재할 수 없는 문화의 수인(囚人)이 된다.

그러므로 거미가 자신의 거미집을 떠나서 살 수 없듯이, 개인도 자신이 살아온 문화적 환경에서 벗어나 살기는 그리 쉬운 일이 아니다. 그리고 문화는 개인에게 행동 유형을 마련함으로써 고통스런 시행착오의 학습을 할 필요가 없게 해 준다. 다시 말해 거미가 거미줄의 여러 행로를 따라 이동하듯이, 개인은 이미 만들어진 거미줄처럼 기존의 문화 양식을 답습하는 것이다.

문화의 속성[8]

1) 문화의 공유성

문화는 우리가 관찰하고 측정할 수 있는 사물이나 사건이라기보다

---

8) 『문화인류학의 이해』, 노길명 외, 일신사, 1999년, p.80.

는 공유된 관념과 의미로 구성되어 있다. 그러므로 문화란 일차적으로 개인들의 정신 속에 있는 공통의 의식적·무의식적 체계인 것이다. 예를 들어 의사소통을 위한 언어와 같은 기호(code) 체계는 부락 또는 민족의 문화 체계로서 개인들의 머릿속에 존재한다.

여기에서 언어와 문화의 공통된 특징을 발견할 수 있다. 언어가 한 집단에서 사용되기 위해서는 그 집단이 그 언어 코드를 공유하고 있어야 한다. 마찬가지로 문화도 사회의 구성원들이 후천적으로 습득하는 공동의 코드 체계를 통하여 학습될 수 있는 것이다.

2) 문화의 상징성

인류학자 화이트는 인간이 상징을 다룰 수 있는 점에서 동물과 구별되고 이것이 문화의 기초라고 생각했다. 성당에서 성수(聖水)를 사제가 신자에게 뿌릴 때, 그 물은 여느 물과 다를 바가 없다. 하지만 종교 의식에 사용된다는 특별한 상징성 때문에 그 효력을 발하는 것이다. 화이트는 인간이 상징 행위에 기초하여 만든 사물 및 사건들을 상징물이라고 부르고, 이것이 문화를 구성한다고 보았다. 인간이 만든 상징물 중에서도 언어는 의사소통을 위해 만들어진 가장 보편적인 상징체계이다.

그러면 언어 이외의 대표적인 상징체계는 어떤 것들이 있을까? 문화의 다양한 형태들이 상징성을 가지고 있다면 의복, 그림, 음식, 건축물 등의 물질문화는 그 대표적인 상징물이다. 예를 들어 대부분의 문화권에서는 여자들이 치마를 입지만 스코틀랜드의 킬트 kilt는 남자들이 입는 치마의 일종이다. 게다가 킬트의 격자무늬와 색깔은 집안마다 다르다고 한다. 마치 중세 서유럽의 왕실이나 귀족의 가문에서 사용하던 문장(紋章)의 상징성과 같은 이치이다.

<사진 2> 스코틀랜드의 전통 의상 킬트(Kilt)

　중세 서유럽의 문장의 상징성은 크게 색깔과 문장에 들어가는 상징 물로 구분할 수 있다. 먼저 흑색 sable은 슬픔과 야성적 의지를 상징하 고, 적색 gueule은 자비와 승리의 상징이며, 백색 argent은 순수함과 공 정함의 상징이다. 이 밖에도 금색 or은 총명함과 심판의 상징이며, 녹 색 vert은 희망을 나타낸다.[9]

　유럽 왕실과 귀족의 문장에는 유난히 많은 동물이 등장한다. 이것은 중세 서유럽 사회에서 공유된 상징성이 있었다고 해석할 수 있다. 만 약 문장에 들어가는 상징물이 다른 집단에서는 전혀 다른 의미를 내 포한다면 기독교 제국(諸國)이었던 유럽에서 그 상징성은 의미가 없어 지는 것이다. 단적인 예로 동양에서는 용(龍)이 '왕'과 '부'를 상징하는 전설의 동물이지만, 서양에서는 '악'의 상징이다. 그러므로 유럽 왕실 이나 귀족의 가문에서는 용이 들어간 문장을 거의 발견할 수 없다. 문 장에 자주 등장하는 대표적인 동물과 식물의 상징성에 대하여 알아보 자.

---

9) 『서양중세의 삶과 생활』, 로베르 드로르저, 김동섭 역, 새미, 1999년, p.90.

- 사자: 불굴의 용기
- 독수리: 존귀함, 용기
- 표범: 용맹스런 전사(戰士)
- 뱀, 도마뱀: 지혜
- 물고기: 예수의 상징, 세 마리 물고기는 삼위일체를 상징
- 개: 용기와 충성심
- 비둘기: 평화
- 백합: 성녀 마리아의 상징, 프랑스 왕실의 상징
- 붉은 장미: 아름다움과 은총
- 흰장미: 신앙심과 사랑
- 월계수잎: 고요함과 평화

건축물도 상징성을 지닌다고 위에서 언급한 바 있다. 유럽의 고도(古都)를 여행할 기회가 있으면 교회가 어디에 위치하고 있는지 유심히 살펴 보라. 교회는 그 도시의 중앙에 위치하고, 성주가 거주하던 성채는 높은 언덕에 축조되어 있다. 이는 영적인 세계와 세속 세계를 군림하는 두 수장(首長)의 상징성이 같지 않다는 사실을 암시하고 있다. 우리나라의 사찰은 또 어떤가? 깊은 산 속에 위치한 많은 불교 사찰은 속세와 인연을 끊었다는 상징성을 내포하고 있지 않은가?

3) 문화의 학습

인간은 문화를 소유하고 태어나는 것이 아니라 단지 문화를 학습할 능력을 타고 난다. 이는 문화의 양식이 인간의 출생과 함께 선천적으로 만들어지는 것이 아니라 후천적으로 학습에 의해 획득된다는 것을 의미한다. 그런데 우리는 위에서 언어를 대표적인 상징체계라고 기술한 바 있다. 그러나 일반적으로 대부분의 문화 형태는 그 학습의 시기가 크게 중요하지 않으나, 언어의 경우는 앞에서 예를 든 '늑대 소녀'

의 경우처럼 적절한 시기가 중요한 것이 사실이다.

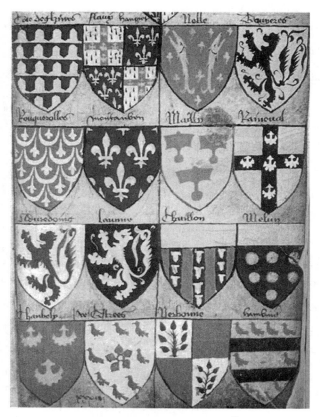

<사진 3> 중세 유럽의 다양한 문장(紋章)[10]

4) 문화의 보편성

인간은 다양한 환경에서 다양한 문화를 만들며 살아간다. 그런데 인간이 만들어낸 문화에는 보편성을 찾을 수 있다. 예를 들어 복잡한 체계의 언어, 부부와 자녀에 관련된 가치나 규범이 포함된 가족 체계, 혼

---

10) 『Figures de l'héraldique』, Michel Pastoureau, Découvertes Gallimard, 1995년, p.42.

인제도, 종교 등이 보편적인 문화의 형태이다. 이밖에도 근친상 간의 금기, 예술, 신체 장식, 오락, 선물 교환, 농담 등도 인류학자들이 규정하는 보편적 문화의 형태들이다. 그러나 이러한 문화 형태에도 다양성이 존재한다는 사실을 간과해서는 안될 것이다.

<사진 4> 이슬람 사원 모스케(Mosque)

제 2장 : 사고(思考), 소리 없는 언어

1. 생각은 소리 없는 언어인가?

인간이 동물과 가장 다른 점은 언어를 구사한다는 것이다. 그런데 언어란 인간이 사용하는 상징체계 중에서 가장 고차원적인 체계를 가지고 있다. 우리는 입을 통하여 말을 한다. 언어학자들은 언어의 제 1 기능이 의사소통에 있다고 말하는 데 주저하지 않는다. 그런데 우리가 언어를 구사할 때 머릿속에서 진행되고 있는 생각은 언어와 어떤 관계를 갖고 있는 것일까? 우리 머릿속의 생각은 언어에 의해 형성되는가? 아니면 언어가 생각에 의해 이루어진 뒤에 입을 통해 구사되는 것인가?

일찍이 철학자들은 언어와 사고에 대해 많은 관심을 가져왔다. 그들이 주로 관심을 가진 문제는 사고와 언어와의 관계이다. 이 문제는 이렇게 요약될 수 있다. 우리는 언어를 통하여 생각을 하는가? 아니면 생각을 통하여 말을 하는가?

결론부터 말하면 일단(一團)의 학자들은 언어가 사고에 영향을 주거나 결정한다는 가설을 주장했다. 본장에서 우리는 그들의 가설과 사례 연구들을 살펴볼 것이다.

언어는 사고를 지배하는가?

일찍이 18세기 독일의 철학가이자 문인이었던 헤르더는 "한 국가에는 독특한 세계관이 있고, 그 세계관에 따라 세계를 재편한다"라고 지적했다. 그는 언어와 역사, 언어와 세계 인식, 언어와 이데올로기의 관계가 이를 뒷받침한다고 부연 설명을 하였다.

1) 언어와 역사

언어에는 그 민족의 역사가 그대로 투영되어 있다. 한국어의 경우, 국어에서 차지하는 한자어의 비중과 몽골어의 흔적만 보아도 우리나라의 역사를 더듬어 볼 수 있다. 영어에 차용된 수많은 불어 어휘도 영국과 프랑스의 특수한 역사적인 관계를 엿볼 수 있는 좋은 단서이다.

2) 언어와 세계인식

우리 한국 사람들은 교통 신호등의 초록불을 파란불이라고 부르고, 초록색의 초원도 파란 초원, 하늘색도 파란 하늘이라는 형용사를 자연스럽게 사용한다. 그러나 미술을 공부하는 사람에게 이러한 색채어의 혼용은 이해할 수 없는 부분이다. 그렇다면 색맹도 아닌 한국인들은 왜 초록색과 파란색을 구별하지 않고 혼용하는 것일까?

우리는 현실 세계와 사회적 세계를 가정해 볼 필요가 있다. 현실 세계란 그 누구의 눈에도 동일하게 보이는 객관적인 세계를 말한다. 여기에서는 파란색과 초록색이 엄연히 구별될 것이다. 그러나 한국인들은 왜 이 두 색깔을 구분하지 않는 것인가? 그 이유는 언어에 있다. 본래 한국어의 기본색은 흰색, 검정색, 노란색, 파란색, 붉은색으로 구성되어 있다. 한국어에서 초록색은 파란색의 범주에 포함되어 있다. 그런 까닭에 우리는 파란색과 초록색을 혼용하는 것이다.

그렇다면 언어는 어떤 세계에서 형성되는가? 만약 언어가 객관적인 현실의 세계에서 형성된다면 위에서 언급한 한국어의 색채어 문제는 일어나지 않을 것이다. 언어는 객관적 세계가 아닌 사회적 세계에서 형성된다. 다시 말해 인간 집단이 어떤 환경에서 어떤 사회를 이루고 사느냐에 따라 언어는 각각 그 모습이 달라지는 것이다. 에스키모어에는 눈[雪]에 관련된 어휘가 상당히 많고, 아랍어에는 낙타와 관련된 어휘가 매우 많다고 한다. 그러므로 이러한 예를 한국어와 비교해 본다면 언어가 객관적인 현실 세계에서 형성되지 않는다는 사실을 유추할 수 있다.

언어가 사회적 세계에서 형성된다고 본 학자는 미국의 언어학자 사피어 Sapir이다. 앞으로 우리는 사피어와 그의 제자 워프 Whorf의 이론에 대해 심도 있게 접근할 것이다.

<사진 5> 에스키모[11]

3) 언어와 이데올로기

인간은 언어를 통하여 생각하는 법을 배운다. 우리는 단어와 문장을 통하여 사고(思考), 나아가서는 철학을 배운다고 말할 수 있다. 이 말은 우리가 말하는 모든 것은 우리의 의지대로 표현되는 것이 아니라 말에 의해 표현되는 것에 불과하다는 말이다. 이러한 주장이 사실이라면 우리의 사고는 말이 지배하고 있으며, 생각은 소리 없는 언어라고

---

11) '날고기를 먹는 사람들'이라는 캐나다 인디언들의 말에서 유래. 그들은 자신들을 '이누잇'(Innuit)이라고 부르는데 그 뜻은 '인간'을 의미한다.

말할 수 있다. 그러나 사고와 언어의 종속관계는 아직까지 언어학이나 심리학 같은 학문에서 다루고 있는 주제이고, 이에 대한 결론을 내린 다는 것도 아직 성급한 일이다.

사고에 대한 언어의 역할과 그 철학적 배경

19세기 독일의 언어철학자 훔볼트 W. von Humboldt는 언어가 그 언어를 사용하는 사람의 사고방식이나 정신 구조에 일정한 영향을 미친 다고 말했다. 훔볼트가 지적한 언어의 영역은 특히 어휘의 장(場)을 가리키는데, 어휘의 장이란 같은 범주에 묶을 수 있는 어휘들의 총집합을 말한다. 예를 들어 동식물명, 별자리명, 색채어, 친족명 등이 어휘의 장을 구성한다. 바로 이 어휘의 장이 각 언어 집단마다 차이를 보이는데, 이러한 차이가 구성원들의 정신 구조에 영향을 미친다는 것이다.

<사진 6> 베를린 훔볼트 대학에 있는 훔볼트 동상

이러한 철학적인 배경은 미국의 언어학자 사피어 Sapir와 그의 제자 워프 Whorf에 의해서 구체적으로 정립되었다. 사피어-워프의 가설에 따르면 우리들의 사고 과정이나 경험 양식은 언어에 의존하고 있으며,

언어가 다르면 거기에 대응해서 사고와 경험의 양식도 달라질 수 있다는 것이다. 다시 말해 사피어-워프의 주장은 언어가 사고와 경험 양식을 결정하는 데 중요한 역할을 한다는 것이다. 그런 까닭에 그들의 이론을 언어결정론(言語決定論)이라고 부른다.

언어결정론이 미국에서 탄생하게 된 배경에는 미국의 인류학자들이 당면했던 특이한 문제도 한몫을 하였다. 즉, 미국의 인류학자들은 수많은 아메리카 인디언들의 문화적 차이가 언어의 상이함에 기인한다고 생각하였다. 이런 분위기에서 사피어와 워프는 한 걸음 더 나아가 언어가 사고와 경험 양식을 결정한다는 이론을 일반화시키기에 이르렀던 것이다.

사피어는 언어가 사고의 형성에 영향을 미친다는 약한 가설을 폈던 반면, 워프는 언어가 사고를 결정한다는 강한 가설을 주장하였다. 그들의 주장에 따르면 우리는 객관적 세계를 있는 그대로 보고 경험하는 것이 아니라, 언어를 통해서 인식한다는 것이다. 워프의 주장에 따르면 우리는 각자의 모국어를 사용하는 전혀 다른 세계에 살고 있다는 것이다.

일반적으로 언어는 문화의 중요한 구성요소로 인식되어 왔다. 그러나 사피어-워프의 주장에 따르면 언어는 문화의 종속요소가 아니라, 오히려 문화의 양식에 영향을 미치거나 문화 양식을 결정한다는 것이다. 물론 그들의 주장에 대해 찬반양론이 사례별 연구에 의해 검증되고 있다.

워프는 언어가 단순히 관념을 소리로 나타내는 재생 수단이 아니라, 오히려 그 자체가 관념을 형성한다고 생각하였다. 이 말은 언어가 의사소통의 수단인 동시에, 사고 형성 과정의 매개체가 아니라 오히려 사고를 지배한다는 의미이다. 워프 같은 언어우위론자들의 이론에 따르면 언어는 사고 형성에 중요한 역할을 한다고 말할 수 있다.

언어우위론자 혹은 언어결정론자의 이론에 따르면 우리는 모국어에

입각하여 자연을 분석한다고 한다. 일례로 아프리카 로데지아의 소어
語에는 무지개를 세 가지 색으로 표현한다. 영어처럼 일곱 가지 색으
로 표현하는 것과는 사뭇 다르다. 그렇다면 소어족이 보는 무지개와
미국인들의 눈에 보이는 무지개는 다르단 말인가? 우리는 이 문제에
대해 쉽게 답할 수 있다. 즉, 그 이유는 앞에서 예를 들었던 한국어의
파란색의 경우처럼 사람은 자신들의 모국어를 통하여 바깥세상을 보
고 있기 때문이다.

언어상대주의와 문화상대주의

우리는 자신의 모습을 스스로 볼 수 없다. 단지 거울에 비춰진 모습
을 통하여 자신의 모습을 볼 수 있을 뿐이다. 우리는 스스로 자신의
문화와 언어에 대해 잘 알고 있다고 생각하지만, 실제로는 그렇지 못
한 것도 사실이다. 우리가 외국 문화에 관심을 가지는 것도 어찌 보면
우리 문화를 조금 더 객관적인 면으로 바라보기 위함일 것이다. 외래
문화에 대한 맹목적인 추종과 종속은 소중한 우리 문화의 상실을 의
미하기 때문이다.

위에서 소개한 두 학자의 언어결정론 혹은 언어우위론은 언어의 상
대성이 문화의 상대성을 야기시키고, 구체적으로 사고의 형성에도 영
향을 주거나 결정을 한다는 이론이었다. 즉, 언어가 다르면 사고방식
과 경험 양식이 다르고, 더 나아가 문화의 양태도 다르다는 것이다.

우리는 각자의 모국어로 생각을 하며, 자신과 다른 언어를 구사하
는 사람들도 자신들과 비슷한 사고방식과 언어 표현을 가지고 있다고
생각한다. 그러나 외국어를 배워본 사람이면 누구든지 언어 간의 차이
가 무척 크다는 사실을 인식할 것이다. 그렇다면 언어 간의 차이는 과
연 생각의 차이에도 영향을 주는 것일까? 이 문제는 언어의 상대성을
인정하는 가정에서 출발한다. 즉, 언어의 상대적 차이가 사고 및 문화

의 형태를 결정한다는 것이다. 그렇다면 문화의 상대주의에 대해서는
어떤 시각을 가지고 그 다양한 현상을 바라볼 것인가?

우리는 여기에서 로라 보하난[12]이 체험한 문화상대주의에 대하여 살
펴보자. 그녀가 셰익스피어의 고향 스트렛포드 Stratford를 방문했을
때, 영국인 친구가 "당신 같은 미국인들은 셰익스피어의 문학 작품을
제대로 이해하기 힘들거요. 그건 셰익스피어가 영국의 작자이기 때문
이지요"라고 말한다. 그러나 그녀는 같은 영어를 모국어로 사용하는
자신이 셰익스피어의 작품을 이해하기 힘들 것이라는 영국 친구의 지
적에 동의할 수 없었다. 그 후 그녀는 나이지리아의 티브족 마을로 떠
나 셰익스피어의 작품을 티브족에게 설명하며 과연 그들이 그 작품을
이해하는지 연구하게 된다. 그녀가 선택한 작품은 『햄릿』이었고, 티브
족 마을에 머물던 어느 날 추장의 집에서 그녀는 햄릿에 대하여 이야
기를 하기 시작한다. 먼저 햄릿의 줄거리를 간단히 요약해 보자.

> "햄릿의 작은 아버지 클로디우스 Claudius는 형을 독살한 뒤, 왕위를
> 찬탈하고 햄릿의 어머니인 왕비 거트루드 Gertrude마저 한 달도 못 되어
> 클로디우스와 결혼을 한다. 그러던 중 세상을 떠난 부왕(父王) 유령이
> 나타나 햄릿에게 복수를 당부한다. 햄릿은 아버지의 복수를 결심을 하나
> 클로디우스는 좀처럼 틈을 보이지 않는다. 햄릿은 미친 척 가장하여
> 클로디우스와 자기가 사랑하는 오필리아 Ophilia의 아버지인 재상
> 폴로니우스 Polonius 앞에서 부왕 살해와 왕위 찬탈의 정황을 꾸민 연극을
> 보여주며 그 눈치를 살피기도 한다.
>
> 얼마 후 햄릿은 연극 때문에 분개한 어머니 거트루드의 침실로 가서
> 어머니의 부정을 탓하던 중에 휘장 뒤에 숨어서 그들의 말을 엿듣고 있던
> 폴로니우스를 클로디우스로 오인하여 칼로 찔러 죽인다. 햄릿은 영국으로
> 길을 떠나고, 오필리아는 미쳐서 물에 빠져 죽는다.
>
> 햄릿은 그 후 클로디우스가 자신을 죽이려고 보낸 두 명의 신하를
> 역이용하여 고국으로 돌아온다. 도중에 그는 오필리아의 장례식을 목격하게
> 된다. 오빠인 레어티즈 Laetes는 복수를 결심하고 클로디우스는 둘에게

---

12) 『낯선 곳에서 나를 만나다』, 한국문화인류학회, 일조각, 1998년, p.10.

검술시합을 시킨다. 그 자리에서 독검으로 레어트즈는 햄릿을 찌르지만 자신도 칼에 찔려 깊은 상처를 입는다. 그는 죽으면서 클로디우스가 이 사건의 주범임을 밝힌다. 햄릿은 마지막으로 클로디우스를 쓰러뜨리고 죽는다."

로라는 추장 집에 모여 있는 티브족에게 햄릿의 이야기를 들려준다. 그러나 그녀는 문화적 배경과 가치관 등의 차이로 인해 문학 작품의 이해가 얼마나 어려운지 알게 된다. 티브족과의 문화적 차이를 극명하게 보여주는 예들을 보자.

1) 로라가 선왕(先王)이 죽은 뒤에 왕비가 한 달 만에 시동생인 클로디우스와 결혼을 했다고 말하자, 추장 부인은 아주 잘 된 일이라는 반응을 보인다. 티브족의 관습으로 보면 형이 죽으면 그 동생이 형수와 결혼하는 것은 당연한 일이기 때문이었다.

2) 로라가 선왕의 유령이 나타나서 햄릿에게 복수를 부탁했다고 말하자, 티브족들은 일제히 그것은 악령이라고 반박한다. 게다가 악령은 결코 말할 수 없다고 그들은 믿고 있었다.

3) 햄릿이 재상(宰相) 폴로니우스의 딸 오필리아와 사랑에 빠지지만, 장차 왕이 될 햄릿과 오필리아는 결혼할 수 없다고 로라는 티브족들에게 설명한다. 그 때 추장의 부인이 그녀에게 묻는다. "왜 둘은 결혼할 수 없는거죠?" 추장은 너무도 당연히, "같은 마을에 살잖아!"라고 면박을 준다. 티브족의 결혼 관습으로는 이해하기 어려운 부분이었다.

4) 로라는 햄릿이 '미쳤다'라는 말을 티브족이 이해하지 못할까 봐 단순히 혼이 나갔다고 얘기해 주었다. 그러자 티브족은 로라에게 "누가 햄릿에게 마법을 걸었죠?"라고 되묻는다. 왜냐하면 티브족의 사회에서는 마법사만이 혼이 나가게 할 수 있기 때문이었다.

5) 로라는 아버지가 죽자 한 달에 재혼한 어머니를 햄릿이 신랄하게

비난했다고 말하자 티브족은 자식이 부모를 비난한다는 사실을 용납할 수 없다고 반박한다.

6) 햄릿은 어머니의 방에서 자신들의 이야기를 엿듣던 폴로니우스를 클로디우스로 오인하여 살해한다. 이 장면을 티브족에게 설명하자 그들의 반응은 폴로니우스가 무척 멍청한 사람이라고 답한다. 그 이유는 티브족은 사냥터에서 사람과 사냥감을 구별하기 어려울 때 "나야!"라고 소리만 지르면 화살에 맞을 위험이 없다는 사실을 잘 알고 있기 때문이었다. 다시 말해 티브족은 만약 폴로니우스가 조금만 현명했다면 "쥐새끼다!"라고 칼을 휘둘렀던 햄릿에게 "나야!"라고 한 마디를 했을 것이고, 그러면 그는 죽음을 면했을 것이라고 생각하고 있었다.

7) 마지막으로 티브족의 장로는 로라의 이야기를 다 듣기도 전에 마치 줄거리를 다 안다는 듯이 결론을 내린다. 그 엉뚱한 결론의 일부를 보자.

> "폴로니우스는 자기 아들이 곤란에 빠질 것이라는 걸 알았고, 또 그렇게 되었소. 그의 아들은 싸움과 노름으로 빚을 많이 졌지. 그런데 레어티즈(오필리아의 오빠)에게는 돈을 빨리 마련할 두 가지 방법이 있었던 거요. 하나는 여동생을 빨리 시집보내는 것이었는데, 대추장의 아들인 햄릿이 여동생을 좋아하는 한, 여동생과 결혼하고 싶어하는 남자를 찾기는 힘든 일이었을 거요. 왜냐하면 결혼한 후에 대추장의 상속자인 햄릿과 오필리아가 간통을 했다 해도 남편으로서도 어쩔 수 없지 않겠소? 두번째 방법으로 레어티즈는 여동생을 물에 빠뜨려 죽게 만든 다음 그 시체를 마법사에게 몰래 팔려고 했소. 그러나 그 시체가 누군가에 의해 발견되어 마법사에게 팔 수 없게 되자 레어티즈는 잔뜩 화가 나 햄릿을 죽이기로 결심하게 되는 거요." [13]

여기까지만 보더라도 로라는 티브족에게 햄릿을 이해시킨다는 것이

---

13) 같은 책, p.26.

거의 불가능하다는 것을 인식했다. 문화의 차이는 단순히 극복될 수 있는 문제가 아니고 그 상대성이 크면 클수록 두 문화 간의 이질감은 더 커진다는 사실을 로라는 실증적인 방법을 통하여 경험한 것이다. 그런 까닭에 문화의 상대성을 인정하면 열등하거나 우월적인 문화의 구별도 그 의미가 없는 것이다.

우리가 위에서 한 인류학자의 사례 연구를 인용한 까닭은 문화의 상대성을 인식하면 상대방의 문화를 좀 더 잘 이해할 수 있기 때문이었다. 그런 맥락에서 언어의 차이도 비슷한 결과를 초래할 수 있다. 여기에서 사피어-워프의 가설은 시작된다.

<사진 7> 덴마크 헬싱외르의 크론보리성(햄릿의 주무대)

언어상대성 가설에 대한 두 가지 입장[14]

언어의 상대성을 인정하는 언어우위론은 언어결정론으로도 불린다. 여기에는 <강한 가설>과 <약한 가설>이 존재하는데, 먼저 강한 가설

---

14) 『언어학의 이해』, 김방한, 민음사, 1992년, p.315.

을 주장하는 학자들에 따르면 서로 다른 언어의 번역도 불가능하다. 일례로 신약 성경을 자포텍크어 Zapotec(멕시코의 남부 인디언)로 번역하는 과정에서, 번역자들은 예수가 가파르나움에 내려오는 장면에서 번역을 중단할 수밖에 없었다. 그 이유는 자포텍크어의 동사 구조가 각 동작이 그 장면에서 처음으로 행해지는가 혹은 그렇지 않은가에 따라 구분되기 때문에 성서의 번역을 더 이상 할 수 없었다는 얘기다. 다시 말해 예수가 가파르나움을 처음 방문했는지 아니면 여러 번 방문했는지 알 수 없기 때문에 번역을 할 수 없다는 것이다. 그러므로 언어결정론의 강한 가설을 따르면 각 언어 사이에는 번역도 불가능하다는 것이다. 그러나 실제의 상황은 그렇지 않음을 우리는 익히 알고 있다. 이와는 반대로 약한 가설은 언어가 사고나 인식의 과정에 영향을 미친다는 것이다.

2. 사피어-워프 가설

개별 언어의 상이성이 사고방식과 문화의 상이성을 초래한다고 주장했던 학자는 미국의 언어학자 사피어와 그의 제자 워프였다. 이 두 학자의 가설은 앞에서 언급한 강한 가설과 약한 가설로 구분된다. 사피어와 워프는 언어의 유형이 언어 사용 집단의 사고방식이나 경험 양식을 결정하고, 나아가 문화 양식까지 결정한다는 가설을 폈다. 두 학자의 입장 차이를 강한 가설과 약한 가설에 비유한 것은 사피어는 언어가 사고에 영향을 준다고 생각했던 반면, 워프는 언어가 사고를 결정한다는 주장을 폈기 때문이다.

먼저 사피어가 생각한 언어와 사고와의 관계를 알아보자. 사피어는 언어가 객관적 세계에서 형성되는 것이 아니라 사회적 세계에서 형성된다고 보았다. 즉, 인류가 집단을 형성하고 그 집단이 사회로 진화하면서 그 사회의 유형에 따라 언어가 형성된다는 것이다. 아랍어에 낙타와 관련된 수많은 어휘들은 중동 지방에서 낙타가 가장 중요한 가축이라는 사실을 말하고 있다. 그러므로 언어는 사회의 모습을 그대로 반영한다고 말할 수 있다. 결국 언어는 사회가 객관 세계를 인식한 다음에 형성된다는 말이다.

사피어는 언어의 영역 중에서 어휘만이 그 민족의 경험을 조직화한다고 보았다. 반면 문법은 언어의 영역에서 제외하였다. 사피어가 분석한 언어와 사회와의 관계를 살펴보자.

첫째, 사피어는 언어를 사회화의 강력한 도구라고 생각하였다.
① 언어가 없는 사회적 관계는 존재할 수 없다.
② 공통의 언어를 소유한다는 것은 사회의 각 개체를 이어주는 연대감의 상징이다.
③ 언어는 '의사소통'의 기능 외에도 '관계를 맺기', '구성원이 되기'에 중요한 역할을 한다.
④ 언어는 문화의 축적과 전달에 중요한 역할을 한다.

둘째, 언어와 문화와의 관계는 단순히 기계적으로 인식될 수 없다.
① 형식과 내용으로 세분된 우리의 인식은 문화를 심도 있게 이해하도록 도와준다. 예를 들어 하와이 원주민의 호칭에서 '아버지'란 말은 아버지의 형제 모두를 가리킨다. 그러므로 한 언어를 통하여 우리는 그 집단의 문화를 보다 정확하게 인식할 수 있다. 또 다른 예로 언어의 상징성은 각 문화권마다 다르다. 중국인들은 붉은 색을 매우 좋아한다. 중국을 여행해 본 사람은 그들이 얼마나 붉은 색을 선호하는지 실감했을 것이다. 그러나 다른 문화권에서 붉은 색은 동일한 의미를 상징하지 않는다.

② 언어를 사용하는 집단과 그 언어 사이에 단순한 일치는 없다. 다시 말해 동일한 언어를 사용하는 많은 집단들을 단순히 동일시해서는 안 된다. 러시아어는 구소련 연방에서 공용 언어였지만 연방 내의 수많은 민족들이 동일한 문화를 소유하고 있지는 않다.

셋째, 언어는 문화보다 점진적으로 변한다.
문화의 양식에는 그 집단의 주거 방식, 음식 문화, 의복 양식, 친족관계 등과 같이 유형 또는 무형의 양식이 존재한다. 그러나 이러한 문화의 양식은 새로운 문화의 양식에 의해 쉽게 대체될 수도 있다. 이런 면에서 언어는 한 집단의 문화 양식을 가장 오랫동안 간직하고 있는 자료체라고 말할 수 있다.

사피어가 언어와 사회의 상관관계를 중시하고 언어는 사회적 세계에서 형성된다고 주장했던 반면, 워프는 한 걸음 더 나아가 사피어가 중시했던 어휘뿐만 아니라 문법이 사고 자체를 형성한다고 보았다. 워프는 언어 체계(문법)가 언어의 이면에서 사고를 생성하고 개인의 정신 활동을 지도한다고 주장하였다. 즉, 워프의 주장에 따르면 언어는 어휘와 같은 산물이 아니라 문법과 같은 사고 형성의 원인이라는 것이다. 그러므로 각 민족은 언어 체계가 다르기 때문에 그들의 사고방식, 나아가 세계관이 다를 수밖에 없다는 것이다.
예를 들어 북아메리카의 아파치어에서는 '솟아오르는 샘물'을 ganoto라고 하는데, 이를 번역하면 ga는 '희다'는 뜻이고, no는 '아래에서 위로', 그리고 to는 '샘물'을 의미한다. 이 예는 아파치어의 언어 체계의 특성상 그들이 표현하려는 대상도 다른 언어와 비교해 상이하게 나타나며, 세계관도 다르다는 것을 보여주는 예라고 말할 수 있다.

언어결정론의 입증 연구(언어학적 접근)

언어우위론자들은 언어의 차이가 사고방식에 영향을 미치며 개별
언어들의 차이는 그들의 세계관까지 결정한다고 주장한다. 브라운
Brown과 레넨버그 Lennenberg[15]의 연구에 따르면 색채 경험을 부호화
하는 데 영어가 타언어보다 쉬웠다는 사실을 밝혀냈다.

한국어의 예를 들어보자. 우리말에는 정확한 색채어의 구분이 없
다.[16] 불그므레하다(옅게 불그스름하다), 불그숙숙하다(수수하게 불그
스름하다), 누르께하다(곱지도 짙지도 않고 누르스름하다), 누르퉁퉁
하다(맵시가 없고 산뜻하지 않게 누르다), 푸르죽죽하다(빛깔이 고르
지 못하고 산뜻하지 않게 푸르스름하다), 푸르데데하다(천하게 푸르
스름하다)와 같이 도통 그 정확한 색감을 알 수 없는 형용사들이 너무
많다. 필자는 한국어의 '푸르다'의 예를 들면서, 우리말에서 '푸르다'
라는 색상이 영어에서는 'sky blue'(하늘색), 'marine blue'(쪽빛), 'field
green'(초록색) 등으로 확연히 구분된다. 이러한 차이는 한국어의 색채
어에 스며 있는 한국인의 사고방식과 심리 상태에 기인한다.

그러나 언어가 사고와 세계관을 결정한다는 가설에 따르면, 이러한
색채어의 상이성은 본래 한국어의 기본색이 흰색, 검정색, 노란색, 파
란색, 붉은색 등의 다섯 가지밖에 없다는 사실에 기인한다. 즉, 파란색
이 주변의 유사한 색들을 총칭하게 된 것인데, 이를 이상하게 생각하
는 한국어 사용자는 아무도 없다. 이러한 사실은 우리가 객관적인 세
계를 정확히 보는 것이 아니라, 자신의 언어를 통해서 현실 세계를 본
다는 것을 반증한다.

나바조 인디언의 경우 언어 자체가 형식에 따른 분류 작업에 사용되

---

15) 『언어와 문화』, 김진우, 중앙대학교 출판부, 1996년, p.169.
16) 『21세기 색채의 시대-① 색채 관리의 현주소』, 전미여, 교수신문 2001년 5월
    14일.

는 경우가 많다고 한다. 그 결과, 나바조 인디언의 아동들은 어린 나이부터 영어를 사용하는 어린이들과는 달리 형식(모양, 형식, 재료)에 따라 사물을 분류하는 능력이 뛰어나다는 사실이 사례 연구에 의해 밝혀지기도 했다.

　그런데 언어가 사고방식을 결정한다고 결론을 내리는 데에는 문제가 있다. 에스키모의 언어에는 눈[雪]에 관한 어휘가 무척 많다. 그 예를 들어보면, '가루 눈', '녹은 눈', '큰 눈', '지금 내리고 있는 눈', '땅위에 쌓인 눈', '얼음처럼 굳은 눈' 등과 같이 한국어나 영어에 비해서 그 수가 비교할 수 없을 정도로 많다.[17]

　그러나 에스키모의 언어에서 본래 눈에 대한 어휘가 많이 존재했는지, 아니면 그들이 사는 환경의 영향을 받아 그러한 어휘들이 나중에 만들어졌는지는 생각해 볼 문제이다. 일반적으로 에스키모인들이 살던 북극 지방에서 눈에 대한 어휘의 중요성은 다른 지방보다 상대적으로 컸을 것이다. 그 결과, 그들의 언어에는 눈에 대한 많은 어휘가 만들어졌을 것이다. 그 후 일단 만들어진 어휘들은 에스키모인들이 눈의 종류를 분류하고, 눈에 대한 개념을 형성하는 데 결정적인 영향을 미쳤을 것이다.

　본 장의 주제인 언어와 사고의 문제는 바로 여기에서 그 출발점을 찾는다. 즉, 언어는 먼저 사용 집단의 환경에 맞게 어휘의 장을 형성했을 것이다. 일단 어휘의 장이 각 집단마다 상이하게 형성되면, 언어가 사고의 형성에 영향을 미친다고 주장하는 학자들은 사례별 연구를 통하여 언어우위론 혹은 언어결정론을 입증하려고 노력을 하였다.

　크리스탈 Crystal[18]이 호주의 토착어인 판투피語 pantupi를 조사한 바에 따르면, 이 언어에는 구멍에 관한 어휘가 많이 존재한다고 한다.

먼저 yarla(물건에 난 구멍), pirti(땅에 난 구멍), kartalpa(땅에 난 작은 구멍), pirnki(바위에 난 구멍), yalpipa(개미가 살고 있는 얕은 구멍), martara(창문에 난 구멍), nyarrkalpa(짐승이 파 놓은 굴), katara(도마뱀이 동면 후에 땅에 올라오면서 생긴 구멍) 등이 판투피어에 존재하는 구멍의 종류들이다.

이러한 연구는 한 언어에 존재하는 특별한 어휘의 장이 그 언어를 사용하는 사람들의 사고방식을 결정한다는 사실을 입증하는 것이다. 그런 까닭에 우리는 말이 없는 경우에는 그 어떤 대상이나 개념에 대해 생각하기 어렵다. 그런 면에서 언어가 사고에 영향을 미친다는 가설은 분명히 설득력을 지닌 주장일 수 있다.

북아메리카의 호피語 Hopi에서는 시제의 개념이 없다. 우리의 사고방식으로는 언어에 시제가 없다는 것을 상상할 수도 없지만 호피족은 전혀 문제없이 동작을 표현하고 있다.[19] 호피어에서는 동작의 사실성이 표현법의 기준이 된다. 다시 말해 어떤 동작이 화자의 눈앞에서 완료되었는가, 아니면 그 동작이 일어나지 않았는가에 따라 시제의 구분이 된다. 영어와 호피어를 비교하여 호피어의 동작 표현법을 알아보자.

영어의 'He ran'과 'He runs'는 호피어로 wari라는 표현으로 그 형태가 동일하다. 그 이유는 두 동작 모두 화자의 면전에서 일어났거나 현재 일어나고 있다는 점에서 호피족에게는 동일한 동작이기 때문이다. 그러나 화자가 과거의 기억을 더듬어서 'He ran'이라고 말한다면 그들은 'era wari'라고 표현한다. 마찬가지로 'He will run'은 'warikini'로 표현된다. 그 이유는 두 동작 모두 화자의 앞에서 실제로 일어난 동작이 아니기 때문이다. 영어에서는 lightning이 명사로 분류되지만 호피어에서는 <파도, 불꽃, 유성(流星), 연기, 맥박> 등과 같은 명사는 동사

---

19)   같은 책, p.189.

로 표현된다. 그 이유는 이러한 단어들이 잠깐 동안 지속되는 동작으로 간주되기 때문이다. 그러므로 언어결정론을 주장한 워프는 영미 문화와 호피족의 문화가 다른 이유를 서로의 언어가 다르기 때문이라고 결론을 내렸다.

리 Lee의 키르위나語 Kirwina(뉴기니아 동부) 연구의 예를 들어 보자.[20] 키르위나어에는 and와 but가 없다. 연결어가 없다는 것은 그들의 단일적인 사고방식을 엿볼 수 있는 부분이다.

> 만약에 내가 키르위나어를 사용하는 트로브리안드인과 함께 얌의 일종인 타이투의 수확이 막 끝난 밭에 갔다 왔다면 나는 틀림없이 다음과 같이 말을 하게 될 것이다. "그 곳에 아주 좋은 타이투가 있던데, 아주 알맞게 익은 데다가 크기도 크고 모양도 완전한 것이야. 마른데도 없고 썩은 데도 없는 것이야."라고. 그에 반하여 트로브리안드인이 돌아와서 하는 말은 '타이투'라는 단 한마디의 말일 것이다. 아마도 그 말 한마디가 내가 한 긴 말보다 더 많은 것을 말해주고 있을 것이다.

한국어의 예

한국어에는 물건을 셀 때 유난히 많은 명사들이 존재한다. 먼저 그 예를 보자.
- 강다리: 장작 100개비를 한 단위로 이르는 말
- 갖바리: 어린 가지가 서너 대 뻗어져 난 산삼을 세는 단위
- 거리: 오이나 가지 따위의 50개를 이르는 말
- 고리: 소주 10다발을 한 단위로 이르는 말
- 고팽이: 새끼난 줄 따위를 사리어 놓은 한돌림을 세는 단위
- 꿰미: 노끈이나 꼬챙이 같은 것에 꿰어 놓은 물건을 세는 단위

- **담불**: 벼 100섬을 이르는 말
- **두름**: 조기, 청어 따위를 10마리씩 두줄로 묶은 20마리 또는 산나물을 10모숨으로 묶은 것
- **마지기**: 논밭의 넓이에 쓰이는 단위. 벼나 보리의 씨를 한 말 정도 뿌릴 만한 넓이를 말함. 논은 200~300평, 밭은 100평에 해당됨.
- **매**: 젓가락 한쌍
- **모숨**: 한 줌 분량의 긴 물건을 세는 단위
- **못**: 채소, 짚, 잎나무, 장작의 작은 묶음을 이르는 말. 생선 10마리, 미역 10장, 자반 10개를 이르는 단위이기도 함.
- **바람**: 실이나 새끼 같은 것의 한 발쯤 되는 길이
- **바리**: 마소에 잔뜩 실은 짐을 세는 단위
- **새**: 피륙의 날실 40올에 해당되는 말
- **손**: 큰 놈 뱃속에 작은 놈 한 마리를 끼워 넣어 파는 자반 고등어 (두 마리)
- **쌈**: 바늘 24개
- **우리**: 기와를 세는 단위. 한 우리는 2,000장 임.
- **접**: 사과, 배 등의 과일이나 무, 배추 등의 채소 100개를 이르는 말.
- **죽**: 옷, 신, 그릇 따위의 10개를 이르는 말
- **축**: 말린 오징어 20마리
- **쾌**: 북어 20마리
- **톳**: 김 100장을 한 묶음으로 세는 단위

물건을 셀 때 한국어처럼 다양한 단위를 사용하는 언어는 흔하지 않을 것이다. 간혹 영어처럼 십이진법의 흔적인 'dozen'이 남아 있는 경우는 있지만, 본래 '다스'란 말은 일본말에서 유래한 것이므로 우리 조상들이 12진법을 사용했다는 흔적은 쉽게 발견하지 못한다.

그렇다면 위에서 열거한 다양한 단위들의 존재는 우리에게 무엇을 의미하는가? 먼저 사고방식의 유형을 구분할 수 있다. 서양인들이 분석적인 사고방식을 가지고 있다면 한국인들은 종합적 혹은 통합적인 사고방식을 가지고 있음을 엿볼 수 있다. 영어나 불어 같은 언어에는 관사가 있고, 불어의 경우에는 셀 수 없는 물질 명사에 부분관사가 사용되고 있다. 이러한 언어적 특성은 그들의 사고방식에도 적지 않은 영향을 미쳤을 것이다.

물건의 단위 외에도 수사도 예외는 아니다. 한국어에서 '서너너댓'은 셋에서 무려 다섯까지의 수를 가리킨다. 이러한 수사의 존재는 종합적인 사고와 통합적인 수사법에 적지 않은 영향을 미쳤을 것이다.

사고방식이 변하는가? 언어가 변하는가?

먼저 한국어의 색채어가 시대별로 어떻게 변했는지 표[21]를 보자.

자연색	보라	빨강	주황	노랑	초록	청색	남색	흰색		검은색
조선 전기	블근		누른		프른			힌	브흰	거믄
조선 후기	블근			누른	프른			흰	부흰	거믄
	보라	자색	감찰색	홍색 진홍 주홍 다홍 연홍		프른(남색)				
					초록↔청색					

<표 1> 조선 전기와 후기의 기본 색채명

본래 한국어의 기본 색은 다섯 가지이다. 조선 전기까지 한국어의 스펙트럼을 보면 붉은색, 노란색, 파란색, 흰색, 검은색으로 구성되어 있음을 알 수 있다. 그러던 것이 조선 후기로 넘어가면 붉은 색은 보

---

21) "우리말의 색채어 낱말밭", 김성대, 《한글》, 1979년.

라, 자주, 주홍 등으로 세분되었고, 푸른색도 초록과 파랑의 구분이 생겼음을 알 수 있다. 그렇다면 한국인들은 과거에는 외부 세계를 다섯 가지의 색으로만 재편하다가 색감이 좋아져서 다양한 색으로 자연을 바라보게 된 것인가?

언어는 객관적인 세계에서 형성되지 않는다고 했다. 한국어의 색채어의 경우 조선 후기에 편입된 새로운 색상의 명칭이 모두 다 한자어라는 데 주목하자. 만약 새로운 고유어가 만들어졌다면 경우는 다르겠지만 외래어의 차용은 한 언어의 어휘를 풍부하게 해주지만 사고방식의 틀을 바꾸어 놓지는 못한다. 단적인 예로 우리는 지금도 초록, 파랑, 남색을 구분하지 않은 채 사용하는 경우가 빈번하지 않은가?

참고로 한국어의 기본 색상명의 어원을 소개하면 다음과 같다.[22] 먼저 흰색의 옛말은 'ᄒᆡ다'인데 태양을 의미하는 '해'가 여기에서 유래했다. '붉은'이란 형용사는 불과 관련이 있다. 즉 '붉'과 '불[火]'은 어원상 관련이 있다. 푸른색은 '푸른'은 '풀[草]'에서 파생된 말이다.

언어결정론의 입증 연구(심리학적 접근)[23]

지금까지 우리는 언어의 차이가 사고에 영향을 주고, 나아가 문화차이의 요인이 될 수 있다는 사실을 다양한 언어의 예를 통하여 살펴보았다. 언어우위론을 지지하는 일부 학자들은 언어 자료에 의한 방법 외에도 심리학적인 방법을 통하여 언어결정론을 입증하려 시도하였다.

멕시코의 원주민이 사용하는 유카텍 마야語 Yucatec Maya에서는 오직 생물 명사만이 복수형을 가질 수 있다고 한다. 학자들은 다음과

---

22) 손주일, http://cc.kangwon.ac.kr/~sulb/main.htm
23) 김진우, 같은 책, p.195.

같은 실험을 했다. 먼저 생물과 무생물이 섞여 있는 그림을 원주민과
영어 사용자들에게 보여주고 원래의 그림과 가장 유사한 그림을 선택
하라고 주문하였다. 그 결과 원주민들은 무생물의 수의 변화에는 무
관심한 반면, 영어 사용자들은 생물과 무생물의 수의 변화를 정확히
구분할 수 있었다. 이는 언어가 사고방식에 직접적인 영향을 미친다는
것을 증명하기 위한 실험이었으며, 결과적으로 유카텍 마이야어를 사
용하는 사람들은 자신들의 언어만으로 객관적인 세계를 보고 있다고
말할 수 있다.

언어결정론의 문제점

사피어와 워프는 언어의 상대성을 강조한 나머지 인간 언어가 가지
고 있는 보편성은 등한시하였다. 실제로 인간 언어에는 많은 보편적
인 자질들이 존재한다. 그런데 문제는 언어의 보편성과 상대성의 사이
에서 무게중심을 어디에 두느냐에 따라 입장이 달라질 수 있다는 것이
다. 사피어와 워프는 언어의 개별성을 중시하여 언어결정론을 주장하
였다. 그러나 다른 학자들은 언어의
보편성에 근거를 둔 많은 사례 연구를 통하여 사피어-워프의 가설을
반박하였다.

그중에서도 벌린 Berlin과 케이 Kay의 색채어 연구[24]를 보면 각 언어
의 색채어에는 공통적 특질이 존재한다고 한다. 인간 언어의 기본색은
백색, 흑색, 적색, 녹색, 황색, 청색, 갈색, 분홍색, 자색, 적황색, 회색인
데, 그중에서 흰색과 검정색은 어떤 언어에도 존재한다. 이러한 색채어
연구는 각 언어의 개별성만 강조한 사피어-워프의 언어결정론을 반박
하는 근거가 될 수 있다.

---

24) 같은 책, p.197.

벌린과 케이는 기본 색채어의 정의를 다음과 같이 설명하고 있다.

1) 기본 색채용어는 단일 어휘 항목이다.

2) 기본 색채용어는 더 일반적인 용어에 의해 중첩된 색채범위에 겹
   쳐지지 않는다.

3) 기본 색채용어의 용도는 작은 수효의 문화적 대상의 색채를 나타
   내기 위해 제한되지 않는다.

4) 기본 색채용어는 자료 제공자들에게 두드러진 용어이다.

위의 기본 색채용어에 대한 정의를 다음과 같이 각각 그 예를 들어
설명할 수 있다. 첫째, 기본 색채용어는 red처럼 한 개의 형태소만으
로 구성되어야 한다. 그러므로 light red나 blood-like에서 처럼 두 개 또
는 그 이상의 형태소로 이루어지지 않는다. 둘째, scarlet이 red 안에 포
함되듯이 한 색채가 다른 색채 안에 포함되어서는 안 된다. 셋째, 기본
색채용어는 blond처럼 단지 머리카락 또는 다른 몇몇 대상에만 적용되
는 적은 수효의 대상에 제한되어서는 안 된다. 넷째, 기본 색채용어는
예컨대, 녹황색(saffron) 대신에 yellow처럼 보편적이고 일반적으로 알
려진 것이라야 한다.[25]

인간 언어의 보편성은 색채어 외에도 모음의 특성에서도 발견된다.
예를 들어 모든 언어의 기본 모음 중에는 [a], [i], [u]가 항상 존재한다.
그 이유는 구강의 구조상 입을 가장 크게 벌릴 때 발음되는 모음이
[a], 반대로 가장 적게 벌릴 때 나오는 모음이 [i], 그리고 구강의 가장
뒤에서 발음되는 모음이 [u]이기 때문이다.

또 다른 예로는 한 편의 무성 영화를 각각 다른 국적의 대학생들에
게 보여 준 뒤 줄거리를 요약하라고 주문을 한 실험이 있다. 실험의 결
과 미국 학생들은 마치 신문 기사를 쓰듯 사실 중심으로 줄거리를 요

---

25) "영어의 기본 색채용어", 옥윤학, 『영미어문학』 제41권.

약했지만, 그리스 학생들의 글은 주관적인 감상문을 읽는 것 같았다. 이러한 실험은 영어와 그리스가 같은 어족에 속하는 언어이지만 개인의 사고방식까지 결정하지는 못한다는 사실을 반증하고 있다. 이 실험을 주관한 탄넨 Tannen은 다음과 같이 결론을 내리고 있다.

> "모든 인간은 선천적으로 똑같은 크기나 모양의 인지 구조나 인지 능력을 지니고 태어난다. 그렇지만 그들이 후천적으로 겪게 되는 학습적인 경험들은 각각의 문화에 따라 서로 다르게 되어 있다."

3. 언어결정론의 반증 연구 사례들

언어의 보편성

언어결정론을 반박하는 연구들은 크게 언어학적 연구와 문화인류학적 연구로 양분할 수 있다. 먼저 언어학자들의 입장을 보자. 언어결정론을 반박하는 언어학자들은 인간 언어가 공유하고 있는 보편성을 밝히는 것을 연구의 목표로 삼고 있다. 인간 언어의 보편적 자질을 분류한 학자로는 그린버그 Greenberg[26]를 들 수 있다. 인간 언어의 보편적 자질들을 몇 가지 보기로 하자. 그린버그는 인간 언어의 보편성을 찾아내어 사이퍼와 워프가 강조한 언어의 상대성을 반박하려고 하였다.

① 주어와 목적어가 같이 있는 서술문에서는 항상 주어가 목적어에 선행한다.

---

26) 같은 책, p.207.

② 전치사를 가지고 있는 언어에서는 소유격을 나타내는 말이 지배
받는 명사의 뒤에 온다.

③ <주어+동사+목적어>의 어순을 가지고 있는 언어들은 모두 다 전
치사를 가지고 있다.

④ <주어+목적어+동사>의 어순일 경우에는 후치사가 존재한다.

⑤ 의문문을 만드는 법에는 전치사(의문조사)가 문두에 오거나, 후
치사가 문미에 첨가되는 경우가 있다.

⑥ 성의 범주가 있는 언어에는 수의 범주도 있다.

⑦ 단수보다 비단수에서 성의 범주를 더 표시하는 언어는 없다.

⑧ 모든 언어는 적어도 세 개의 인칭과 두 개의 수로 이루어져 있는
대명사의 범주를 갖고 있다.

어문화적인 측면에서도 인간 언어의 보편성은 발견된다. 예를 들
어 한국어의 할아버지는 '한[大]+아버지'인데, 불어의 할아버지 grand-
père와 영어의 grandfather도 한국어와 똑같은 구조를 가지고 있다. 또
다른 예를 보자. 한국어의 재종(再從)은 아버지의 사촌 자녀를 가리키
는데, 사촌을 한 번 건너뛰었다는 의미이다. 영어에서도 재종은 second
cousin이라고 부른다. 두 언어에서 같은 방식의 호칭법을 발견할 수 있
다.

만약 사피어-워프의 가설이 사실이라면 각 언어의 상대성은 사고방
식과 경험의 축적 방식에 직간접적으로 영향을 미친다고 말할 수 있
다. 그러나 언어가 사고의 형성에 영향을 주지 못하는 예는 쉽게 찾아
볼 수 있다. 독일어에서 고래는 Walfisch라고 하지만, 결코 Fisch(영어
의 fish)가 아님은 분명한 사실이다. 성(性)의 구분이 있는 독일어와 불
어의 경우, 불어는 죽음(la mort)이 여성 명사인데 반하여 독일어에서
는 남성 명사(Der Tod)이다. 이러한 예는 동일한 어족에 속한 언어 사
이에서 흔히 발견된다. 다시 말해 언어가 유사하더라도 동일한 방법으

로 바깥 세상을 재편하지 않는다는 반증이며, 언어의 상대성이 사고방식에 미치는 영향은 그리 크지 않다는 사실을 보여 주고 있다.

한국어와 영어의 계정명도 언어의 보편성을 보여주는 좋은 예이다. 먼저 한국어에서 계절명의 어원을 보자. 봄은 동사 '보다'에서 유래했으며, 여름은 '열매가 맺다'에서, 그리고 가을은 '열매를 갓다'란 뜻에서 유래했다. '갓다'란 말은 '끊어지다', '떨어지다'라는 뜻이다. 영어의 가을인 'fall'의 의미는 'fall down'에서 유래했으므로 한국어의 가을과 그 의미가 같다고 할 수 있다.

사피어-워프의 가설을 지지하는 사람들이 가장 흔히 범할 수 있는 오류 중의 하나는 언어 체계의 복잡성과 사고방식이 함수 관계에 있을 것이라고 생각하는 것이다. 실제로 일반인들은 아마존 원주민들과 아프리카 부족들의 언어가 원시적일 것이라고 막연히 생각할 수 있지만, 그들의 언어를 조사한 인류학자들과 언어학자들의 연구에 따르면 그들의 언어도 우리들의 언어처럼 체계성과 복잡한 문법 구조를 가지고 있다고 한다. 그러므로 미개한 문화를 가진 집단은 사고방식도 단순하며, 그 원인을 그들의 언어가 원시적이라는 편견에서 찾아서는 안 된다는 말이다.

반증의 예들

지금까지 사피어-워프의 가설을 반박하는 예들을 인간 언어의 보편성에서 찾았다면, 이번에는 귀납적인 방법을 이용하여 문화적인 차원에서 그들의 이론을 반박해 보자. 이러한 연구는 슈타인버그 Steinberg[27]에 의해 발표되었다. 그의 연구를 간단히 소개하면 다음과 같다.

---

27) 같은 책, p.215.

1) 동언어이문화(同言語異文化) 현상

같은 언어를 사용한다고 동일한 사고방식이나 문화를 공유하지 않는 민족을 우리는 주변에서 쉽게 찾아볼 수 있다. 예를 들어 구소련 연방에서 러시아어가 각공화국에서 사용되지만 문화는 많은 차이를 보인다.

2) 문화변화 현상

사피어-워프의 가설에 따르면 언어의 상대성이 문화의 다양성을 유발시키는 원인이라는 것이다. 그러나 우리는 인류의 역사상 언어는 변하지 않고 문화만 변화한 경우를 쉽게 찾을 수 있다. 6세기 영국에는 기독교가 들어와 정치 제도를 비롯한 많은 문화의 양식을 변화시켰다. 그럼에도 언어에는 아무런 변화가 없었다.

그러나 슈타인버그의 주장에는 다음과 같은 경우는 제외되었다. 영국 역사상 1066년은 중요한 해로 기록된다. 당시 노르망디의 윌리암 공은 잉글랜드 원정에 나서 결국 잉글랜드 정복에 성공한다. 앞서 슈타인버그가 예로 들은 기독교의 전파가 언어의 변화와는 무관했었다면, 윌리암의 잉글랜드 정복은 단순한 프랑스의 한 공국(公國)에 의한 잉글랜드 정복이 아니었다. 즉, 언어와 문화가 동시에 잉글랜드에 전파되어 그 후 수백 년간 영국은 프랑스와 같은 라틴 문화권에 편입된다. 언어의 경우도 예외는 아니어서 영어는 같은 어파인 독일어보다 오히려 로만스어파인 불어와 더 근접한 언어처럼 보이는 이유도 여기에 있다. 그러므로 문화의 전파는 언어의 전파와 무관하게 이루어질 수 있지만, 만약 언어가 동시에 전파된다면 문화 종속의 정도는 훨씬 더 심한 것을 알 수 있다.

<사진 8> 정복왕 윌리엄(William The Conqueror)

3) 이언어동문화 현상

지구상에는 서로 다른 언어를 사용하고 있지만 동일한 문화권에 속한 나라들이 상당수 있다. 대표적인 나라로는 이란을 들 수 있다. 이란어는 인구어족의 인도-이란어파에 속한 언어이지만 문화적으로는 주변의 이슬람 문화권에 속해 있다. 즉, 이란어는 햄-셈어족과 다른 어족에 속하지만 아랍 문자를 사용하고 종교도 이슬람교를 국교로 삼고 있다.

이와 비슷한 나라로는 북유럽의 핀란드를 들 수 있다. 핀란드어는 우랄어족에 속한 동방 계통의 언어이지만, 주변의 스칸디나비아제국의 문화권에 편입되어 있다. 다시 말해 핀란드인은 인종과 언어가 주변의 민족과 다르지만 게르만 민족과 같은 문화권에서 살고 있는 것이다.

4) 번역의 가능성

언어결정론의 강한 가설을 주장한 워프는 상이한 언어간에는 번역도 어렵다고 지적한 바 있다. 그러나 실제로 언어 간의 번역은 빈번히 이루어지고 있다. 물론 완전한 번역은 불가능할지도 모른다. 이런 점에서 워프는 번역의 불가능성을 강조했을 것이다. 그러나 지금까지의 사례 연구에 따르면 문화가 원시적이라고 그 언어를 해석하는 데는 전혀 문제가 없었다.

5) 다언어 사용자의 세계관

사피어와 워프의 주장을 따르면 인간은 태어나면서 배운 모국어로 사고하고 개인적인 경험을 축적하며 문화의 형성에 일조를 한다는 것이었다. 그러나 우리의 주변에는 이중 혹은 삼중 언어구사자들을 쉽게 찾을 수 있다. 물론 모국어처럼 언어를 구사하려면 사춘기 이전에 그 언어를 습득해야 한다는 것이 심리 언어학자들의 주장이다. 그렇지만 사춘기 이후에 모국어 이외의 언어를 배운 사람도 하나의 언어가 아닌 여러 언어로 생각하고 경험을 축적할 수 있다는 점에서 사피어-워프 가설을 반박할 수 있다.

4. 언어가 문화에 미치는 영향

지금까지 우리는 언어와 사고와의 관계를 사피어-워프의 가설을 소개하면서 그에 대한 사례 연구도 함께 살펴보았다. 언어와 사고, 나아가서는 문화와의 관계는 분명히 그 어떤 연관성이 있음을 부정할 수 없다. 다시 말해 사고는 뿌리이고 문화는 땅 위의 나무와 같다고 말할 수 있다.

그러면 언어는 처음부터 문화에 영향을 주고 그 형성 과정에서 결정적인 역할을 한 것일까? 이 문제에 대한 답은 다음과 같이 생각해 볼 수 있다. 먼저 새로운 어휘는 그와 상응하는 새로운 문화적 형태의 부산물이라고 말할 수 있다. 그러므로 처음에 영향을 준 쪽은 언어가 아니고 문화이다. 그러나 그 후 이 과정은 역전된다. 즉, 새롭게 만들어진 언어가 집단의 사고 형성에 직간접적으로 영향을 미치게 된다.

언어가 문화에 미치는 영향은 크게 셋으로 구분할 수 있다. 먼저 언어는 문화 학습의 도구이다. 우리는 신석기 시대와 구석기 시대의 유물들의 실체를 고고학자들의 연구 덕분으로 잘 알고 있다. 그런데 인간은 언제부터 언어를 구사하기 시작했을까? 구석기인들은 원시적인 언어를 사용하고 있었을까? 이 문제의 답은 다음과 같이 유추해 볼 수 있다. 그들이 남긴 돌도끼나 돌화살촉 등의 유물을 관찰해 보면, 그런 연장의 제작은 언어의 도움이 없이는 어려웠을 것이라고 생각해 볼 수 있다. 단순한 몸짓과 동작만 가지고는 정교한 연장들의 제작을 타인에게 전수하기 어려웠을 것이라고 학자들은 추정하고 있다. 그러므로 연장의 제작 방법을 타인에게 전수하는 데는 언어가 필수적이었을 것이고, 그 결과 우리는 그들이 언어를 사용하고 있었을 것이라는 결론에 도달할 수 있다. 물론 그 언어의 수준이 원시적이고 기본적인 체계만 가진 언어일 수도 있을 것이다.

언어가 문화에 미치는 두번째 영향은 언어가 문화 보존의 도구라는 사실이다. 언어 사용 집단은 오랜 세월을 거치는 동안 다양한 문화의 형태를 접한다. 그러나 유형 혹은 무형 문화는 사라지기도 하고 새로운 형태로 다시 태어나기도 한다. 그 과정에서 문화의 형태를 가장 오래 보존하는 것이 바로 언어이다. 그러므로 우리는 언어를 통하여 그 집단이 어떤 문화를 수용하며 살았는지 유추해 볼 수 있는 것이다.

끝으로 언어는 문화 계승의 도구이다. 언어가 없었다면 인류 문화의 대부분은 지금까지 전승되어 오지 못했을 것이다. 물론 거기에는 문자라는 매개체가 있었기에 문화의 계승이 가능했을 것이다. 문자에 대해서는 나중에 자세히 다루기로 하자.

<사진 9> 구석기 시대의 동굴 벽화(프랑스 라스꼬 동굴)

5. 말하는 것을 보면 그 사람의 지능을 알 수 있다?

심리학자와 언어학자들은 언어와 인지 발달의 상관관계에 대하여 일찍이 관심을 가져왔다. 우리는 주변에서 달변인 사람과 눌변인 사람들을 발견한다. 혹자는 언어를 뛰어나게 구사하는 사람의 지능이 그렇지 못한 사람의 지능보다 높다고 주장한다. 반대로 언어 구사 능력과 인지 발달의 관계는 그렇게 설명할 수 없다고 주장하는 학자들도 있다. 과연 언어 발달과 지능 발달, 즉 인지 발달간에는 함수 관계가 있는 것인가?

촘스키의 언어결정론

1957년 '통사구조' Syntactic Structures를 통하여 현대 언어학에 새로운 지평을 연 미국의 언어학자 촘스키 Noam Chomsky는 언어와 인지 발달의 관계를 언어가 주도한다고 설명하였다. 그는 인간은 선천적으로 '언어습득 장치' Language Acquisition Device를 가지고 태어난다고 가정한 뒤, 이 장치를 통하여 언어를 습득한다고 주장하였다.

촘스키의 변형생성문법 Generative Transformational Grammar은 인간 언어의 보편적이고 유한한 규칙을 밝히는 것이 그 목표이다. 촘스키는 언어가 인지 발달의 열쇠를 쥐고 있다고 생각하여 언어결정론을 주장하였다. 그의 가설에 따르면 인지 발달은 언어 발달에 달려있다는 것이다. 그러나 언어를 구사하지 못하는 사람들의 인지 발달은 어떻게 설명할 것인가? 촘스키가 말하는 언어는 음성 언어에 국한된 것인가?

우리는 앞에서 생각은 소리 없는 언어라고 언어결정론자들의 주장을 인용한 바 있다. 만약 사고 작용이 언어를 통하여 이루어진다면 사고는 언어에 의해 결정된다고 말할 수 있다. 촘스키의 언어결정론과 사피어-워프의 언어결정론의 차이는 언어가 결정하는 대상의 차이로 요약된다. 촘스키는 언어와 인지 발달의 과정에서, 사피어와 워프는 언어와 사고 및 문화의 형성 과정에서 언어가 주도적인 역할을 한다는 것이다. 결국 이들의 공통점은 언어가 모든 것을 결정한다는 것이다.

<사진 10> 노엄 촘스키(Noam Chomsky)

삐아제의 인지결정론

스위스의 아동심리학자 쟝 삐아제 Jean Piaget는 "언어는 단지 인지 발달이나 변화를 나타내는 징후이지 그 근원은 아니다"라고 주장했다. 즉, 언어가 사고를 결정하는 것이 아니라 반대로 사고가 언어를 결정한다는 주장이다.

삐아제와 그의 학파에 따르면 언어는 사고를 운반하는 도구이고 하나의 인지(認知) 표현에 불과하다. 그는 모든 지적 발달의 근원을 감각 운동적 행위에서 찾아야 한다고 주장했다. 오랜 기간 동안 아동의 지적 발달 과정을 관찰한 결과에 따르면 아동의 지적 발달은 운동적 행위에서 한 단계씩 발전한다는 것이다.

삐아제는 언어가 사고를 설명하는 데 충분하지 못하다고 말한다. 왜냐하면 사고를 특징짓는 구조는 언어보다 더욱 깊은 곳 즉, 행위와 감각적 기제(機制)에 뿌리를 두고 있기 때문이다. 사고 구조가 더욱 정교할수록 이를 실현하는 데 언어가 더욱 필요하게 된다는 것은 분명한 사실이다. 그러므로 언어는 논리적 조작에 필요조건이지 충분조건은 아니라고 그는 설명하고 있다.

삐아제가 실험한 예를 하나 들어 보자. 방안에는 생후 8개월에서 12개월 정도의 유아가 한 명 있고, 방에는 담요가 있다. 그리고 담요의 끝에는 장남감이 놓여 있다. 유아는 담요 끝에 놓여 있는 장난감을 자신 쪽으로 끌어당긴다. 그런데 아동과 장난감 사이를 장애물로 막으면 아동은 장애물을 돌아가 장난감에 이르게 된다. 이러한 개념을 영속성의 개념이라고 삐아제는 불렀는데, 아동의 머릿속에 각인된 일종의 이미지를 말한다. 그 이미지가 눈앞에서 사라져도 아동은 그 위치를 기억하고 감각 운동적 행위를 통하여 목표물에 도달한다는 것이다. 삐아제는 인지 발달을 위의 실험에서 본 것처럼 감각 운동의 발달에서 찾으려고 하였다.

삐아제는 인지 발달이 언어 발달보다 선행하며 인지 발달 과정에서 언어 발달이 시작된다고 주장했다. 이러한 주장의 타당성은 아동의 성장 과정에서 언어가 출현하기 이전의 인지 발달을 설명할 수 있다는 데 있다. 촘스키의 이론에 따르면 언어가 사고를 결정하기 때문에 언어가 출현하기 이전까지의 인지 발달을 설명할 수 없는 반면, 삐아제의 이론에 따르면 언어 발달은 인지 발달 과정의 중간(생후 1년~1년 반)에서 시작되기 때문에 촘스키의 이론보다 더 설득력이 있어 보인다. 그러나 인지 발달과 언어 발달의 관계는 아직도 심리학자와 언어학자들이 해결해야 할 과제로 남아 있다.

제 3장 : 언어의 지배
(왼쪽 vs. 오른쪽; 동서남북)

1. 왼쪽과 오른쪽의 구별

　인간이 직립 보행을 한 이래 두 팔은 보행에만 중요한 역할을 하는 것이 아니라 방위를 구별하는 데도 긴요한 신체의 일부분이었다. 인류의 직접적인 조상으로 학계에서 인정하는 오스트랄로피테쿠스[28]의 유적지에서 발견된 짐승의 두개골에는 대부분 왼쪽에 상처의 흔적이 남아 있는 것으로 보아 이들은 오른손잡이였던 것으로 추정된다. 상처의 비율은 오른손잡이와 왼손잡이의 비율이 약 8:2 정도였다고 한다. 이러한 주장은 인류의 조상이 대부분 오른손잡이라는 말이다. 인간은 왜 오른손잡이가 되었을까? 왼손잡이에 대하여 상세히 연구한 베르트랑[29]의 저서를 인용해 보자.

<사진 11>
오스트랄로피테쿠스

---

28) 'Australopithecus'란 학명은 '남쪽의 원숭이'란 뜻이다. 남아공에서 발견되었기에 붙은 이름이다.

29) 『왼손잡이의 역사』, 삐에르 미쉘 베르트랑 Pierre M. Bertrand, 박수현 옮김, 푸른 미디어, 2002년.

전사의 관습

첫 번째로 들 수 있는 오른손잡이 우위의 기원은 전사(戰士)의 관습에서 찾을 수 있다는 주장이다. 자비에 비샤(1771~1802)가 주장한 바에 따르면 선사 시대의 전사들은 심장이 있는 왼쪽을 보호하기 위해 왼손으로 방패를 잡고 오른손으로는 창을 잡았다는 것이다. 그 결과 인간은 자연스럽게 오른손잡이가 되었다는 주장이다. 그러나 한 번도 무기를 잡아보지 않았던 여성들도 남성들처럼 오른손잡이가 되었다는 것은 어떻게 설명할 수 있을까? 물론 창을 든 오른손이 찬양의 대상이 되었음은 당연할 결과로 받아들일 수 있을 것이다. 결국 오른손은 '좋은 손', 오른쪽은 '좋은 쪽'이라는 의미가 만들어지게 되었다는 것이다.

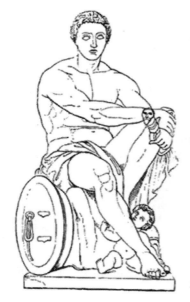

<그림 3>
그리스 전쟁의 신 아레스(Ares)[30]

---

30) 칼을 왼손에 잡고 있는 것으로 보아 오른손잡이임을 알 수 있다.

태양의 운행 [31]

오른손 우위의 기원은 원시 종교의 향일성(向日性)에서 유래했다는 설이다. 태양이 떠오르는 동쪽으로 몸을 향하면 태양은 오른쪽에서 궤적을 그린다. 이때 태양은 남쪽에서 서쪽으로 움직인다. 그러므로 태양이 움직이는 오른쪽은 빛과 따스함의 근원이며 유익한 힘의 자리였고, 밤과 짙은 안개의 먹이이자 태양신이 등한시하는 왼쪽은 불길한 힘과 결합된 자리였다. 태양이 뜨는 곳을 마주보면 오른손은 남쪽을 향하고 왼쪽은 북쪽을 가리킨다. 그 결과 여러 문명에서 오른손은 남쪽을, 왼손은 북쪽을 의미한다. 히브리어에서 sem'ol은 왼쪽과 북쪽을, yâmîn은 오른손과 남쪽을 의미한다. 이와 같이 오른손과 왼손이 남쪽과 북쪽을 의미하는 경우는 다른 인구어에서도 찾아볼 수 있다. 켈트어로 thath는 왼쪽과 북쪽을 동시에 뜻하는 단어이다. 라틴어에서 형용사 sinister는 북쪽을, 산스크리트어 dakshina는 아일랜드어 dess처럼 오른쪽과 남쪽으로 사용된다. 인구어족과는 계통이 다른 아랍어(햄어족)에서 오른쪽을 의미하는 yamîne는 남쪽으로 사용되며, 아라비아 반도 남쪽에 위치한 예멘(Yemen)은 '남쪽의 나라'라는 뜻이다. 반대로 북쪽에 위치한 시리아는 Sâm이라 불리었는데 Sâm은 su'm(불운, 흉조)과 코란에서 왼손을 지칭하는 mas'amat에서 유래된 말이다.

극성 법칙

1909년 인류학자 로베르 에르쯔가 주장한 오른손과 왼손의 상징성에 관한 설명은 앞에서 인용한 두 시나리오를 보충한 것이다. 그에 따르면 초기 문명의 지적 골조는 전 세계가 반대 쌍으로 나누어진다는

---

31) 같은 책, p.18.

이른바 극성 법칙이 지배하였다.[32] 종교 의식이 깨이자 인간은 물질 세계(밤/낮, 남성/여성, 물/불, 땅/하늘, 탄생/죽음)는 물론 사회적 세계(합법/위법, 안/밖, 일/휴식, 즐거움/고통)의 교대, 대조, 모순들 속에서 모든 사물에 내재된 이원적 표현을 보았다. 오른손과 왼손도 이러한 이원론적 체계에 포함되었을 것이다. 다시 말해 어느 한손에 가장 강하고 능수능란한 손이라는 상징성이 부여되면 다른 한손에는 그 반대의 뜻이 주어졌을 것이라는 것이다.

2. 언어에 나타난 오른손과 왼손

언어에 나타난 상징성은 그 문명에 내재된 상징성과 일치한다. 베르트랑은 예전 사람들의 감성과 행동 양식을 이끌어 온 전제들이 무엇인지 알려면, 그들 고유의 어휘들을 연구해야 한다고 말했다. 앞에서 살펴본 바와 같이 오른손 우위의 개념은 언어에도 그대로 나타나 있다. 여러 언어들에 나타난 오른쪽 우위의 어휘와 표현들을 보자. 아울러 부정적인 의미를 담고 있는 왼쪽과 관련된 표현도 살펴보자.

라틴어

라틴어의 형용사 dexter에는 두개의 주요 의미가 있다. 하나는 '오른쪽'이라는 의미이고 또 하나는 '자비로운'이라는 뜻이다. 본래 오른손을 의미하는 dextra는 비유적으로 구원, 우호, 선물의 의미로 사용되었는데, 그 결과 오른쪽이 좋은 의미로 사용되고 있음을 알 수 있다.

---

32)   같은 책, p.20.

dexter가 들어간 라틴어 표현을 보자.[33]

- Libertatem in dextris portatis : 본래의 뜻은 '당신은 오른손에 자유를 가지고 있다'라는 의미로 오른손이 '자유의 손'을 의미한다.
- Jungere dextras : '오른손을 맞잡다'라는 뜻으로 '상호 호감을 표시하다'라는 의미이다.
- Cedo dextram! : '제발, 너의 손을!'
- Dextram alicui offere : '환영하다!'

이밖에도 중세 라틴어에서 동사 dextare는 '맹세하다', '세우다', 그리고 '준비하다'를 의미하였다.

한편, 라틴어에서 왼쪽을 의미하는 바는 크게 불행, 불충, 악, 무분별 등으로 요약된다. 왼쪽을 뜻하는 라틴어의 sinister에는 불행한, 반대의, 적대적인, 타락한, 야비한 등의 의미가 있었다. sinister의 어원은 왼손을 의미하는 sinintra인데 중세인들은 이 단어가 sine dextra(오른손이 없는)에서 만들어졌다고 생각했다. 이 어원풀이가 정확한지는 분명치 않지만 이러한 자의적 의미는 왼손이 모든 권리를 거부한 손으로 인식되는 데 큰 역할을 한 것은 사실이다. 그 결과 왼쪽은 부정적인 의미를 가지게 되었다.

불어

불어에서 오른쪽을 의미하는 droite는 라틴어의 dexter에서 파생된 어휘는 아니지만 '곧은','솔직하게'를 의미하는 라틴어의 directus에서 파생된 말이다. 그렇지만 droite가 '올바른''정당한'이란 좋은 의미로 사용되고 있음은 다른 언어와 다르지 않다.

---

33) 같은 책, p.33.

불어에서 왼쪽을 의미하는 gauche는 고대 불어 gauchir에서 나왔는데 이는 '속임수를 쓰다', '옆길로 빠지다', '우회하다'의 의미인 guenchir에서 파생되었다. 불어의 droite가 라틴어의 dexter의 의미를 물려받았다면 gauche는 sininter의 뜻을 그대로 물려받았다. 그 결과 현대 불어의 gauche에는 '비뚤어진', '뒤틀린', '어색한'이란 의미가 있다.

영어

영어의 right 역시 불어처럼 호의적인 의미를 가지고 있다. right에는 '오른쪽'이라는 의미 외에도 '공정한', '도덕에 부합하는', '분명한', '적절한'이란 의미가 있으며, 다른 의미로는 '건강한', '옳은 순서', '운행 중' 등의 의미를 가진다. 명사로는 '선(善)', '진실', '정의' '정당함', '명령' 그리고 '도덕적 옳음' 등을 뜻하고, 동사로는 '바로잡다', '교정하다', '고치다'의 의미로 사용된다. right와 결합된 표현으로는 'right-of-way'(우선권), 'right-thinking'(분별력 있는), 'righteous'(도덕적으로 바른) 등이 있다. 한편 왼쪽을 의미하는 left는 하나의 의미만을 가지는데, 본래 그 어원은 어둡다는 뜻이다. 13세기에 left는 '약한', '가치 없는'의 의미로 사용되었다. 혹자는 left가 동사 leave(떠나다, 놓아두다, 잊다)의 과거분사와 우연히 일치한다며 그 단어의 유사성을 찾고 있다. 다시 말해 'left hand'란 뜻은 '버려진 손'이란 의미를 갖는다는 것이다.

기타 언어

독일어에서 왼손을 의미하는 die linke는 '서툴다'(linkisch)의 의미를 가지고 있다. 오른쪽을 의미하는 형용사 recht는 '공정한', '적절한', '강한', '잘', '매우' 등과 같이 영어와 비슷한 의미를 가진다. 명사로서 des recht는 '권리', '정의', '이성' 등을 뜻한다.

네덜란드어도 같은 게르만 계통인 독일어와 비슷한 의미를 가지고 있다. '누군가를 왼쪽에 눕혀 놓다'란 뜻인 'iemand lins laten liggen' 이란 표현은 '경멸하다'라는 뜻이고, 아주 서툰 사람을 'hÿheeft twee linkerhanden'이라고 하는데 직역하면 '그는 두 개의 왼손을 가지고 있다'라는 뜻이다.

라틴문화권인 스페인어에서도 오른손은 좋은 의미를 가진 어휘이다. '오른손을 주다'(dar la derecha)는 '명예를 부여하다'란 뜻이며, derecho는 '오른쪽'과 '올바름'을 뜻한다. 'no hacer nada a derechas'(오른쪽에서 아무 일도 하지 않는다)는 '양식에 어긋나게 행동하다, 형편없이 일을 하다'란 뜻으로 역시 오른쪽이 좋은 의미를 가지고 있음을 알 수 있다. 바스크어는 같은 인구어는 아니지만 왼손을 뜻하는 seskuerdi란 말이 '손의 절반'이란 의미인 것으로 보아 왼손의 평판이 얼마나 나빴는지 알 수 있다.

인도의 고어인 산스크리트어에서 오른쪽은 daksina이다. 인구어의 어근 daks에서 파생된 말이다. daks에는 '만족스럽게 행동하다', '능력 있다', '유용하다', '봉사하다' 등의 의미가 있다. daksina의 비유적 의미에는 '능력있는', '숙련된', '솔직한', '성실한', '충성스런' 등이 있다. 반대로 왼쪽을 의미하는 vâma에는 '비뚤어진', '구부러진', '반대되는', '적대적인' 등의 의미가 있는데 다른 인구어와 크게 차이가 나지 않음을 알 수 있다.

한국어에 나타난 오른쪽과 왼쪽

한국어에서도 오른손의 '오른'이란 말은 동사 '옳다'와 같은 어원이다. '오른'의 고어형이 '올흔'인 것을 보면 두 단어의 뿌리가 동일함을 알 수 있다. '오른'과 같은 의미로서 한국어에는 '바른'이란 말이 존재하는데 다른 언어에서 나타나는 긍정적인 의미가 들어 있다. 왼손의

'왼'은 고어(古語) '외다'(그르치다)에서 파생되었다. 서양 언어에서 흔히 발견되는 오른쪽과 왼쪽의 의미가 한국어에서도 그대로 나타나 있음을 확인할 수 있다. 한국어의 관용구나 속담 등에 나타난 표현을 보자.

- 고개를 외로 돌리다: 고개를 비뚤게 돌리다.
- 왼 눈도 깜짝 아니 한다: 조금도 놀라지 아니한다. 여기에서 왼쪽이란 '중요하지 않은'이란 의미를 가진다.
- 왼 고개를 젓다: 부정의 뜻을 나타내는 표현.
- 왼 발 구르고 침 뱉는다: 무슨 일에든 솔선해 나서기는 하지만 곧 꽁무니를 뺀다.
- 왼 새끼를 꼰다: 일이 비비 틀려 장차 어찌 될지 알 수 없다.
- 기역자 왼 다리도 못 그린다: 아주 무식함을 뜻함.
- 왼소리: 사람이 죽었다는 소문.
- 바른 말: 이치나 도리에 맞는 말.
- 바른 길: 굽지 않은 곧은 길. 참된 도리, 정당한 길.
- 오른팔: 어떤 사람으로부터 가장 신임을 받는 사람.

지금까지 살펴본 바와 같이 오른쪽과 왼쪽이 지니고 있는 의미는 각 언어에서 유사하게 나타나고 있음을 알 수 있다. 그러나 이러한 유사성이 언어들의 내재적 특징에 기인한 것은 아니다. 본래 언어의 의미는 내재적인 것이 아니라 관습에 의해서 만들어진 것에 불과하기 때문이다.

3. 동서남북

좌우의 구분을 왼쪽과 오른쪽으로 했다면 이번에는 앞뒤의 구분을 할 차례이다. 그렇게 되면 인간이 살고 있는 공간은 자연스럽게 동서남북으로 구분된다. 두 손이 좌우의 기준이 되었다면 네 방위의 구분에도 두 손이 사용될 수도 있을 것이다. 그 경우 오른손과 왼손은 어떤 방향을 가리킬까?

고대 이집트인들은 오른쪽과 서쪽, 왼쪽과 동쪽을 같은 단어로 사용하였다. 그 이유는 이집트인들이 선호하는 방향이 남쪽이었기 때문인 것 같다.[34] 그래서 그들은 남쪽은 얼굴을, 북쪽은 뒤통수를 의미하게 되었다. 인도에서는 종교적으로 동쪽을 가장 성스럽게 생각한다. 인도인들에게 동쪽은 신들이 사는 곳이고 영원한 천국이 펼쳐진 곳이다. 동쪽에는 제사의 신이자 불의 신인 아그니 Agni가 살고 있으며, 인도인들이 사는 집은 동쪽을 향해 있다.

한국에서는 남쪽이 정면을 의미할 때가 많다. 먼저 한국어의 방위명을 보자. 한국어에서 고유어는 방향을 의미하는 어휘로 거의 사용되지 않고 바람의 이름에서 찾아볼 수 있다.

한국어에서 위의 방위명이 들어간 바람을 보면 다음과 같다.

- 마파람(맞바람): 남풍을 의미한다. 앞바람, 마풍(麻風)이라고도 한다.
- 샛바람: 동풍. '날이 새다', '새벽' 등이 동쪽과 관련된 어휘이다.

---

34) 같은 책, p.55.

- **높바람**: 북풍을 뜻하며 높은 곳에서 부는 바람이다. '뒤울이'도 북풍을 의미하는 단어이다.
- **하늬바람**: 서풍을 의미하는데 '하늘에서 부는 바람'이란 뜻이다.

방위명의 고유어가 바람의 이름에만 남아 있는 것은 그 쓰임새가 중요했기 때문일 것이다. 본래 비와 바람은 기후에서도 가장 중요한 자연 현상일 뿐만 아니라 전쟁시에도 바람의 방향은 전략에 무척 중요했을 것이다. 사피어가 말했듯이 언어는 객관적인 세계가 아닌 사회적인 세계에서 형성되기 때문에 한국어의 방위명이 특정 분야에만 남은 것은 당연한 귀결일지 모른다.

한국어에서는 다른 언어처럼 좌우의 명칭과 동서남북이 일치하는 것은 아니다. 그러나 앞뒤는 방위명과 특별한 관계를 가지고 있다. 먼저 남쪽을 뜻하는 '마'는 정면, 즉 앞을 의미한다. '마주보다'같은 동사가 여기에서 파생된 말이다. 북풍을 의미하는 뒤울이는 '뒤에서 부는 바람'을 뜻한다. 한국어에서 앞은 남쪽, 뒤는 북쪽을 의미하는 것을 알 수 있다.

그리스인들은 수많은 신들 중에서 바람의 신도 만들어 냈다. 새벽의 여신인 에오스 Eos는 티탄족 테이아의 딸로 헬리오스, 셀레네와 자매지간이다. 그녀의 첫 남편은 역시 티탄족인 별의 신 아스트라이오스인데 그와의 사이에 서풍의 신 제피로스 Zephirus, 동풍의 신 에우로스 Euros, 남풍의 신 노토스 Notos 그리고 북풍의 신 보레아스 Boreas가 태어났다. 바람의 신들을 통하여 우리는 그리스인들이 생각했던 방위의 상징성을 엿볼 수 있다. 그리스인들은 서풍인 제피로스를 특히 사랑했다. 그런 까닭에 그리스 신화에서도 제피로스는 부드러운 신으로 등장하지만 북풍의 신인 보레아스는 사나운 성질을 가진 신으로 묘사된다. 북반구에서 북쪽은 추운 곳이므로 그 상징성을 읽을 수 있다. 그리스인들은 북쪽을 스키타이인들이 살고 있는 추운 곳으로 생각했다.

남풍인 노토스는 일반적으로 온화하고 따뜻한 신이지만 가을에는 이따금 태풍을 몰고와 곡식을 망치는 신으로도 알려져 있다.

<그림 4> 서풍의 신 제피로스

서양 문명에서는 동쪽을 의미하는 오리엔트는 각별한 의미를 가지고 있다. 로마 시대부터 중세에 이르기까지 오리엔트는 선진 문화의 지역이었으며 서양인들이 동경하는 땅이었다. 서양인들이 오리엔트와 처음 접촉한 것은 페르시아 전쟁을 통해서였다. 그 후 로마의 행정 문서에는 오리엔트에 대한 대비 개념으로 옥키덴트 Oxident가 등장한다. 서양인들이 오리엔트와 다른 자신들의 실체를 인식하기 시작했다는 말이다. 그 후 서양인들이 오리엔트에 살고 있는 아랍인들에 가졌던 생각은 '이교도', '비이성적', '색정적인 존재'라는 것이었다.

유럽 Europe의 어원은 황소로 변장한 제우스에 의해 납치된 오이로파 Europa에서 유래했다. 그런데 오이로파의 어원은 셈어의 어근 '-r-b' (해가 지는 곳, 서쪽)이다. 아랍이라는 말은 바로 셈어의 어근 '-r-b'에서 유래했다. 서양인들이 멸시했던 '아랍'이라는 말과 자신들의 대륙인 유럽의 어원이 동일하다는 것은 역사의 아이러니가 아닐까?

4. 예절의 동서남북[35]

　한국과 같이 장유유서가 분명한 나라에서는 동서남북에도 위아래
가 있다. 네 방위가 상하의 구분이 있다는 말이다. 예절에서 방향을 말
하려면 전후좌우라 하지 않고 동서남북이라 한다. 이는 여러 사람이
각기 향한 곳이 다르기 때문에 전후좌우라 말하면 누구의 전후좌우인
지 알 수 없기 때문이다. 가옥의 방향을 남쪽으로 향하고 그 쪽을 정면
으로 생각했던 우리 조상들은 여러 사람이 모이는 자리에서도 방향을
구분했다. 자연의 동서남북에 관계없이 제일 윗자리(상석)가 북쪽이고
상석의 앞이 남쪽이며 왼쪽이 동쪽, 오른쪽이 서쪽이 된다. 상석이 항
상 북쪽인 이유는 웃어른이 항상 남쪽을 보고 앉기 때문이다. 이런 방
식으로 동서남북을 구별하면 다음과 같다.

- 제의에서는 신위를 모신 곳이 북쪽이고,
- 혼인예식에서는 주례가 있는 곳이 북쪽이고,
- 사무실에서는 제일 상급자가 있는 곳이 북쪽이고,
- 교실에서는 선생님이 계신 곳이 북쪽이고,
- 행사장에서는 단상(壇上)이 북쪽이 되고,
- 묘지에서는 그 묘지가 어디든지 북쪽에서 남향한 것이고,
- 건물은 어느 쪽을 향했든 북쪽에서 남향한 것으로 보아 동서남
  북을 정한다.[36]

이밖에도 남좌여우(男左女右) 또는 남동여서(男東女西)에서 남자는

---

35) 여기에 소개된 내용은 인터넷 사이트 <동양 철학 산책> http://www.skku.
ac.kr/~sulhang (1)에서 부분적으로 인용했음.
36) 같은 사이트 인용.

왼쪽 여자는 오른쪽을 의미하는데, 이는 공손한 자세를 취하려고 공수(拱手)할 때 적용되는 관습이다. 두 손을 모으고 공손한 자세를 취할 때 남자는 왼손을 여자는 오른손을 위에 놓는데, 이것은 정면이 남쪽을 향하면 자연스럽게 왼손은 동쪽 오른손은 서쪽을 가리키기 때문이다. 그런데 동쪽은 양(陽)을 의미하고 서쪽은 음(陰)을 상징한다. 그러므로 남자는 동쪽을 가리키는 왼손을 위에 놓고 공수를 한다는 설명이다.

언어는 인간의 사용하는 대표적인 상징체계이다. 언어의 의미는 그 상징성에 달려있다고 해도 과언이 아닐 것이다. 지금까지 살펴본 좌우와 동서남북의 어휘들은 서로 다른 문화권에서 공통적인 의미를 가리키기도 하지만, 문화권마다 다른 상징성을 내포하기도 한다. 이는 문화의 속성이 보편성에 있지만 동시에 개별성도 존재한다는 사실을 잘 보여주고 있는 예이다.

제 4장 : 친족성, 언어의 족보

1. 언어에도 족보가 있다

족보의 발견

때는 지금으로부터 약 220여 년 전 인도. 영국의 학자 윌리암 존스 W. Jhones는 인도의 캘커타에서 개최된 왕립 아시아학회에서 인도의 고어(古語)인 산스크리트어 Sanskrit가 라틴어, 희랍어 및 게르만어 등의 언어와 친족 관계에 있다고 보고하였다. 당시로서는 충격적인 주장이었지만, 1816년 독일의 언어학자 봅 F. Bopp은 이들 언어의 어미 변화를 토대로 이 언어들의 친족 관계를 사실로 입증하였다.

우리는 집안의 족보를 통하여 그 집안의 기원과 출신 지역을 알 수 있다. 언어도 마찬가지이다. 앞으로 우리는 언어와 민족 간의 친족성은 어떻게 구분할 수 있으며, 문화와 언어와는 어떤 상관관계를 가지는지 살펴볼 것이다.

한국어의 족보

언어와 민족은 대부분 일치한다. 물론 동일한 언어를 사용하는 언어 집단이 다른 민족으로 구성되어 있는 경우도 있지만, 언어와 민족의 기원을 연구하는 학자들에게 언어의 문제는 그 민족의 기원과 가장 밀접한 관계를 갖고 있는 부분이다.

우리에게 알려진 바로는 한국어는 우랄-알타이어족에 속하는 언어이다. 유럽과 아시아의 경계인 우랄 산맥과 몽고와 중국 신강성에 뻗어 있는 알타이 산맥이 한국어가 속한 지리적 경계라는 말이다. 이러한 주장은 핀란드 출신의 언어학자 람스테드 Ramstedt에 의해 제창된 이래 국어학계에서 통설로 받아들여지고 있는 실정이다.

　김방한[37]은 우랄-알타이어족이란 말 대신 우랄어족과 알타이제어(諸語)로 구분하고, 한국어를 알타이제어로 분류하였다. 이는 람스테드의 어족 구분보다 한국어의 계통을 세분화시킨 것으로 생각할 수 있다. 그러나 김방한 다른 저서[38]에서 한국어의 계통을 밝히기에는 너무나 많은 시간이 흘렀고, 인접 언어와의 공통점이 희박하여 사실상 그 기원을 밝히는 것은 거의 불가능하다는 결론을 내리고 있다. 한국어와 비교 대상의 언어로는 알타이제어와 일본어였다. 한국어와 알타이제어 사이에는 친근 관계(어순이 동일, 모음 조화, 유사한 단어들)가 보이지만, 분명한 친족성을 입증할 만한 유사성은 아직 증명되지 않고 있다.

<사진 12 > 알타이 산맥(몽고 서부)

　실제로 같은 어족에 속한 언어들 사이에는 확연한 유사성이 존재한다. 대부분의 유럽어를 포함하고 있는 인구어족 간의 친족성을 기본

---

37) 『언어학의 이해』, 민음사, 1992년.
38) 『한국어의 계통』, 민음사, 1983년.

어휘를 통해 보자. 어휘 비교표에서 보듯 인구어의 기본 어휘는 분명하게 그 친족성을 보여 준다. 그러나 한국어가 속해 있다는 알타이제어에서는 인구어족처럼 기본 어휘들 간의 유사성이 많이 발견되지 않는다. 그 이유는 무엇일까?

영어	I	me	is	mother	brother	ten
산스크리트어	aham	ma	asti	matar	bhratar	daka
이란어	azem	ma	asti	matar	bratar	dasa
그리스어	ego	me	esti	meter	phrater	deka
라틴어	ego	me	esti	mater	frater	dekem
앵글로-색슨어	ic	me	is	moder	brothor	tien
古아일랜드어		me	is	mathir	brahir	deich
리투아니아어	asz	mi	esti	mote	broterelis	deszimtis
러시아어	ia	menya	jest'	mat'	brat'	desiat'

<표 2> 인구어족의 기본 어휘 비교

이 문제는 한반도에 정착한 민족의 원주지(原住地) 문제와도 밀접한 관련을 맺고 있다. 즉, 우리 민족의 조상이 어떤 경로를 통하여 한반도에 들어왔는지 알아야 한다는 말이다.

본래 우리 민족의 기원과 관련된 설로는 북방에서 한반도로 이주했다는 설이 유력하다. 그런데 알타이족은 광활한 유라시아 초원에서 항시 이동을 하던 유목민들이었다. 이동을 자주했다는 말은 그만큼 언어의 고립과 변화를 의미한다. 유라시아 고원을 횡단한 한 무리의 알타이 부족이 한반도에 정착했을 때는 이미 자신들의 언어는 조어(祖語)에서 많이 변했을 것이다. 그런데 그들이 우리의 직접적인 조상이라는 분명한 근거는 있는가? 여기에 대해서도 분명한 답을 찾을 수가 없다. 그만큼 한국어의 기원을 찾는다는 것은 어렵다는 말이다. 우리는 먼저 지구상의 수많은 언어들을 어족별로 구분하고 친족성과 관련된 문제에 접근해 보자.

2. 어족군으로 구분한 인류의 언어들

어느 언어학자는 지구상의 언어가 2,706개 존재한다고 정확한 수치까지 말하고 있으나, 보통 지구상의 언어의 수는 3,000에서 3,500종류의 언어가 사용되고 있다고 한다. 이렇게 많은 언어들을 몇 개의 어족으로 분류하는 것 자체가 용이한 작업은 아니지만, 우리는 크게 다섯 종류의 어족으로 지구상의 언어들을 분류해 보기로 하자.

한 미래학자는 앞으로 50년 정도 뒤에는 지구상에 몇 개의 언어밖에 남지 않고 그 밖의 언어들은 사라질 것이라고 예측하기도 했다. 살아남을 언어는 세계 공용어로서 위상을 굳힌 영어, 가장 많은 사용 인구를 가진 중국어, 사용 국가가 많은 스페인어 등이라는 것이다.

본서에서는 김방한[39]의 저서에 분류된 어족군을 기준으로 각 언어들을 분류하였고, 거기에 언어와 민족 간의 연관 관계를 보충하여 설명하였다.

인구어족 Indo-European family

인구어족에 속한 언어를 소개하기 전에 인구어의 대표적인 언어적 특징인 굴절어 inflectional language에 대해 간략히 살펴보자. 굴절어란 문장을 구성하는 단어가 변화하면서 문법관계를 표시하는 언어이다.

라틴어에서 친구란 뜻의 'amicus'는 다음과 같은 굴절을 한다. 명사의 굴절을 우리는 곡용(曲用)이라고 부른다.

---

39) 『언어학의 이해』, 민음사, 1992년.

단　수		복　수
amicus	친구는(주격)	amici
amici	친구의(소유격)	amicorum
amico	친구에게(여격)	amicis
amicum	친구를 (목적격)	amios
amico	친구에 의해(탈격)	amicos
amice	친구여 (호격)	amici

<표 3> 라틴어 곡용의 예

　영어의 인칭 대명사 my, me, mine 그리고 관계 대명사 who, whose, whom 등도 인구어의 굴절을 보여주는 좋은 예이다. 그러나 영어는 다른 인구어에 비해서 굴절이 거의 사라졌는데 그 이유에 대해서는 9장에서 살펴보기로 하자.

　우리는 인구어족에 속한 많은 언어들이 하나의 언어에서 파생되었다는 사실을 언어학자들의 연구를 통하여 알고 있다. 인구어족에 속한 언어들의 분류를 하기 전에 먼저 어족군과 친족성에서 중요한 의미를 갖는 몇 가지 용어에 대한 정의를 내려보자.

- 동계어 related language : 하나의 언어에서 갈라져 생긴 언어들을 말한다 라틴어를 조어(祖語)로 하는 불어, 스페인어, 이탈리아어, 포르투갈어, 루마니아어 등을 동계어라고 부른다. 친족언어라고도 부른다.
- 공통 조어 parent language : 동계 언어들이 갈라지기 이전의 언어(불어에 대한 민중 라틴어)를 조어(祖語)라고 한다.
- 어파(語派) : 한 어족에서 분리된 하위 어족은 그 상위의 조어에 대하여 어파라고 한다.

인구어족→이태리어파→불어, 스페인어(동계어 혹은 친족언어)

1) 인도-이란어파 Indo-Iranian branch

(a) 인도어 Indian

인구어족의 실체를 규명하는 데 결정적인 단서를 제공했던 인도의 고어 산스크리트어가 속한 인구어족의 어파이다. 앞에서도 설명했듯이 어파 branch란 어족의 하위 단위로서 동일 계통의 언어들이 속한 언어 집단이다. '인도'란 명칭은 신디江 Sindhu(지금의 인더스강)에서 유래한 이름이며, 신디는 이란어에서 힌두 Hindu가 되었다.

(b) 이란어 Iranien

고대 페르시아 제국의 언어에서 유래했다. 그들은 자신들을 파르샤 Parsa라고 불렀다. 파르샤의 명칭은 그리스의 이오니아 지방에서 유래했다. 이란 Iran이란 국명은 Eran 혹은 Aryan의 땅이라는 의미이다. 이란어와 동계어로는 아프간어, 쿠르드어 등이 있다. 9·11 이후 널리 알

<사진 13> 이란의 회교 사원

려진 아프카니스탄은 산스크리트어로 '동맹 부족들의 땅'이란 뜻이다. '-stan'이란 말은 산스크리트어로 '나라', '땅'을 의미한다.

이란어를 설명할 때 빼놓을 수 없는 것 중의 하나는 동문화이언어(同文化異言語) 현상이다. 본래 이란은 문화적으로 이슬람 문화권에 속하며 종교와 문자 등을 이웃한 이슬람 국가들과 공유하고 있다. 그러나 이란어는 유럽인들과 같은 기원을 가진 인구어족에 속하며, 인종적으로도 이란인들은 아랍인들보다는 유럽인들에 더 가까운 민족이다.

2) 슬라브어파 Slavic branch

유럽의 3대 민족을 꼽으라면 게르만족, 라틴족 그리고 슬라브족이다. 슬라브 Slave란 명칭은 동유럽에서 유래했는데, 그 이유는 중세기간 중에 이 지역에 가장 많은 농노가 있었기 때문이다. 이는 당시 동유럽이 유럽에서 가장 낙후된 지역임을 말해주고 있다.

슬라브어파에 속한 언어로는 불가리아어, 세르보-크로아티아어, 슬로베니아어, 슬로바키아어, 체코어, 폴란드어 그리고 슬라브족의 맹주 러시아어가 여기에 속한다. 특이할 만한 사실은 같은 동유럽에 속한 루마니아어는 불어가 속한 로만스어파에 속한다는 사실이다. 이는 루마니아의 국명 Romania에서 알 수 있듯이 루마니아가 로마인들이 건설한 로마의 한 속주였음을 의미한다. 그러므로 루마니아를 언어의 섬이라 부르기도 하는데, 그 이유는 슬라스어파 국가들에 둘러 쌓인 로만스어파의 나라이기 때문이다. 위에서 언급한 이란어처럼 루마니아어도 이언어동문화 현상의 범주에 분류할 수 있다.

슬라브어족에 속한 나라 중에서 국명의 유래를 살펴보면, 폴란드는 '평원'을 뜻하는 pole에서 유래했고 유고슬라비아는 '남쪽에 위치한 슬라브족의 나라'라는 의미이다. 불가리아는 투르크 계통의 불가족에서 유래한 국명이다.

3) 그리스어 Greek

서구 문화의 뿌리인 그리스어는 어파를 형성하지 않고 동시에 동계어가 존재하지 않는 언어지만 인구어족에 속하는 언어임에는 이론의 여지가 없다. 그리스어가 인구어족에 속한다는 사실은 인구어족의 기본 어휘를 비교해 보면 확연히 드러난다.

4) 로만스어파 Romance branch

그리스 문화의 전승자인 로마인들은 에트루리아인들을 제압하고 라티움 Latium을 중심으로 강력한 제국을 건설하였다. 제국의 공용어인 라틴어는 두 종류가 있었다. 하나는 키케로, 세네카, 케사르 같은 문장가들이 사용하던 고전 라틴어였고, 또 다른 형태는 군인, 상인, 하급 관리들이 구어체로 사용하던 민중 라틴어였다. 제국의 각 속주에서 사용되던 민중 라틴어는 제국의 멸망과 함께 지방에 따라 서로 다른 언어로 발전하게 되어 하나의 어파를 형성하게 되었다. 로만스어파에 속하는 언어로는 이탈리아어, 불어, 스페인어, 포르투갈어, 그리고 루마니아어가 있다.

로만스어파는 라틴어라는 공통 조어(祖語)가 존재하므로 동계어 사이의 유사성은 다른 어파보다 분명히 드러난다. 몇 가지 어휘를 비교하여 로만스어파의 친족성을 확인해 보자.

라 틴 어	이탈리아어	불 어	스페인어
amicus(친구)	amico	ami	amigo
filius(아들)	figlio	fils	hijo
numerus(수)	numero	numéro	número
populus(민중)	popolo	peuple	pueblo
pauci(약간)	poco	peu	poco
semper(항상)	sempre		siempre
habere(소유하다)	avere	avoir	haber
de(...의)	di	de	de

<표 4> 로만스어파의 어휘 비교

5) 게르만어파 German branch

인류의 역사를 서양 중심의 역사의 편에서 기술한다면 게르만족의 역사는 로마제국 이후 현재까지 세계사를 주도하였다. 영국과 미국의 역사가 그랬으며, 영국의 영원한 경쟁자 프랑스도 켈트문화와 라틴문화에 기반을 둔 게르만 문화권에 편입시킬 수 있는 나라이다.

게르만족은 로마시대부터 만족(蠻族) Barbare이라고 불리웠듯이 문헌으로 전하는 중세의 언어 기록은 거의 없는 편이다. 주요 어군을 보자.

- 독일어군 : 저지대 독일어(영어의 조어) Low German, 고지대 독일어 High German, 영어, 네덜란드어, 플랑드르어.
- 스칸디나비아어군 : 스웨덴어, 덴마크어, 노르웨이어, 아이슬란드어.

게르만어파에 속한 언어들의 특징은 대부분의 어원을 알 수 있는 로만스어파와는 달리 어원을 알 수 없는 어휘가 1/3 정도에 이른다는 것이다. 그 이유는 로만스어파의 언어들이 라틴어라는 훌륭한 공통 조어를 가지고 있는데 반하여, 이른바 비문화 민족이었던 게르만족의 기록문화가 거의 전무한 까닭에 기인한다.

6) 켈트어파 Celtic branch

게르만족이 유럽의 주인으로 등장하기 이전, 하얀 피부에 푸른 눈 그리고 금발의 한 민족이 프랑스와 영국 섬에 거주하고 있었다. 이들이 바로 켈트족이었다. 프랑스의 경우 켈트족들은 수백 개의 부족으로 흩어져 살고 있었으며 한 번도 통일된 제국(帝國)을 건설하지는 못했다. 결국 그들은 로마의 속주로 편입이 되고 켈트족의 언어와 문화는 정복자인 로마인들의 기록에만 그 일부가 전해질 뿐이다. 영국의 경우도 사정은 마찬가지였다. 원주민이었던 켈트족은 독일에서 도래한 앵글르족과 색슨족에게 삶의 터전을 빼앗긴 채 지금의 스코틀랜드로 쫓겨나고, 그 일부는 웨일즈와 아일랜드에 살고 있다. 그러므로 영국은 게르만족의 잉글랜드와 켈트족(스코틀랜드, 웨일즈)의 통합 왕국인 셈이다. 프랑스의 경우 지금도 브르따뉴 지방에서 방언으로 그 명맥을 유지하고 있는 브르통어만이 켈트어의 흔적을 간직하고 있다. 켈트어파의 언어로는 스코트 게일어, 아이리쉬 게일어, 골어, 브르통어 등이 있다.

햄-셈어족 Hamito-Semitic family

이 어족의 명칭은 구약성서 창세기 10장에 나오는 당시의 3대 민족 중, 두 민족인 '햄'족과 '셈'족에서 유래하는데, 아라비아 반도를 중심으로 분포하고 있는 어족이다. 오늘날에는 이스라엘을 제외한 대부분의 햄-셈어 민족이 이슬람 문화권에 속한다.

1) 햄어파 Hemic branch

이집트어와 북아프리카의 산악 지대와 사막 지대에서 통용되는 베르베르어가 이 어파에 속한다.

2) 셈어파 Semic branch

(a) 북동 셈어파 : 메소포타미아 지방을 중심으로 사용되던 언어이다. 최초의 수도인 아카드 Akkade의 이름을 따라 아카드어 Akkadian로 불리기도 한다. 고대 아카드어 이후는 남쪽의 바빌로니아어 Babylonian와 북쪽의 앗시리아어 Assyrian로 발전하였다.

(b) 북서 셈어파 : 시리아와 팔레스티나 지방을 중심으로 사용되는 언어이다. 가장 중요한 것은 역시 히브리어 Hebrew이다. 지금도 분쟁이 끊이지 않고 있는 두 민족 즉, 이스라엘 민족과 팔레스타인 민족은 어

족상 친족관계에 있음을 알 수 있다.

(c) 남 셈어파: 아라비아어, 에티오피아어 등이 포함되어 있다.

우랄어족 Uralic family

우랄어족과 알타이제어는 아직 친근 관계가 밝혀지지 않았다. 핀란드의 언어학자 람스테드는 한국어를 계통상 우랄-알타이어족에 편입시켰지만, 한국어와 인접 언어에서 찾을 수 있는 유사성은 다른 어족군에서 발견되는 것보다 매우 적다. 그러므로 한국어를 우랄어족에 편입시키는 것은 학자들 사이에도 논란의 여지가 있다.

핀-우글어파 Finno-Ugric branch

핀어 Finnish, 에스토니아어 Estonian, 헝가리어가 이 어파에 속한다. 핀란드는 북유럽에 속한 나라지만, 인종과 언어는 스칸디나비아제국과 다르다. 다만 그들의 문화는 북유럽의 게르만 문화권에 속한다. 이러한 현상은 이란어에서 이미 언급한 바 있다. 헝가리어도 동유럽에 속한 나라지만 언어는 아시아 계통의 우랄어족에 속한다. 헝가리란 국명도 훈족 Hun에서 유래했으며, 이 훈족을 중국에서는 흉노(匈奴)라고 불렀다. 즉, 흉노족은 유라시아 대초원을 지나 유럽의 깊숙한 헝가리에까지 들어가 정착했음을 알 수 있다. 이 후 헝가리 민족이 지금의 헝가리에 들어온 것은 896년으로 추정되며, 그 이전의 헝가리어에 관해서는 아무런 기록도 없다.[40]

---

40) 같은 책, p.233.

알타이제어 Altaic languages

알타이 산맥은 서시베리아와 중국의 신장성 북부, 그리고 몽고에 걸쳐 있는 산맥이다. 위에서 소개한 다른 어족보다 동계어 간의 친족성이 분명하지 않기 때문에 알타이제어라고 부른다. 학자에 따라서는 알타이어족으로도 부른다.

흔히 알타이어의 특징을 교착어라고 부르며, 한국어도 교착어에 속한다. 교착어 agglutinative language란 문장을 구성하는 단어의 어형이 변화하지 않고 각 단어의 문법적 관계가 단어 또는 어간에 결합되는 조사 또는 접미사에 의해서 표시되는 언어를 말한다. 알타이제어에 속하는 몽골어의 한 문장을 예로 들어 보자.

예) *dani-yin kumus tariyalang-un ajil-i kiju bui*
   (덴마크 사람이 농사일을 하고 있다)[41]

<사진 14> 핀라드의 원주민
사미족의 전통 의상

---

41)   같은 책, p.241.

위 문장은 다음과 같은 문법적 역할을 하는 어미가 붙어 있다. dani(덴마크)+yin('의' 속격 어미), kumus('사람' s는 복수어미), tariyalang('농사'+un '의' 속격어미), ajil(일)+i('을' 대격 어미), kiju bui(하고 있다). 이 경우 특수한 경우를 제외하고는 주격을 표시하는 조사가 없다.

1) 튀르크어 Turkic

현재 터키 공화국을 중심으로 북방 코카사스, 볼가 강 유역, 중앙 아시아, 중국 투르케스탄, 이란 북방, 아프카니스탄, 알타이 산맥 부근 등지에서 사용되고 있는 언어이다. 투르크란 명칭은 몽골로이드의 한 갈래로서 중국에서는 돌궐(突厥)족이라 불리던 민족명에서 유래했다. 그들은 멀리 터키는 물론 이집트까지 진출하여 훗날 용병제국을 세우기도 하였다.

본래 터키란 나라는 동양과 서양이 교차하는 곳으로 동서양 문화의 용광로이다. 그런 까닭에 다양한 인종이 들어와 지금의 터키인을 구성하였고, 그 결과 튀르크어와 터키어와의 유사성은 쉽게 발견하기 어렵다.

2) 몽골어군 Mongolian

몽골족이 역사상 알려지기 시작한 것은 북위(北魏) 시대부터라고 한다. 현대 몽골어의 시기는 16세기부터 계속되는데, 여기에는 여러 방언이 있다.

3) 만주-퉁구스어군 Manchu-Tungus

만주어와 여진어가 이 어군에 속한다. 17세기 전반부터 몽골 문자를 약간 개량하여 만주문자가 만들어지고, 이 문자로 만주어를 기록하였는데 이것이 만주 문어(文語)이다. 그러나 지금은 한족의 동화 정책에 의해 만주어는 거의 명맥만 유지하고 있는 실정이다.

중국-티베트족 Sino-Tibetan family

중국어는 대표적인 고립어 isolating language이다. 고립어란 문장을 구성하는 단어가 어형의 변화가 없고 단어 사이의 문법적 관계가 어순에 의해서만 표시되는 언어를 말한다. 예문을 보자.

(a) 人殺虎
(b) 虎殺人

위의 두 문장에서 사람과 호랑이는 문장의 위치에 따라 주어도 될수 있고 목적어도 될 수 있다. 결국 이 세 단어는 그 어형이 변화하지 않는다. 그러나 앞에서 설명한 굴절어와 교착어에서는 문장의 성분을 지칭하는 어미나 조사 등이 단어의 뒤에 첨가되거나 굴절하여 문장에서의 역할을 분명히 나타낸다.

1) 중국어군

베이징 방언인 관어(官語, Mandarin)를 대표적인 언어로 하여 양자강 이북에서 사용되고 있는 언어들과 화남 지방의 방언을 묶어 지칭한다.

2) 캄-타이어군 Kam-Tai

중국의 남서부, 베트남 북부와 라오스, 태국에 분포한 어군이다.

3. 어족의 형성

　우리는 지금까지 대표적인 어족에 대해 알아보았다. 앞에서도 설명한 것처럼 어족의 개념은 인구어족의 실체가 입증되면서 정립되었다. 그렇다면 한 어족의 집단은 어디에서 살았으며 어떤 경로를 통하여 이동을 했을까? 이 문제에 대한 답은 그리 간단하지 않다. 그러나 인류학과 언어학의 관점에서 보면 무척 흥미있는 연구 대상이다. 인구어족의 연구는 서구의 언어학자들이 그들의 공통 조어 parent language를 재구성할 정도로 학문적 성과가 높은 편이다. 그러나 기타 어족의 경우에는 조어의 구성은 고사하고 동계어 사이의 친족성에 대해서도 의문이 제기되는 실정이다.

　앞으로 우리는 한 어족의 형성 시대와 그 시기를 추정하는 방법에 대해 살펴볼 것이다. 그리고 그 어족으로는 인구어족을 선택하였다. 그 이유는 인구어족만큼 친족 관계를 분명히 알 수 있는 어족도 없을뿐더러 많은 자료들을 쉽게 찾을 수 있기 때문이다.

인구어족의 형성과 분기

　비교·역사 언어학의 발달에 따라 인구어족의 형성 시기는 기원전 3천년 경으로 보고 있다. 인구어의 공통된 언어적 특징으로는 생물과 무생물을 구분하는 성이 존재(남성, 여성, 중성)했고, 수의 구별(단수, 복수)이 있었으며, 쌍수의 개념은 후기에 나타났다. 그리고 인구어의 대표적인 특징인 굴절에는 8격이 있었다고 한다. 라틴어는 6격의 굴절 형태가 가장 많이 사용되었다. 이는 라틴어가 인구어족의 한 갈래로서 그 특징을 잘 보여주는 언어라고 말할 수 있다.

　한 어족의 분기 시기에 관한 문제는 언어학적 기록이나 고고학적 기록이 거의 전무한 경우라면 그 시기를 추정하기가 매우 어렵다. 그런데 언어학자들은 언어에도 물리학처럼 탄소동이원소인 C14의 역할을 하는 요소가 있을 것이라고 생각하였다. 그러므로 그 역할을 하는 인자(因子)들을 밝혀낸다면 한 어족의 분기 연대도 추정할 수 있을 것이다. 이러한 방법은 언어연대학과 어휘통계학에서 주로 이용된다.

1) 언어연대학과 어휘통계학[42]

언어학에서도 고고학이나 물리학처럼 C14의 역할을 하는 요소가 있을 것이라고 생각한다. 그러한 방법을 사용하는 언어연대학은 1948년 스와데쉬 Swadesh에 의해 정립된 학문이다. 이 방법의 이론적인 근거는 언어 변화율이다. 언어연대학은 특정의 동계어 보존율에 의거하여 언어 간의 친족관계를 규명하는 방법인데, 보다 더 광의의 명칭인 어휘통계학은 어휘에 관한 통계적인 연구방법으로 언어의 역사적 발전에 대한 연구를 목적으로 한다.

스와데쉬의 이론은 언어 간의 차이가 크면 클수록 그 분기시점이 더 오래되었다는 사피어의 견해를 근거로 하는데, 그는 한걸음 더 나아가 언어연대학을 일반언어학 및 인류학의 이론과 결부시켰다.

2) 언어연대학 및 어휘통계학의 원칙[43]

언어연대학에는 다음과 같은 원칙을 사용하여 언어의 분기 시대를 추정한다.

① 일부의 특정 어휘 즉, 기본 어휘는 다른 어휘보다 오래 보존된다. 신체의 부분, 신체적인 감각, 신체적인 행동과 자연 현상에 관한 명칭, 수사나 대명사 등이 대체로 기본 어휘에 속한다.

---

42) 『인구어 비교언어학』, 김윤한, 민음사, 1988년, p.109.

43) 같은 책, p.109.

한국어의 예를 들어보자. 신체 부위를 지칭하는 말들(머리, 팔, 다리, 손, 허리 등)과 수사들(하나, 둘, 셋 등)은 순수한 고유어임을 쉽게 확인할 수 있다. 이와는 대조적으로 인간 노동에 의한 생산품, 예술, 풍속과 습관에 관한 명칭이나 인간 집단의 특수 생활환경과 직접 관련되는 개념을 지칭하는 문화적인 어휘 kultureller Wortschatz의 일부는 특히 빠른 속도로 변화한다. 그러나 식물의 명칭이나 천체명, 지명 등 자연 현상에 관한 명칭은 잘 변화하지 않는다. 최근에 포스트모더니즘이란 용어가 크게 유행한 적이 있다. 그러나 이러한 문화적 어휘는 기본 어휘들에 비하여 그 생명이 그리 길지 못하다.

② 기본 어휘의 변화나 보존율은 통계상으로 일정하다. 다시 말하면 모든 언어에서 일정한 수의 기본 어휘는 일정한 시간, 예를 들면 천년 후에는 그중 일정한 비율의 어휘만이 변화하지 않고 그대로 보존된다, 그 후 다시 천년 후에는 그 나머지 어휘 중에서 위와 동률의 어휘만이 그대로 보존된다.

③ 모든 언어에서 기본 어휘의 변화율은 대체로 동일하다. 문헌이 있는 일련의 언어를 연구·조사한 결과에 따르면 천년 후에 기본 어휘의 보존율이 최고 86.4%이고 최저 74.4%임이 밝혀졌다. 이에 대응해서 기본 어휘의 평균 보존율은 천년마다 80.5%이다. 셋째 가설에서 역으로 두 언어에서 기본 어휘의 동계 어휘 보존율을 알 수 있다면 그 두 언어가 공통 조어에서 언제 분기되었는지를 추정할 수 있다.

언어연대학을 두 친족어에 적용하기 위해서는 우선 동일한 개념을 나타내는 어휘 목록을 작성하고 어느 어휘가 서로 친족 관계에 있는지를 확인해야 한다. 동계 어휘 보존율을 토대로 하여 두 언어의 분기시기를 측정할 수 있다. 예를 들면 현대 영어와 독일어에서 동계 어휘 보존율은 60%이다.

- 영어: animal, four, head, I, sun
- 독어: Tier, Vier, Kopf, Ich, Sonne
  (animal과 Tier, head와 Kopf는 친족 관계의 어휘가 아니다)

  동계 어휘 보존율 60%에 해당하는 분리 기간을 확정할 수 있는 고정 수치를 알 수 있다면 영어와 독일어가 분기된 시기를 추정할 수 있는데, 두 언어 간의 분리 기간을 측정할 수 있는 리스 Lees의 고정수치 계산 방법은 다음과 같다:[44]

$$t = \frac{\log c}{2 \log r} = \frac{\log 60\%}{2* \log 85\%} = \frac{0.511}{2*0.163} = 1561$$

  't'는 시간의 간격 즉 1000년을 단위로 한 분리 기간을, 'c'는 동계 어휘 백분율, 'r'은 불변수(0.850)을 나타낸다. 위의 공식에 동계어휘 보존율 60%의 수치를 대입하면 영어와 독일어는 지금부터 1561년 전인 서기 400년 경에 분기되었음을 알 수 있다. 즉, 독일의 작센 Saxen 지방에 살던 게르만족의 한 무리인 색슨족 Saxon이 잉글랜드로 이주한 시대가 서기 400년 경이라는 말이다. 언어의 분기 시기를 추정할 때의 가장 중요한 문제는 정선된 다수의 동계어휘를 비교해야 한다.

  그러나 언어연대학의 문제점도 지적해야만 한다. 문제는 기본 어휘 목록의 작성이 어족군마다 용이하지 않다는 데 있다. 알타이제어에 속한 한국어의 경우 기본 어휘 목록은 고사하고 어원사전도 전무한 상태에서 이러한 방법론을 적용한다는 것은 매우 어려운 일이다.

---

44) 같은 책, p.111.

어문화사적인 방법

동계어휘 보준율을 이용한 개별 언어의 분기 시점 추정은 위에서도 언급한 바와 같이 기본 어휘의 목록이 그 전제 조건이다. 그러나 언어 분기 시대를 추정하는 방법에는 기본 어휘를 이용한 언어학적 방법 외에도 어문화사적인 방법을 이용할 수도 있다. 예를 들어 금속 명칭을 통하여 언제까지 인구어의 공통 조어가 사용되었는지 어느 정도 추정할 수 있다.

대부분의 인구어에서 금과 은이라는 귀금속의 명칭은 빛깔에서 유래하였다. 금이라는 단어는 노란색의 빛깔을 의미하는 어근 *ghel-[45]에서, 은이라는 단어는 흰색의 빛깔을 뜻하는 *arg-에서 유래한 말이다. 영어의 gold와 불어의 argent(銀)이 두 어원에서 파생되었음을 쉽게 확인할 수 있다. 이는 인구어의 공통 조어 시기에 이미 두 귀금속을 알고 있었음을 뜻한다. 그러나 귀금속이 아닌 구리, 청동, 철 등은 모든 개별언어에 균일하게 분포하지 않는다. 이는 인구 공통 조어의 분기가 B.C. 2000년 경 즉, 금속 시대가 오기 이전에 이미 분기했음을 말해주고 있다.

금과 은을 지칭하는 어휘는 한국어에서도 유사성을 보여주고 있다. 김방한[46]은 다음과 같이 삼국사기를 인용하여 백제어의 금의 명칭과 일본어와의 유사성을 설명하고 있다. 삼국사기 지리지(地理志)에는 다음과 같은 백제의 지명이 나온다.

"金池縣本百濟仇知縣"(금지현은 백제의 구지현을 말한다)

---

45) * 표는 재구성형을 의미한다. 확인되지는 않았지만 재구성의 과정을 거쳐 유추한 형태이다.

46) 『한국어의 계통』, 김방한, 민음사, 1983년, p.235.

여기에서 '金'은 '仇'와 대응한다. 즉, '금'은 '구(ku)'로 백제어에서 발음이 되었다는 것이다. 계림유사에는 금을 '나론의'(那論義)라고 적고 있는데 여기에서 '義'는 '세(歲)'의 오류로 보인다. 한편, 은(銀)은 '한세'(漢歲)로 적고 있다. 여기에서 '나론'이란 말은 중세 국어로 '누렇다'라는 의미이고, '한세'에서 '한'이란 말은 '희다'라는 형용사이다. 즉, '금'은 '누런쇠', '은'은 '흰쇠'라고 불렸던 것이다. 이는 인구어의 '금'과 '은'의 의미와도 동일하다. 고대 일본어에서도 '금'은 'ku[黃]+gane'라고 불렀는데, 여기에서 'gane'란 의미는 철을 의미한다. 다시 말해 백제어의 'ku'와 고대 일본어의 '금'이란 명칭이 일치한다는 뜻이다. 이러한 사실은 고대 일본에서 금이 발견된 시기가 약 8세기경이므로, 그 전에 백제에서 금이라는 귀금속이 전래되었음을 알 수 있는 증거이기도 하다.

재구의 원리

우리는 동일한 어족에 속한 동계어들의 기본 어휘를 비교하면서, 공통 조어의 원형을 유추해 볼 수 있다. 언어학자들은 이러한 작업을 원형의 재구성 혹은 재구(再構)라고 부른다. 재구의 원리에 대해 살펴보자.

지금은 그 형태를 알 수 없는 조어(祖語)의 형태를 복원시키는 재구의 원리를 정리하면 다음과 같다.

① 많이 나타나는 음성을 기초로 하여 재구형을 구성한다.
② 일반적으로 음운의 방향과 일치되게 재구형을 구성한다.
③ 제시된 변화 방향이 관련된 전체 언어의 변화 패턴과 일치하는지 살펴야 한다.

인구어에서 기본 어휘에 속하는 수사의 재구 과정을 예로 들어보자.

	Skr.	Gr.	Lat.
'7'	sapta	hepta	septem
'10'	dasa	deka	decem

<표 5> 인구어족의 기본 수사 비교

i) 먼저 다수결의 원칙에 의해 그리스어 hepta는 탈락된다. 그리고 두번째 음절은 ta가 우세하므로 다음과 같은 중간 형태를 생각할 볼 수 있다. ∴/*septa/

ii) 음운의 변화 방향과 일치하는가?

음운의 변화 방향은 /s/가 /h/로, 모음 /e/는 /a/로 추정할 수 있다. 그러나 라틴어의 경우 종성의 /m/은 본래 있던 음운으로 간주해야 한다. 그러므로 /*septa/는 /*septam/으로 일단 수정해야 할 것이다. 왜냐하면 기존의 음운이 탈락하는 것이 존재하지 않는 음운이 새로 생기는 것보다 일반적인 음운 변화의 원칙이기 때문이다.

iii) 마지막으로 인구조어의 변화형과 일치하는지 확인한다. 일반적으로 인구조어의 수사형은 /-tm/으로 끝나므로 /*septam/보다는 /*septm/이라고 재구성해야 할 것이다. 그러므로 '7'의 재구성형은 /*septm/으로 수정한다. 마찬가지로 '10'은 /*dekm/으로 재구성된다.

비교 재구의 예들

우리는 위에서 영어와 독어가 같은 어파에서 분기되었다는 사실을 언어연대학의 동계 어휘 보존율을 통해서 확인한 바 있다. 그러나 이 두 언어를 배워본 사람은 게르만어파에 속한 영어가 로만스어파의 불어와 더 유사하다는 사실에 의문을 갖게 된다. 먼저 영어와 독어의 기본 어휘들을 비교해 보자.

※ 영어와 독어의 기본 어휘 비교

영어와 독어는 기본 어휘를 비교해 보면 쉽게 그 친족성을 확인할 수 있다. 먼저 그 예를 보자.

영 어	독 어
two	zwei
to	zu
tongue	Zunge
tell	zahlen
tide	Zeit
timber	Zimmer
twig	Zweig
tame	zahm
ten	Zehn
tongs	Zange
top	Zopf
twenty	zwanzig

<표 6> 영어와 독어의 기본 어휘 비교

이러한 동계 언어사이의 비교 재구는 게르만어파에 속한 언어들의 비교재구에 의해 확인된다. '아버지'를 의미하는 게르만어파의 기본형을 재구성해보면 *[fader]라는 형태를 얻을 수 있다.

G Gothic	OI Old icelandic	OE Old Eng.	OS Old Saxon	OHG Old High German
[fadar]	[faðir]	[fæder]	[fader]	[fater]

<표 7> 게르만어파의 어휘 비교

영어와 독어 그리고 불어의 기본 어휘를 비교해 보면 영어와 독어의

유사성을 쉽게 확인할 수 있다. 아래의 예를 보자.

영 어	불 어	독 어
to	à	zu
too	trop	zu
two	deux	zwei
twenty	vingt	zwanzig
eat	manger	essen
bite	mordre	beissen
father	père	Vater
moter	mère	Mutter
three	trois	drei
thou	tu	du

<표 8> 영어와 불어·독어의 기본 어휘 비교

그러나 다음의 어휘 비교를 살펴보자. 독어와 불어 그리고 영어의 가축명과 고기명을 비교하였다. 그런데 유독 영어만이 가축명과 고기명이 따로 존재한다. 그 이유는 무엇일까?

영 어	불 어	독일어	의 미
calf	veau	Kalb	'송아지'
veal			'송아지고기'
cow	boeuf	Kuh	'암소'
beef			'쇠고기'
swine	porc	Schwein	'돼지'
pork			'돼지고기'

<표 9> 영어와 불어·독어의 가축명과 고기명

위의 어휘 비교는 다음과 같이 설명할 수 있다. 먼저 가축의 명칭은 영어와 독일어에서 분명한 유사성을 발견할 수 있지만, 영어의 경우 고기의 명칭은 불어와 더 유사하다. 이러한 특징은 영어가 로만스어파

인 불어로부터 많은 어휘를 차용한 결과에 기인한다.

　1066년 프랑스 노르망디의 윌리엄(불어명 '기욤')은 잉글랜드의 정복에 성공한다. 이 역사적인 사건은 잉글랜드에 프랑스계 왕조가 들어섰다는 의미 외에도 영국이 게르만 문화권에서 라틴 문화권으로 편입이 되었다는 사실을 의미한다. 영어에 가축과 고기와 관련된 어휘가 각각 존재하는 이유도 여기에 있다. 본래 가축을 기르던 색슨족의 언어에는 가축명과 고기명이 독어처럼 동일했을 것이다. 그런데 가축의 고기가 그들의 상전인 노르망 귀족의 식탁에 오르는 순간, 노르망 귀족들은 그 고기를 불어로 불렀을 것이고, 색슨족의 입장에서 보면 새로운 어휘가 영어에 차용되는 순간이었다. 그 결과 영어에는 가축명과 고기명이 각각 따로 존재하지만 불어는 독어처럼 가축명과 고기명이 동일하다. 이는 언어의 차용에 의해 생긴 결과이며, 영어는 그런 까닭에 다른 언어에 비해 어휘의 수도 많은 편이다.

로만스어파의 유사성

　게르만어파에 속한 언어들의 대부분은 그 어원을 확인할 수 없다고 한다. 그러나 이와는 반대로 로만스어파는 방대한 문헌을 통해서 라틴어라는 조어를 확인할 수 있으므로 동계어끼리의 유사성과 음운의 변화 원칙 등을 쉽게 알 수가 있다. 로만스어파의 기본 어휘들을 조어인 라틴어와 비교해 보자.

라틴어	이탈리아어	스페인어	불어	영어
amicus	amico	amigo	ami	friend
liber	libro	libro	livre	book
tempus	tempo	tiempo	temps	time
manus	mano	mano	main	hand
bucca	bocca	boca	bouche	mouth

caballus	cavallo	caballo	cheval	horse
fillius	figlio	hijo	fils	son
ille	il	el	le	the
quattuor	quattro	cuatro	quatre	four
bonus	buono	bueno	bon	good
facere	fare	hacer	faire	make
dicere	dire	decir	dire	say
bene	bene	bien	bien	well
legere	leggere	leer	lire	read

<표 9> 로만스어파의 어휘 비교

위의 표에 소개된 로만스어파의 어휘는 조어인 라틴어와 밀접한 유사성이 존재함을 확인할 수 있지만, 게르만어파인 영어는 공통점이 발견되지 않는다. 그러나 다음과 같은 영어의 어휘들은 로만스어파의 조어인 라틴어에서 차용되었음을 쉽게 알 수 있다.

영 어	라 틴 어	영어 파생어
mother	mater	maternal
two	duo	dual, duet
tooth	dens, dent-	dental
foot	pes, des-	pedal
heart	cor, cord-	core, cordial
bear	fero	fertile

<표 10> 라틴어에서 차용된 영어 어휘

위의 예는 왜 영어가 게르만어파이면서 로만스어파인 불어와 유사한지 그 이유를 설명해 주고 있다. 다시 말해 영어의 경우 기본 어휘는 순수한 고유어를 가지고 있지만, 그 외의 어휘들은 불어와 라틴어에서 많이 차용했음을 알 수 있다. 그런데 어휘의 차용은 언어 자체에 그치는 것이 아니다. 위에서도 말한 것처럼 어휘의 차용은 문화의 수입을

전제로 한다. 바로 이런 예가 언어와 문화와의 관계를 잘 보여주는 부분이며, 앞으로도 우리는 언어를 통해 다양한 문화 현상의 예를 보기로 하자.

우연한 유사성 chance similarity

현대 그리스어의 mati(눈[目])와 말레이어의 mata는 우연히 그 형태와 의미가 거의 같다. 그렇다고 그리스어와 말레이어를 같은 어족에 포함시킬 수는 없을 것이다. 한국어의 '많이'와 영어의 many가 비슷하다고 한국어를 인구어족에 포함시킬 수는 없는 일 아닌가?

우연한 유사성에는 의성어도 포함된다. 각국의 언어에서 동물의 울음소리를 옮겨 놓은 의성어 사이에는 분명히 유사성이 존재하고 있다. 닭의 울음소리를 예로 들어 보자. 영어에서는 닭의 울음소리를 'cock-a-doodle-doo' 독어는 'kikeriki' 그리고 불어는 'cocorico'라고 적는다. 그러나 이것은 닭의 울음소리를 흉내 낸 것에 불과하며 이러한 유사성으로 위의 언어들을 같은 어파에 포함시킬 수는 없는 일이다.

유아어(乳兒語)에서 파생한 형태소에서도 우연한 유사성의 문제가 발견된다. 인구조어에서 '아버지'와 '어머니'는 *pater, *mater로 재구되는데 -ter는 친족명에서도 나타난다(영어의 sis-ter, bro-ther). 그러므로 -ter는 친족 명칭을 형성하는 접미사로 볼 수 있다. 그런데 그리스어의 pater, mater가 유아어인 papa/mama와 유사하다는 사실은 어떻게 설명할 것인가?

한 인류학자의 연구에 따르면 '아버지'와 '어머니'의 명칭 1,072개 중에서 자음은 정지음 'p'와 비음 'm'이 가장 많고, 모음은 개모음 'a'가 가장 빈도가 높은 것으로 나타났다. 그리고 CV(자음+모음)의 음절 구조가 압도적인 것으로 나타났다. 그리스어의 pa-와 ma-도 유아어에서 비롯된 것으로 볼 수 있다. 그러므로 '아버지'와 '어머니'의 명칭이

비슷하다고 언어간에 친족성이 있다고 말할 수는 없으며, 그 유사성이
란 유아어의 공통적인 현상에서 비롯된 것이다.

언어의 접촉과 차용(영어의 경우)

언어의 접촉은 역사적인 사건에 그 뿌리를 두고 있다. 영국의 경우
노르망 정복 이후 12~13세기에 불어의 영향을 절대적으로 받는다. 물
론 그 이전에 라틴어의 영향을 받아 street, egg, wine 같은 단어들이 차
용되었지만 노르망 정복 이후 들어 온 불어 어휘와는 비교가 안 된다.
이 문제는 뒤에서 상세히 다루기로 하자.

언어의 차용은 새로운 문명의 발명에 의해 이루어진다. telephone,
computer, mobile phone 등이 좋은 예이다. 특히 요즘은 인터넷 사용의
일반화로 지나친 외국어의 사용은 모국어의 존립 자체에 심각한 문제
를 던지기도 한다. 우리나라의 경우 IT(Internet & Telecommunication)
관련 영어 용어를 무차별적으로 차용하고 있다. 이러한 현상에는 물론
장단점이 있다. 장점은 원어 자체를 그대로 사용함으로써 국제화 시대
에 빠르게 적응할 수 있다는 것이다. 그러나 원어를 우리말로 바꾸는
노력조차 하지 않고 무분별하게 사용한다면 우리말의 미래에는 희망
이 없어 보인다. 프랑스의 경우 모국어에 대한 애정이 남다르다고 말
한다. 인터넷 관련 용어도 예외는 아니다. 가장 흔히 사용하는 e-mail
의 경우 그들은 Mél이라는 신조어를 만들었는데 이 말은 Message
électronique의 합성어이다.

영어는 앞에서도 말했듯이 불어에서 많은 어휘를 차용했다. 다음의
예를 보자.

차용어	고유영어
royal	king, queen
arms	weapons
justice	laws
court	yard

<표 11> 고유 영어와 불어 차용어

앞에서 우리는 영어가 기본 어휘는 순수한 고유어를 지니고 있는 사실을 알았다. 그러나 중요한 전문용어와 학술어는 대부분 불어에서 차용되었다. 위의 예도 그런 사실을 잘 보여주고 있다. 그러나 기본 어휘 중에서도 they, their, them은 덴마크족이 사용하던 스칸디나비아어에서 차용하였다. 본래는 hie, hiera, him이 영어의 고유어였다.

외국어의 차용 과정과 그 종류

1) 음운적 모국어화

영어는 독일어의 -ch[x] 철자를 [k]로 발음한다(Bach[bak]). 그 이유는 영어에는 독일어의 -ch 발음이 없기 때문에 가장 유사한 음으로 발음하는 것이다. 한국어서도 bus를 '뻐스', golf를 '꼴프', guitar를 '키타'로 발음하는 경우를 자주 본다. 그 이유는 한국어에서는 영어처럼 초성에 유성 자음이 오는 단어가 없기 때문이다. 즉, '버선'의 'ㅂ'은 무성음이다. 그러므로 한국어에서는 bus의 'b' 음가를 된소리로 발음하는 것이다. 받침이 없는 일본어에서 김치를 '기무치'라고 발음하는 이치와 같다.

2) 의미상의 차용

이 경우는 단어가 차용되면서 그 의미만이 차용되는 경우이다. 고대 영어의 heofon, hel, god에 기독교적 의미가 들어온 것이 좋은 예이다. 고대 영어에서 heofon와 라틴어의 caelum에는 모두 '하늘, 신이 있는 곳'을 의미했다. 그런데 라틴어 caelum에는 '기독교적 하늘'의 뜻이 있었다. 그리하여 고대 영어에는 그 의미도 차용되었다. 지옥을 의미하는 hel의 경우도 기독교적인 지옥의 의미가 차용되었다. 본래 고대 영어의 hel에는 '전쟁에서 쓰러진 적이 없는 사자(死者)가 있는 곳(지하)'을 의미했다. 그런데 라틴어의 지옥 infernum에는 기독교적인 지옥의 의미가 있었다. 그 결과 고대 영어 hel에는 본래의 의미가 사라지고 기독교적인 의미의 지옥을 가리키게 되었다.

제 5장 : 호칭과 이름의 의미

1. 친족 호칭의 분류

친족 간의 호칭 문제는 그 집단의 혼인제도와 가족제도를 엿볼 수 있다는 점에서 인류학자들의 관심을 끌어 왔다. 문화인류학자의 입장에서 보면 기록이 없는 집단의 인간관계를 호칭을 통하여 살펴볼 수 있다는 면에서 호칭명은 좋은 자료가 된다. 우리는 아버지의 형제와 어머니의 형제를 구분하여 부르지만, 서양인들은 부계와 모계의 친척에 대한 구분이 전혀 없다.

친족 호칭은 직접 호칭(terms of address)과 간접 호칭(term of reference)의 두 가지로 구분된다. 직접 호칭은 '형', '아버지'처럼 직접 부를 때 사용하는 호칭이고, 간접 호칭은 '사촌형' 같이 다른 사람에게 친족 관계를 밝힐 때 사용하는 호칭이다.

인류학자들이 구분하는 친족 호칭의 유형은 크게 셋으로 구분할 수 있다.[47]

1) 하와이형 친족 호칭

친족 호칭의 체계 중에서 가장 단순하고 호칭의 수가 적은 것이 하와이형 친족 호칭이다. 하와이형 친족 호칭의 특징은 아버지 세대에 모든 남자에게 '아버지'란 호칭을 사용하고, 어머니 세대의 모든 여자에게는 '어머니'란 호칭을 사용한다는 것이다. 또한 같은 세대의 사촌들을 자신의 형제자매들과 구분하지 않고 같은 호칭을 사용하고 있다. 어떤 학자는 하와이형 호칭을 난혼(亂婚)의 흔적이라고 말하기도 한다.

---

47) 『문화인류학개론』, 한상복 외, 서울대학교출판부, 1997년, p.162.

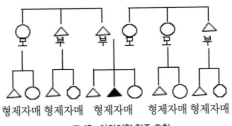

형제자매　형제자매　형제자매　형제자매 형제자매

<표 12> 하와이형 친족 호칭

2) 이로꼬이형 친족 호칭

북미주의 동북부에 살고 있는 이로꼬이 Iroquois 인디언들의 친족 호칭 체계에 따라 불리는 이 유형은 아버지와 삼촌이 같은 호칭으로, 그리고 어머니와 이모가 같은 호칭으로 불린다. 그러나 하와이형과 달리 고모와 외삼촌은 각기 아버지와 어머니의 호칭과는 구분된다. 자기의 세대에서는 평행사촌인 친사촌과 이종사촌은 자기의 형제자매와 같은 호칭으로 불리고, 교차사촌들에게는 형제자매와는 구분되는 호칭이 사용된다. 이로꼬이 친족 호칭의 특징은 자기와 같은 친족집단에 소속한 평행사촌과 삼촌 및 이모에게는 각기 자기의 형제자매와 부모에게 사용하는 호칭을 적용하지만, 다른 친족집단에 소속한 고모, 외삼촌 및 교차사촌들에게는 자기 집단의 사람들과는 다른 호칭을 사용하고 있다는 것이다.[48]

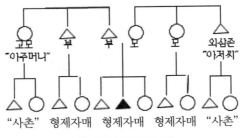

"사촌"　형제자매　형제자매　형제자매　"사촌"

<표 13> 이로꼬이형 친족 호칭

---

48) 같은 책 p.163.

이로꼬이 인디언의 친족체계를 처음으로 연구한 모건 Morgan은 아버지와 삼촌, 그리고 어머니와 이모의 호칭을 구분하지 않는다는 점에서 이들의 혼인이 난혼제에서 유래했기 때문이라고 유추하였다. 그러나 이러한 해석은 더 이상 받아들여지고 있지 않다.

3) 에스키모형 친족 호칭

에스키모족의 친족 호칭은 서구인의 호칭 체계와 동일한 형태를 취하고 있다. 에스키모족은 직계와 방계를 구별하면서도 아버지 쪽과 어머니 쪽의 친족을 구별하지 않는 것이 그 특징이다. 자기 세대의 경우도 형제자매만 구분할 뿐이지 나머지는 모두 사촌으로 호칭하는 것이 특징인데, 이는 서구인의 친족 호칭 체계와 동일하다. 에스키모형 친족 호칭의 특징은 출계(出系)의 개념에서 아버지와 어머니의 친척을 구분하지 않고 동일한 친족원으로 간주하고 있다.

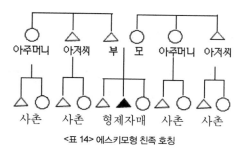

아주머니 아져씨 부 │ 모 아주머니 아져씨

사촌   사촌   형제자매   사촌   사촌

<표 14> 에스키모형 친족 호칭

4) 우리나라의 친족 호칭[49]

위에서 소개한 세 종류의 친족 호칭의 유형에 따라 우리나라의 친족 호칭에 어떤 원칙이 적용되었는지 정리해 보기로 하자.

---

49) 같은 책, p.165.

① 직계와 방계 친족원의 구분

조부모, 부모, 자녀, 손자녀 등의 직계 친족원들은 각기 종조부모, 숙부, 숙모, 조카, 종손자녀 등의 방계 친족원들로부터 구분된다.

② 세대의 원칙

우리나라의 친족 호칭에서는 상이한 세대의 사람에게는 같은 호칭이 적용되는 예가 없고, 모든 친족 호칭이 어느 세대의 친족원을 가리키고 있는지를 분명히 말해 주고 있다.

③ 같은 세대의 친족원의 연령

같은 세대의 친족 호칭에도 연령은 중요한 호칭 구분의 역할을 한다. 예를 들어 형님, 누님과 동생, 누이동생 등으로 연령의 차이를 밝히고 있으며, 아버지 세대에도 백부, 숙부 등으로 연령의 차이를 구별하고 있다.

④ 관계짓는 사람의 연령

형수는 형과의 관계로 맺어진 호칭이고, 제수는 동생과의 관계로 맺어진 호칭이다. 마찬가지로 숙모와 백모의 경우도 같은 원칙이 적용되고 있다.

⑤ 친족원의 성(性)

동생, 조카, 등과 같이 몇 가지를 제외하고는 거의 모든 호칭들이 친족원의 성을 밝히고 있다.

⑥ 말하는 사람의 성

말하는 사람이 남자이냐 여자이냐가 호칭에 반영된다. 예컨대 같은 사람을 가리키면서도 남자는 '형'으로, 여자는 '오빠'로 불러야 하고,

같은 사람이 남동생에게는 '누님'으로 그리고 여동생에게는 '언니'가 된다.

⑦ 관계짓는 사람의 성(性)

나의 친사촌들 및 고종사촌들은 각기 삼촌 및 고모를 통하여 나와 관계를 맺고 있다. 다시 말해 삼촌과 고모의 성(性)에 따라 그들의 자식들이 친사촌과 고종사촌으로 구분되고 있다.

⑧ 아버지 쪽의 친족원과 어머니 쪽의 친족원의 구분

어머니 쪽의 친족원의 '외(外)-'라는 접두어를 모두 붙여 아버지 쪽의 친족원과 구분하고 있다.

⑨ 혈족과 인척(姻戚)의 구분

자기가 소속한 출계 집단인 부계 집단의 사람들은 인척인 처가 쪽의 사람들과는 호칭상 구분된다. 남편 쪽에서는 '처(妻)-'를 붙이고, 아내는 '시(媤)-'를 붙여 구분한다.

⑩ 혈족관계의 정도

혈연관계의 정도가 얼마나 깊으냐에 따라 촌수가 친족 호칭으로 사용되기도 한다. 3촌, 4촌, 5촌, 6촌 등이 여기에 속한다. 이런 촌수의 관습은 아마도 세계 어느 나라에서도 찾아볼 수 없는 우리나라 고유의 것인 것 같다.

2. 문자 이전의 주민등록증 : 성명(姓名)

인류가 사회를 형성하고 집단생활을 한 이래 구성원들의 호칭 문제는 지금 생각해 보아도 무척 흥미로웠을 것이다. 이미 언어가 의사 전달의 수단으로 사용되었다면 의사소통 시 각 구성원들은 어떻게 서로를 불렀을까?

옛날 우리의 시골 마을을 하나 그려 보자. 한 마을에는 개똥이가 세명, 이쁜이가 두 명, 간난이가 두 명 살고 있었다. 그런데 마을 아이들이 어울려서 놀 때에는 문제가 생겼다. '개똥아'라고 부르니 여기저기에서 대답을 하는 것이 아닌가? 그래서 동네의 한 어른은 묘안을 짜내어, '감나무집 개똥이', '대장간네 개똥이', '꺽다리 개똥이' 등으로 구분하였다. 그 뒤로 개똥이의 구분에는 문제가 없어졌다고 한다. 서양의 경우 성씨는 이렇게 생겨났다.

본래 성(姓)이라는 한자에 계집녀 변이 있는 것으로 보아, 어머니 집안으로부터 물려받았을 것이라는 유추가 가능하다. 실제로 중국의 경우 가장 오래된 성씨로는 강(姜), 요(姚), 희(姬) 같은 성씨가 있는데, 모두 계집녀 변이 들어가는 성씨이다. 이는 본래 인류의 집단 사회가 모계 사회에서 비롯되었음을 잘 보여주는 부분이다. 반대로 씨(氏)는 부계 사회가 되어 성이 몇 개의 가닥으로 나뉘어 분산되면서 생겨난 것이다.[50]

우리나라의 경우 사실상 이름을 지을 때 본인이 선택할 수 있는 글자는 하나밖에 없다. 성이야 김씨, 이씨, 박씨 같이 흔한 것이고, 가문마다 항렬이 있어 석자 중의 한 자는 이미 정해져 있다. 그러다 보니 외자 이름을 갖는 특별한 성씨는 수많은 동명이인을 만들어낸다.

---

50) 『중국문화통론』, 이장우 · 노장시 저, 중문출판사, 1993년, p.78.

본래 우리 조상들의 성씨가 중국의 성씨를 본받기 시작한 것은 통일신라 후기라고 한다. 문헌에 등장하는 순수한 우리 조상들의 이름을 보면, 거칠부, 연오랑 세오녀, 흑치상지, 노리사치계 등 아름다운 이름이 많았다. 그러나 아름다운 고유의 이름은 한자식 작명법에 자리를 내주고, 지금은 전 국민의 대부분이 김씨 아니면 이씨로 살고 있다.

우리나라가 아무리 개인주의보다는 집단주의가 우선하는 사회라고 하지만, 이름의 삼음절 중에서 오직 한 글자만을 개인이 선택할 수 있는 것은 조금 지나치다. 그렇다면 우리도 어머니의 성을 넣어 이름을 지으면 어떨까? 스페인 사람들은 이름을 지을 때 어머니의 성도 함께 자식들에게 물려준다. 만약 아버지가 김씨이고 어머니가 박씨인 경우, 김박철수라고 이름을 지으면 수많은 동명이인을 구분하기 쉽지 않을까?

3. 신라인들의 돌림자

한국인의 이름은 씨족과 문중에 따라서 각 항렬의 돌림자가 있다. 항렬을 알 수 있는 주민등록증과 같은 것이다. 삼국사기 같은 역사책에는 우리 조상들의 이름이 돌림자를 사용하고 있었음을 알 수 있다. 돌림자는 서구화가 급격히 진행되면서 우리 사회에서 퇴색, 파괴돼 가고 있기는 하다. 하지만 돌림자는 같은 문중, 같은 혈족임을 표시하는 가장 뚜렷한 언어 상징의 부호로 아직도 우리 사회에서 막강한 위력을 발휘하고 있다. 돌림자는 '우리'와 '그들'의 경계선이다. 돌림자는 인류학적으로 굉장한 중요성을 지닌다. 같은 돌림자를 쓴다 함은 같은 문중, 같은 종중이라는 말이다. 요컨대 돌림자는 친족, 혹은 가족이라는 '상상의 공동체'를 창출하는 키워드가 된다.

삼국사기 김유신 열전을 보면 그에게는 흠순(欽純)이라는 남동생과 보희(寶姬), 문희(文姬) 두 여동생이 있다. 이들은 같은 아버지(김서현), 같은 어머니(만명부인)에게서 난 형제자매들이다. 김유신-김흠순은 돌림자가 확인되지 않으나 보희-문희는 분명 '희'(姬)를 돌림자로 썼다. 이런 점에서 동시대 고구려의 사례는 시사하는 바가 적지 않다. 연개소문에게는 세 아들이 있었는데 그들 이름이 남생(男生)-남산(男産)-남건(男建)이라고 했다. 분명 세 아들이 남(男)이라는 글자를 쓰고 있다.

지금도 진위 여부가 문제인 『화랑세기』[51]에는 신라인들이 돌림자를 사용하고 있었다는 기록이 자주 보인다. 그런데 조선 시대에는 남자 형제에만 돌림자를 사용했던 데 반하여 『화랑세기』에는 여자 형제에서도 돌림자가 발견된다. 예를 들어 김유신은 영모에게서 진광(晋光)-신광(信光)-작광(作光)-영광(令光)으로 이어지는 네 딸을 낳는데 순전히 자매끼리만 광(光)을 돌림자로 쓰고 있다.

신라인들의 돌림자에서 찾아볼 수 있는 두 번째 특징은 어머니에 따라서 돌림자가 달라진다는 사실이다. 예컨대 20대 풍월주[52] 예원은 정처(正妻)인 우약공주에게서 아들 오기와 함께 세 딸을 낳는데 온희(溫喜)-성희(星喜)-우희(雨喜)가 그들이다. 자매끼리만 희(喜)자 를 썼음이 확인된다. 그런데 예원은 성명 미상의 어떤 첩에게서 아들 둘, 딸 넷을 얻는다. 서자는 찰덕(察德)-찰원(察元)이고 서녀(庶女)는 찰희(察喜)-찰연(察燕)-찰미(察美)-찰해(察亥)다. 첩의 자식끼리는 찰(察)을 돌림으로 쓰고 있다. 이것은 처첩 간의 구별이 엄격했다는 사실을 뒷받침하고 있다.

세 번째로 소개하는 신라인들의 돌림자에서 확인할 수 있는 가장

---

51) 『화랑세기, 또 하나의 신라』김태식, 김영사, 2002년.

52) 『화랑세기』에 등장하는 화랑의 우두머리 명칭.

충격적인 사실은 신라인들이 부모와 자식 에도 돌림자를 사용했다는 것이다. 23대 풍월주 군관공의 세계(世系)에 대해 필사본은 동란(冬蘭)이 아버지이며 할아버지는 동종(冬宗)이라고 밝히고 있다. 또 증조는 오종(五宗)이라고 덧붙이고 있다. 증조부터 순서대로 계보를 정리하면 오종→동종-동란이 된다. 아버지와 아들이 종(宗), 동(冬)을 공통으로 사용하고 있다. 어머니와 딸도 때로는 돌림자를 썼다. 22대 풍월주 양도공전에 보면 양도의 어머니 양명(良明)은 보명(寶明)의 딸이라 하고 있다. 어머니와 딸이 명(明)자로 연결돼 있다. 또 김유신의 어머니는 필사본 뿐만 아니라 「삼국사기」 「삼국유사」에서도 만명(萬明)이라고 하고 있는데 그 어머니를 필사본은 만호(萬呼)라고 하고 있다. 역시 모녀가 돌림자(萬)을 쓰고 있다.

서양인들은 아버지의 이름을 그대로 사용하는 경우가 종종 있다. 그러나 조선 시대에는 5대조까지의 이름이 유교 경전에 나오는 경우 해당 한자를 읽지도 못했다는 사실은 우리 조상들이 선조의 이름을 어떻게 생각했는지 잘 보여주는 대목이다. 문제는 과연 『화랑세기』가 후대의 위작이 아니고 신라 시대에 기록된 진본이냐는 것이다. 그런데 만약 『화랑세기』가 20세기 초의 위작이라면 이런 식으로 이름을 만들어 냈을까?

4. 성명의 역사

찬란한 고대 문명을 꽃피웠던 이집트인들은 사후 세계의 존재를 믿었으며, 이름을 붙이는 것은 에너지를 부여하는 것으로 여겼다고 한다. 특히 파라오의 이름을 신전 등에 새겨 넣을 때는 생명의 고리인 카르투슈에 넣어 음각을 하였다. 그들은 본명 외에도 비밀 이름을 지었는데, 어머니와 사제가 따로 지어 두었던 이름이었다. 비밀 이름을 지었던 까닭은 아이가 성년이 되었을 때 그의 인품이 그 이름으로 불릴 만하다고 판단되면 비로소 본인에게 알려주었다고 한다. 이렇듯 이집트인들은 이름을 붙이는 것을 매우 중요하게 생각했는데, 그들은 이름에 정신과 에너지가 담겨 있다고 믿었기 때문이다. 유명한 파라오 중에서 투탕카멘은 '아몬(파라오의 수호신)의 살아 있는 상징', 람세스는 '태양의 신 레가 낳은 분'이라는 의미가 담겨져 있다. 흔히 우리가 "저 사람은 이름값도 못해"라고 말을 하는데, 이럴 경우 이집트인들은 아마 성년이 된 이름의 주인공에게 비밀 이름을 알려주지 않았을 것이다.

서양인들이 지금처럼 3요소의 성명 구조를 가지게 된 것은 로마인들의 영향이었다. 로마인들도 독창적으로 그런 작명법을 가지고 있던 것은 아니었고, 일찍이 로마가 멸망시켰던 에트루리아인들의 작명법이라고 한다.

<사진 15> 아부 심벨의 람세스 2세(재위 B.C. 1279~1213)

로마인들은 세 개의 이름을 가지고 있었다. 로마의 장군 케사르의 본명은 Gaius(이름) Julius(성) Caesar(별명)이었고, 키케로는 Marcus Tullius Cicero가 본명이었다. 그런데 공화정 시대부터 로마인들은 이름과 성 뒤에 별명을 붙이기 시작했는데, 그 별명(Cognomen)의 유형은 매우 다양하였다. 로마인들의 이름에 대해서는 다음 장에서 상세히 살펴보기로 하자.

5. 이름의 공통분모

본래 이름은 문자를 모르는 사람들에게 신분증과 같은 것이다. 한국인의 성명은 음양오행 같은 철학적인 뜻이 담겨져 있는 까닭에 서양인의 성명에서 자주 볼 수 있는 직업명이나 거주지 등의 의미는 찾아볼 수 없다. 물론 중국에서 유래한 성씨 중에는 서양인명과 공통점이 있는 것도 사실이다.

그러나 한국인의 성명과 서양의 성명에서 가장 큰 차이를 들자면, 우선 한국인의 성명에는 가까운 조상들의 이름에 사용되던 한자를 사용하지 못한다는 것이다. 조선시대의 선비들은 유교 경전 등을 읽을 때 5대까지의 선대 조상들의 이름이 글에 나오면 '애고 애고'하며 그냥 넘어갔다고 한다.

반면 지금의 미국 대통령 조지 부시 2세(George Bush II)의 이름을 보라. 아버지의 이름을 자랑스럽게 사용하고 있지 않은가! 동서양의 문화의 차이를 잘 보여주는 부분이다. 게다가 서양인들의 이름은 무척 길다. 예를 들어 파블로 피카소의 본명은 '파블로-딩고-호세-프란시스코-드 파우라-네포무세노-마리아-드로스-레메디오스-크리스피노-드 라 산티시스마-트리니다드-루이즈-이-피카소'였다고 한다. 그렇다면 여기에는 어떤 원칙이 있던 것일까? 우리는 이름 속에 들어 있는 구성 요소들을 통하여 그 집단의 다양한 문화와 사고방식 등을 엿볼 수 있다.

서양인과 동양인의 성에 가장 빈번하게 나타나고 있는 공통분모를 꼽으면 먼저 거주지를 들 수 있다. 서양 문화권을 비롯하여 동양 문화권에서도 공통적으로 나타나는 현상이다. 예를 들어 영미 문화권에서 흔히 볼 수 있는 이름으로는 Wood(s), Appleby, Underwood, Moor 등이며, 프랑스 인명 중에는 Duval(프. 계곡), Dupont(프. 다리), Dubois(프. 숲) 등이 여기에 해당된다. 중국인의 성명에서도 이와 비슷한 종류의 성(姓)들을 찾아 볼 수 있다; 서문(西門), 남관(南官), 남곽(南廓). 구체적인 예들을 보자.

• 거주지에 따라 생겨난 성들
Brook(실개천 가), Clinton(언덕 위의 마을), Dean(계곡에 사는 사람), Denver(초록의 계곡), Elton(옛 마을), Norton(북방인), Mill(방앗간).

• 직업명에서 유래한 성들
Taylor(재단사, 프. Tailleur), Smith(대장장이, 독. Schmidt, 프. Fabre), Baker(빵굽는 사람, 프. Boulanger), Carter(수레꾼, 프. Cartier), Wright(목수), Carpenter(목수, 프. Charpentier).

• 아버지의 성(姓)에서 유래
게르만 문화권에서는 아버지의 이름 뒤에 -son, -sen(덴마크) 등의 접사를 붙여 성을 만든다(Richardson, Williamson, Nixon, Andersen, Johanson). 그러나 켈트어 문화권에서는 아들을 나타내는 접사가 앞에 붙게 된다. 스코틀랜드인의 이름에서 자주 보이는 Mac-과 프랑스인의 이름에서 나타나는 Fitz-는 모두 아들을 나타내는 접사이다. 미국의 前

대통령 케네디의 본명은 Jhon Fitzgerald Kennedy이다. 알려진 것처럼 케네디 대통령의 가문은 아일랜드에서 이주해온 사람들이고, 아일랜드는 잉글랜드와는 다른 켈트족의 나라이다. 그러므로 프랑스처럼 켈트어족의 나라인 아일랜드에서 프랑스식 이름을 발견한다는 것은 전혀 이상한 일이 아니다.

슬라브 문화권에서도 부칭에서 유래한 이름은 독특한 그들만의 작명법을 만들어 냈다. 러시아인들의 이름은 이름+부명(父名)+성명(姓名)의 순으로 되어 있다. 예를 들어 아버지의 이름이 Ivan이면 아들의 부명은 아들을 나타내는 -vich를 붙여 Ivanovich가 된다. 그리고 딸의 경우는 Ivanova가 된다. 그러므로 Ivan Nicolavich Karelin의 아들은 Sergei Ivanovich(父名) Karelin이 되는 것이다. 즉, 아버지의 이름 Ivan에서 부명 Ivanovich가 만들어진다.

• 별명에서 유래한 성들

이름이 각 개인에게 주어졌을 때 아마도 가장 흔한 것은 그 사람의 별명이었을 것이다. 대개 신체적 특징이 이름에 붙여졌는데 대표적인 이름들을 몇 개 보도록 하자; White, Black (중세 유럽에서 검은 옷을 입던 계층), Gros(z)(뚱뚱한), Legrand(프. 키가 큰), Calvin(프. 대머리), Camus(프. 코가 비뚤어진).

6. 이름을 통해 본 문화

• 어머니는 위대하다

언어는 개인이 살고 있는 사회를 그대로 보여주는 거울과 같다. 이름이라는 것도 결국 넓게 보면 언어의 범주에 포함시킬 수 있으므로,

이름을 통해 우리는 인류 사회의 특징도 살펴볼 수 있다.

　인류학자들은 인간이 집단을 형성하며 공동체 생활을 시작했을 무렵의 사회를 모계 사회로 분류한다. 그 뒤 사회의 모습은 모계 사회에서 부계 사회로 바뀌었다. 그렇다면 성과 이름에서도 어머니의 성과 아버지의 성이 사회 구조에 따라 다르게 전해지지 않았을까?

　대표적인 예로 스페인 사람들의 작명법을 살펴보자. 본래 남부 유럽에 퍼져 살고 있는 라틴족들은 일찍이 농경문가 발달하였고, 어머니의 발언권이 북유럽의 게르만 사회보다 더 큰 것이 사실이다. 그런 까닭에 라틴족의 작명법에는 모계 사회의 흔적을 찾아볼 수 있다. 실제로 스페인 사람들의 성(姓) 물려주기 방식을 보자.

　스페인 여자 Maria Rodriguez Gomez는 Juan Gonzalez Diego씨를 만나 결혼을 하였다. 그런데 마리아의 이름에서 가운데는 아버지의 성(姓), 마지막은 어머니의 성을 가리킨다. 다시 말해 어머니의 성도 함께 자식에게 내려가는 것이다. 그렇다면 이들이 결혼해서 낳은 자식의 이름은 어떻게 될까? 둘 사이의 딸 Carmen의 이름은 Carmen Gonzalez Rodriguez로 지어졌다. 만약 Carmen이 Garcia Luis Carlos라는 남자를 만나 아들을 얻었다면, 그 아들의 이름은 José Luis Gonzalez가 될 것이다. José의 입장에서 보면 아버지의 성 Luis와 어머니의 성 Gonzalez를 공평하게 받은 것처럼 보인다. 그러나 José는 외할아버지의 성인 Gonzalez는 물려받았지만, 외할머니의 성인 Rodriguez는 물려받지 못함을 알 수 있다. 다시 말해 스페인 사람들의 이름도 결국은 부계가 우선한다는 것을 반증하고 있는 셈이다. José의 가계(家系)를 표로 그려보자.

♂Juan *Gonzalez* Diego(外祖父) + ♀ Maria **Rodriguez** Gomez(外祖母)
↓
♀Carmen *Gonzalez* Rodriguez(母) + ♂Garcia **Luis** Carlos(父)
↓
♂ José **Luis** *Gonzalez* (나)

위의 표에서 보듯 José의 외조모의 성 Rodriguez는 더 이상 찾을 수 없으며, 외조부의 성인 Gonzalez만 남아 있음을 확인할 수 있다. 그러나 마지막 남은 외조부의 성 Gonzalez도 José의 자식대에서는 더 이상 남아 있지 못할 것이다.

• 성을 부르지 않는 베트남인

어렸을 적 아직 월남이란 나라가 있었을 때, 그 나라 대통령이 우리나라를 찾은 적이 있었다. 우리는 월남 대통령을 티우 대통령이라고 불렀는데, 사람들은 우리의 관습대로 티우가 성(姓)인줄 알고 있었을 것이다. 그의 본명은 Nguen Van Thieu, 그런데 그의 성은 Thieu가 아니라 Nguen이었다. 우리 이름을 베트남식 호칭으로 부르면 필자는 '섭(燮) 교수'가 될 것이다. 영화 'Cyclo'의 감독의 본명은 Tran Anh Hung이니까, Hung 감독으로 부르면 될 것이다. 각국에는 우리의 김씨, 이씨, 박씨처럼 흔한 성이 있기 마련인데 베트남의 김씨는 Tran 정도가 된다고 한다. 얘기가 나온 김에 각국의 가장 흔한 이름을 보면 포르투갈인의 10%는 Antonio라는 이름을 가지고 있는데, 안토니오란 세례명은 리스본의 수호성인이라고 한다. 스웨덴의 김씨는 당연 Johanson이고, 인도는 Singh이라는 성이 가장 흔한 성씨 중의 하나이다.

• 가나다 순으로 이름을?

인도에서는 집안에 아기가 태어나면 점성가는 첫번째 알파벳을 제안한다. 예를 들어 'A'로 시작되는 이름인 Ashok, Anand, Arvind 등의 이름으로 아기의 이름을 짓고, 그 다음 아기에게는 다른 알파벳의 이름을 붙이는 식이다. 물론 다른 나라의 경우처럼 인도에서도 집안의 수호신을 이름에 붙이기도 하며, 일부 지방(타밀지방)에서는 성(姓)의 개념이 없는 지방도 있다. 예를 들어 아버지의 이름이 Gropal이면 아들은 Mohan이라 이름을 짓고, 그는 Mr. G. Mohan으로 불리는 식이다.

7. 이름의 의미

　한국인의 이름이 중국화되어 철학적인 의미밖에 찾을 수 없는데 반해, 서양인들의 이름에는 그들의 종교관 및 지나온 자취가 그대로 스며 있다. 먼저 기독교와 밀접한 이름들을 보자. 여기에서 이름이라고 말하는 이유는 이 이름들이때로는 성(姓) last name으로 사용되기도 하고, 때로는 영어의 first name으로 사용되기 때문에 이 둘을 총칭한 것이다.

　크리스트는 히브리어의 '메시아'를 그리스어로 번역한 것이므로, 그 의미는 구세주가 될 것이다. 그러므로 기독교인들이 '구세주 예수'라고 말하는 것은 예수의 정확한 의미를 옮긴 것이다. 그리스어로 크리스트를 표기하면 ΧΡΙΣΤΟΣ[kristos]가 되는데, 가톨릭에서는 이름의 첫번째 글자 X와 두번째 글자 P를 합성한 기호를 지금도 가톨릭 교회의 상징으로 사용한다. 본래 이 상징 기호는 그리스어로 리바룸 Libarum이라고 불리웠다. 리바룸은 길조를 의미하는 그리스어 CHRESTON(ΧΡΗΣΤΟΝ)의 이니셜을 합성한 기호이다. 이 기호는 마치 요즘의 별표처럼 중요한 부분에 표시를 하던 상징 기호였는데 P자에서 수직선은 우주수(宇宙樹)를 상징한다. 예수의 이름 X와 P가 리바룸의 기호와 우연히 일치하기 때문에 가톨릭 교회에서는 리바룸을 예수의 상징으로 사용하고 있다. 이밖에도 Christoph는 '예수의 추종자'란 의미를 가지고 있다. 다양한 이름의 의미를 살펴보자.

<그림 5> 리바룸

• 성서와 성인명에서 유래한 이름

서양 문명의 지주 역할을 한 기독교는 서양인들의 이름에도 큰 영향을 주었다. 성서의 요한은 각 나라에서 다르게 불리고 있다. 영국에서는 존 Jhon, 프랑스에서는 쟝 Jean, 스페인에서는 후안 Juan, 러시아에서는 이반 Ivan으로 불리고 있다. 이밖에도 엠마누엘<Emmanuel(히브리어로 '신이 우리와 함께 있다')>, 엘리자베스<(Elisabeth(마리아의 사촌녀), 프. Isabelle>, 피터<Peter(베드로), 프. Pierre>, 마크<Mark (마가), 프. Marc>, 루카<Luka(누가), 프. Luc(뤽)> 등이 성서에서 유래한 이름들이다.

기독교가 로마의 국교로 공인된 이래 가톨릭 역사상 수많은 성인들이 속세를 거쳐 지나갔다. 유럽인들은 그들을 기리려고 성인들의 이름을 자식들에게 즐겨 지어 주었는데, 대표적인 성인들로는 순교자들의 이름인 Vincent, Denis가 있고, 프랑크 제국의 황제 클로비스에게 세례를 준 랭스 Reims의 주교 쌩레미 Saint-Rémy 등을 들 수 있다. 이밖에도 아일랜드의 성패트릭 Saint-Patrick, 성녀카트린느 Sainte Catherine, 성도미니끄 Saint-Dominique, 성마르땡(영어명 마틴) Saint-Martin 등이 있다.

• 그리스·로마인명

서양 언어의 대부분은 주요 어휘들을 그리스어 혹은 라틴어에서 차용해 왔다. 서양 문화의 뿌리가 그리스·로마 문명에서 발원하였음은 유럽인들의 이름에서도 찾아볼 수 있다. 대표적인 몇몇 이름들을 보자.

그리스어에서 유래한 이름 중에서 알렉산더 Alexander는 '인간의 수호자', 앤드류(Andrew, 프. André)는 '힘센 사람', 조지(George, 프. Georges)는 '농부', 크리스토프 Christophe는 '예수를 추종하는 사람들', 니콜라 Nicolas는 '승전군의 우두머리', 그레고리 Gregory는 '감시자'

란 의미이다. 로마인의 이름으로는 안토니(Anthony, 프. Antoine<라. Antonius), 마틴 <Martin(로마의 군신 Mars에서 유래)> 등이 있다.

• 러시아의 인명법

앞에서도 소개한 러시아의 이름 짓는 방법은 좀 독특하다. 먼저 러시아인들의 이름은 이름+부명+성명으로 구성된다. 예를 들어 보자. 러시아의 대문호 톨스토이의 이름은 Lev(Leon) Nikolayevich Tolstoi인데 중간의 Nikolayevich는 톨스토이의 아버지 Nicolai에서 만들어진 부명(父名)이다. 즉, 러시아 이름은 부명을 통하여 아버지의 이름을 알 수 있다. 톨스토이의 소설 '안나 까레리나'에서 여주인공의 이름은 Anna Arkadzevna(Arkadin에서) Karelina이고 그녀의 남편은 Alexsei Alexsandrovich(Alexandre) Karelin이다. 이들 부부에서 태어난 아이의 이름은 Sergei Alexseivich Karelin가 될 수 있다. 즉, Alexsei의 아들이라는 말이다. 여자의 경우는 어미에 'a'가 붙어 여자의 부명임을 알 수 있다. Ivan의 딸의 경우 부명은 Ivanova가 된다.

• 게르만어에서 유래한 이름들

로마제국이 멸망한 뒤, 제국의 새 주인이 된 게르만족들은 문화적으로는 로마 문명에 동화되었지만, 이름에는 게르만어의 흔적을 남겨 놓았다. 프랑스의 경우, 농업과 전쟁·행정 관련 어휘들이 불어 형성에 적지 않은 영향을 주었다.

이름의 경우 이중, 삼중 구조를 가지고 있던 로마인에 비해서 게르만인들의 이름은 이원적 구조로 단순화되었으며, 그 순서도 바뀔 수 있었다. 게르만 인명은 Ro+bert 같은 이원적 구조를 가지로 있었다. Ro는 '영광'을 뜻하는 Rod에서 유래했고, bert는 게르만어로 '훌륭한', '찬란한'이란 뜻이다. 그러나 당시의 게르만인들이 자신들의 이름의 의미를 알고 있었다는 확증은 없다. 게르만 인명의 의미를 정리해 보자.

- BALD(대담한, 영어의 bold)
- BERNARD<Bern(곰)+Hard(굳센, 단단한, 용맹스런)>
- BERT (훌륭한, 찬란한) : Albert<Adal(귀족의)+Bert>, Robert <Rod(영광스러운)>
- CARL(남자)
- FRANK(프랑크족)
- FRID<독. Friede(평화)> : Frédéric(독. Friedrich)
- FULC<독. Volk(민중)> : Foucault(프)
- WILL <프. GUILL(의지)> : Wilhelm(독. Helm), William, Gauillaume(프)
- HAIM(독. Heim, 영. Home) : Heinrich<Heim+rich(왕)>, Henri (프), Henry(영)
- HUG(독. 총명함, 축소형 : Huet, Huot, Hugo, Hewlet)
- LAND : Land+bert=Lambert, Rod+land=Roland.
- CLOD <Clovis : Clod+wig(전투), Ludwig=Lod(영광)wig>
- OD(富) : Othon, Otto
- RIC(왕) : Rich, Ric+ard(hard) <cf. 다른 인구어의 왕(王) : rex(라틴어), rix(켈트어), rajah(힌디어)>. Ricard, Ricardo, Cardot, Cardin
- ROD (영광) : Rodin, Rod+bert=Robert, Robin, Roger, Rod+land=Roland

8. 언어별로 분류한 서양의 인명

1) 히브리어

Aaron(인도자), Abraham<다산(多産)의 아버지>, Adam(지구, 남자), Benjamin(내 오른 손의 아들), Carmen(포도밭), Deborah(꿀벌), Eliot(신의 선물), Elisabeth(신의 맹세), Eva(생명의 선물), Hanna(생명의 여신), Jessica(신의 은총), Jesus(신이 도울 것이다), Jonathan(신의 선물), Joseph(신의 은총이 온 누리에), Michael(누가 하느님과 비슷한가?), Noah(평화), Raphael(신이 치유하다), Samuel(신의 이름), Simon(충실한).

2) 그리스어

Agatha(좋은), Anastasia(부활, 봄), Calypso(백색 난초), Cassandra(사랑의 불꽃에 빠진 사람), Delphine(돌고래), Eugene(혈통이 좋은), Eudora(신의 선물), Maya(신의 전령), Monica(외로운), Naomi(아름다운), Nicholas(승전군의 우두머리), Pandora(선물을 받은), Peter (바위), Phillip(말을 사랑하는), Quentin(다섯번째, cf. Quincy), Sophia(지혜), Stephen (왕관), Theodore(신의 선물), Theresa(여름).

3) 라틴어

Aida(도움을 주는자), Amanda(충실한), Calvin(대머리), Cecil(눈이 먼), Chester(요새), Quasimodo(부활절 다음의 첫 주일), Isadora<이시스 Issis(그리스 여신)의 선물>, Lawrence (월계관을 쓴), Morris(피부색이 검은), Natalie(성탄절에 태어난, cf. Natasha), Orson (곰), Silvester(숲에 사는 사람), Ursula(작은 곰), Vincent (승리자).

4) 게르만어

Adolf(늑대), Alice(진실, 고귀한), Bernard(곰처럼 용감한), Carlton(Carl의 마을, 농부의 마을), Herman(고귀한 사람), Maximilian(위대한), Otto(번창한, cf. 스페인명 Othello).

5) 영어

Alfred(충고자), Brook(실개천 가에 사는 사람), Clinton(언덕위의 마을), Dean(계곡에 사는 사람), Denver(초록색 계곡), Dick(Richard의 애칭), Edward(부유한 호위병), Edith(값진 전쟁), Elton(오래된 마을), Ford(길), Grant(위대한), Jeffrey(평화의 선물), Kimberly(다이아몬드가 박힌 돌), Norton(북쪽 출신의), Oswald(숲의 신), Osmond(수호의 신), Taylor(재단사, 프. Tailleur), Wayne(마차 제조인), Wright(목수, cf. carpenter).

6) 켈트어

Alan(잘생긴), Brian(힘센 자), Bruce(숲), Donald(위대한 지도자), Douglas(군청색의).

7) 기타

Amir(i) < arb.(아랍어), 왕자>, Bjorn < sca.(스칸디나비아어), 곰), Boris(슬라브어. 전사, 이방인), Campbell < wal.(웨일즈어), 뒤틀린 입>, Cameron(wal. 비뚤어진 코), Carol(중세 불어. 노래), Colin<sco. (스코틀랜드어), 비둘기), Connor(sco. 알 수 있는), Dallas(wal. 현명한), Diego < spa.(스페인어), Jacob, James >, Dior(금으로 만든), Eric(노르웨이어. 모든 이의 지배자), Esmeralda(spa. 에메랄드), Harold(sca. 군대의 통솔자), Irving(잘생긴, 공정한), Kelley<ir.(아일랜드어), 켈트족의>, Kelton(켈트족의 마을), Kennedy(ir. 왕족의), Kevin(ir. 잘생긴, 아름다

운), Mac(sco. ….의 아들), Malcolm(arb. 비둘기), Mercedes(spa. 은총, 감사), Muhammad(경배받은자), Murphy(ir. 바다의 전사), Neil(챔피언, cf. O'Neil → de, von, van[53]), Olga(scan. 신성한), Omar(arb. 장남), Oscar (신성한 힘), Pablo<spa. cf. Paolo(이탈리아어), Paul>, Pascal(부활절에 태어난), Royce(왕의 아들), Russel(붉은 머리), Sacha (Alexander의 러시아 여성형), Sean(John의 아일랜드 이름), Vladimir<rus. (러시아어), 평화로 다스리다), Yuri(rus. George).

9. 호칭의 문제

우리나라의 경우 성(姓)은 공식적인 직함 앞에 쓰이는 것이 관례이다(김박사, 이부장, 안사장). 그리고 이름은 가족간 혹은 친구간에 사용되며 그 관계가 밀접함을 보여주는 호칭이다. 본래 선조들의 이름에 들어간 한자가 책에 나올 때면 감히 그 글자를 읽지 못했던 조선 시대의 양반에 비하면 요즘은 그런 장면을 상상할 수도 없다. 기껏해야 부친의 함자를 ○字, ○字입니다라고 말하는 것이 고작이다.

서양의 경우 독일인들은 특히 경칭을 강조하는 편이다. 그들은 직함 앞에 경칭을 붙이는 것이 관례이다. 예를 들어 두 종류의 박사학위를 가진 Schmidt씨의 경우, 경칭을 의미하는 Her를 직업명 앞에 붙여 그를 아는 사람들은 Her Doktor Doktor Schmidt라고 부른다. 독일인들의 원칙적인 사고방식을 잘 보여주는 예이다.

여기 독일의 두 대학 교수에 관한 이야기가 있다.[54] 아마도 실제로 이

---

53) 서유럽의 성명 중에서 귀족성을 가리키는 전치사. de Gaule(프.), van Gaugh(네), von Karajan(독).

54) 『습관을 알면 문화가 보인다』, 피터 콜릿 지음/이윤식 옮김, 청림출판, 1999년,

런 일은 없겠지만 아무튼 독일인들이 직함에 얼마나 집착하는지를 잘
보여 주고 있다.

> 슈미트와 뮐러라는 두 교수는 대학 식당에 있었다. 슈미트는 한 개의 박사
> 학위를 갖고 있었고, 뮐러는 두 개를 갖고 있었다. 그들은 수 년간 안면을
> 익혀온 터였다. 그리고 항상 서로 박사님이라고 불렀다. 슈미트는 뮐러에게
> 말했다. "뮐러 박사님, 우리는 아주 오랫동안 잘 알고 지냈죠. 직함이나
> 경칭을 쓰지 말고 앞으로는 이름만 쓰면 어떻겠소?" 그 말에 뮐러는 "내게
> 좋은 생각이 있습니다"라고 말한 후, "댁은 박사 학위가 하나지만 나는 두
> 개를 가지고 있죠. 우리의 박사 학위 하나씩을 서로 빼버립시다. 그럼 나는
> 당신에게 님이라고 부르면 되고, 여전히 나는 박사 학위가 하나가 남았으니
> 당신은 나에게 박사님이라고 계속 부르면 되지 않겠소?"

 같은 게르만 문화권에 속하는 스웨덴의 경우도 마찬가지다. 스웨덴
인들은 경칭을 부르는 것보다 직함을 부르는 것을 더 좋아한다고 한
다. 우리말로 한다면, "안녕하십니까? 요한손 엔지니어님, 그리고 요
한손 엔지니어님, 오늘 기분은 어떠십니까?"라고 인사말을 건넨다는
것이다. 우리 정서로는 쉽게 이해하기 어려운 부분이다.

10. T형, V형 호칭

 영어는 2인칭 대명사로 you밖에 존재하지 않기 때문에, 우리처럼
'너', 와 '당신'의 사이에서 고민할 필요가 없다. 물론 영어에도 17세기
까지는 두 개의 대명사가 있었다. 이는 불어의 영향을 받아 생긴 것
으로 추정된다. 불어에는 존칭의 Vous와 비존칭의 Tu가 있는데, 영어

---

 p.179.

를 제외한 대부분의 유럽어(프랑스, 독일, 이탈리아, 스페인, 러시아)에 나타나는 공통적인 현상이다. 물론 17세기 영어에도 you라는 존칭과 thou라는 하층 계급의 호칭이 있었다.

라틴 문화권에서, 특히 불어의 조어(祖語)가 되는 라틴어에 두 종류의 2인칭 대명사가 생긴 이유는 무엇일까? 로저 브라운과 앨버트 길만에 따르면[55] 고대 라틴어는 단수 you에 대해서는 단지 하나의 단어만 가지고 있었다고 한다. 즉, tu였다. 그것이 복수 형태에서는 vos라는 말로 쓰였다. 그 기원은 로마 제국에서 찾을 수 있다. 원래 로마 제국의 영역은 로마에 한정되어 있었다. 그러나 제국이 방대해지면서 콘스탄티노플(지금의 이스탄불)에 제2의 황제와 황제의 자리를 마련할 필요가 생기게 되었다. 기원전 4세기경 사람들은 로마의 황제를 vos라고 부르기 시작했고, 그래서 그것은 두 황제를 지칭하는 복수(複數)의 의미를 함축하게 되었다. 후에 사람들은 vos가 다른 주요 인물을 호칭하는 데 사용될 수 있다는 것을 깨달았고, 이것이 오늘날 알고 있는 호칭의 이중적 체제를 유래시킨 기원이 된 것이다. 불어의 경우 vous는 '당신'이라는 단수 존칭과 '너희들' 및 '당신들'이라는 복수 의미로 사용된다.

라틴 문화의 장녀라고 할 수 있는 프랑스에도 두 개의 2인칭 호칭이 존재한다. 친구 사이나 부모와 자식 사이에서 사용하는 tu와 존칭의 vous가 그것이다. 필자의 경험담을 하나 소개해 보자. 대학원 지도 과정에서 필자는 초로(初老)의 프랑스 교수로부터 논문 지도를 받게 되었다. 당연히 처음의 호칭은 vous일 수밖에 없었다. 그런데 프랑스인의 경우 나이에 관계없이 인간적으로 가까워지면 그 호칭은 자연스럽게 vous에서 tu로 바뀌게 된다. 그러나 유교 문화권에서 교육을 받은 필자로서는 끝내 지도 교수를 tu라는 호칭으로 부를 수가 없었다.

---

55) 같은 책, p.187.

두 개의 2인칭 대명사를 가진 나라 중에서도 이탈리아에서는 tu를 더 많이 사용하고, 프랑스에서는 vous를 더 많이 사용한다. 사회 구성원의 관계 맺기가 두 문화권에서 차이를 보이고 있음을 알 수 있는 부분이다.

11. 호칭 문화의 차이

한국 사회에 살면서 호칭 문제는 매우 중요하고 까다로운 문제에 속한다. 우리는 처음 만난 상대방을 부를 때 난감한 경우를 많이 당한다. 이름을 부를 수도 없고, 존칭을 쓰기도 애매하고, 직급을 부르면 너무 사무적인 관계로 경직될까 주저하게 된다. 한국의 호칭 문화와 다른 나라의 호칭 문화에 대해 살펴보자.

북미와 유럽의 호칭 문화

한 한국인 박사가 영국의 기업에서 일을 하게 되었다. 영국인 동료들은 그를 '닥터 김'으로 불렀다. 그 호칭이 김박사는 싫지 않았다. 그런데 3년이 지나도 그 호칭은 변하지 않았다. 그러나 북미에서는 사정이 다르다. '닥터 김'으로 계속 부르면 상대방과 약간의 거리를 두겠다는 뜻이고, 대개의 경우 친숙해지면 이름(First Name)을 부르는 것이 상례이다. 북미에서는 회사에서 남녀노소를 막론하고 동료의 이름을 부른다. 만약 한국 회사에서 말단 사원이 부장의 이름을 부른다고 생각해 보라. 상상조차 할 수 없는 일이다.

북미에서 미스터와 닥터는 존칭을 나타낸다. 그러므로 대통령은 'Mr. President'이다. 그런 까닭에 자신을 소개할 때는 미스터나 닥터를 사용 하지 않고 그냥 이름과 성을 말한다. 친숙한 모임이면 자신의 이름을 불러도 된다고 얘기한다.

유럽의 프랑스에서도 미스터에 해당하는 무슈(Monsieur)와 미세스에 해당하는 마담(Madame)은 존칭에 해당한다. 초면의 여성이 기혼인지 미혼인지 모를 경우에는 그냥 마담으로 호칭하는 것이 관례이다.

서양인들의 호칭 문화와 한국인들의 호칭 문화에서 가장 큰 차이는 서양인들은 이름을 부르는 반면 한국인들은 직업이나 직급으로 호칭하는 경우가 많다는 것이다. 서양인들은 자신의 직업을 소개한 뒤 이름을 불러달라고 말하는 경우가 많지만, 우리는 '김대리', '박부장', '최이사' 등으로 호칭하는 경우가 많다.

필자가 겪은 경험이다. 오랜 만에 고교 동창회에 나갔다. 다른 모임과 마찬가지로 친구들은 명함을 교환하느라 분주했다. 그리고 얼마 지나지 않아 상호 간의 호칭이 어떻게 나타나는지 유심히 관찰해 보았다. 그랬더니 친구의 이름을 부르는 경우보다 '송판사', '이차장'(차장이 안된 과장 친구에는 직급을 안불렀다),'김원장(한의사 친구)', '이원장(이번에는 치과 의사 친구)', '김 PD(국적 불명의 호칭)', '김원장(이번에는 미술학원 원장 친구)' 등으로 직업이나 직급을 부르고 있었다. 예전 같으면 '사장'이란 호칭도 많이 나올법 했지만 거리에 나가면 '사장'이 아닌 사람이 있을까? 그래서 '사장'이란 호칭은 듣지 못했다. 미국에서 있었던 실화다. 한 미국인이 한국인 친구를 다른 한국인에게 소개시키는 자리가 있었다. 미국인은 다음과 같이 한국인 친구를 소개했다.

- 미국인 친구: His name is Pansa.
- 한국인 친구: (속으로) '판사? 희한한 이름도 다 있군'

그러나 알고 보니 '판사'란 친구의 이름은 직업을 나타내는 말이었다. 미국인 친구는 주변의 한국 친구가 사용하는 '판사'란 호칭이 그 친구의 본명인줄 알았던 것이다.

캐나다에 이민을 간 한국인이 충격적인 문화 체험을 한 경우도 있다. 한국인이 들어간 직장은 작은 규모의 회사였다. 회사 동료 중에는 예순이 넘은 안테나 엔지니어가 있었다. 그런데 그에게 전화가 오면 젊은 여자 비서는 '프랭크, 전화!'라고 외치는 것이 아닌가? 한국인 사원에게는 신선한 문화적 충격이었을 것이다.

그렇다고 서구에서 항상 나이에 상관없이 이름을 부를 수 있는 것은 아니다. 상호 간에 동의가 있었거나, 한 사람이 그렇게 부르도록 허락한 경우에 한정되는 것이 현실이다. 예를 들어 학교에서 학생들이 이름을 부를 경우, 대개 선생은 '내가 언제 너에게 내 이름을 불러도 좋다고 했지?'라고 반문할 것이다. 호칭 문화의 경계는 이렇듯 신중을 기해야 하는 문제이다.

호칭의 차별

한국 사회는 전통적으로 유교에 뿌리를 둔 장유유서의 사회이자, 철저한 위계질서에 의해 통제되는 사회이다. 월드컵 4강 신화를 이끈 히딩크 감독이 축구팀의 전력의 배가시키기 위해 처음으로 한 일은 전술 훈련이 아니라 선수들 사이의 호칭문제를 해결하는 것이다. '아무개 형'이라는 호칭 대신 선후배 사이에도 이름을 부르게 했다는 사실은 잘 알려져 있다.

우리 사회에서 호칭의 차별은 성별의 구분에서 비롯된다. 여자가 결혼한 뒤에 생기는 문제를 살펴보자. 여자는 남편의 형제를 도련님, 아가씨 등으로 부른다. 봉건 사회도 아닌데 아직까지 '도련님'이라는 호칭을 사용하는 것이다. 우리는 앞에서 호칭에는 직접 호칭과 간접 호칭이 있다고 언급했다. 결혼을 했을 때 남자는 처부모에게 장인·장모의 직접 호칭을 사용할 수 있고, 장인·장모는 간접 호칭으로도 사용된다. 그러나 여자의 경우를 보자. 며느리는 간접 호칭으로서 시아버지와 시어머니는 사용할 수 있지만, 직접 호칭일 경우에는 '아버님' 혹은 '어머님'으로 호칭해야 한다. 얼마나 불평등한 경우인가?

혹자는 한국 사회가 진정한 민주 사회로 가기 위해서는 호칭의 벽을 허물자고 말한다. 심지어는 존대법을 없애거나 상호 존대법을 사용하자는 제안을 하기도 한다. 이러한 지적에는 수긍이 가는 구석도 있다. 예를 들어 얼마 전에 있었던 대통령 선거 토론회에서 한 후보는 모당의 대표를 '아무개씨'라고 토론 내내 호칭하자 그 당에서는 당연히 불쾌한 반응을 보였다. 호칭이란 것은 이렇듯 상호 존중의 약속이 지켜져야 제 기능을 할 수 있는 것이다.

제 6장 : 신(神)들의 이름

1. 신화(神話)의 해석

신화란 무엇인가? 단순한 허구로 짜여진 옛날 이야기에 불과한 것일까? 신화란 때로는 유치하고 황당무계한 이야기로 가득 찬 것 같지만 그 속을 찬찬히 들여다보면 숨겨진 의미를 발견할 수 있다. 신화에는 그 민족의 우주관이나 인간관이 나타나 있다. 그러므로 대부분의 신화에는 천지의 창조와 관련된 내용이 포함되어 있는 경우가 많다.

신화의 정의에 대해 살펴보자. 어느 역사학자[56]는 신화를 '단순한 과거의 이야기' 또는 '인간이 만든 허구적 이야기'가 아니라, '실질적으로 과거에 있었던 역사적인 경험 또는 한 집단이 자기네들이 경험했다고 믿는 사실'이라고 정의한다.

문화의 다양한 유·무형의 형태는 언어 속에 화석처럼 굳어진다. 그렇다면 신화란 것이 한 민족이 경험했던 사실의 기록이라고 한다면 언어는 신화와 필연적으로 밀접한 관계를 가지고 있을 것이다. 신화의 해석에서 언어가 중요한 역할을 하는 이유가 여기에 있다. 그러므로 신들의 이름, 상징물의 명칭, 신화속의 다양한 표현 등이 신화의 해석에 중요한 역할을 한다.

신화의 특징 중에서 우리의 관심을 끄는 부분은 신화의 상징성이다. 본래 언어라는 것도 인간이 사용하는 대표적인 상징체계이므로 신화의 상징성을 푸는 열쇠는 언어가 제공한다고 말할 수 있다.[57] 그러므로 신화 자체가 언어라고도 말할 수 있다. 과거 한 민족이 경험했던 역사적 사실들은 문자가 발명되기 이전까지는 언어로 전승된다. 그 속에는 자신들의 정체성, 우주관, 인간관, 자연관 등이 총망라되어 녹아있다.

---

56) 유명철,"단군신화의 종합적 이해", <한민족의 뿌리를 찾아서> (http://hsd.snu. ac.kr/jsd/forum).

57) 같은 글 인용.

그러나 문자와 기호가 정보 전달의 매체로 자리잡은 이후, 신화는 더 이상 만들어지지 않고 있다. 이말은 신화와 언어의 관계를 잘 보여주는 부분이다. 본 장에서는 그리스 신화에 등장하는 신들의 이름을 통하여 그리스인들의 세계관을 엿보려고 시도하였다. 먼저 한민족의 건국신화인 단군신화를 언어라는 프리즘을 통하여 살펴보자.

단군신화의 의미

삼국유사에 실린 단군신화는 다음과 같다.

"옛날에 환인(桓因)-제석(帝釋)을 이른다-의 서자(庶子) 환웅(桓雄)이 있어 항상 천하(天下)에 뜻을 두고 인간 세상을 탐냈다. 아버지가 아들의 뜻을 알고 삼위 태백(三危太白)을 내려다보매 인간을 널리 이롭게 할 만한지라 천부인(天符印) 세 개를 주어 내려가 세상을 다스리게 하였다.

환웅은 무리 삼천 명을 이끌고 태백산(太白山)-지금의 묘향산-꼭대기 신단수(神壇樹) 밑에 내려와 그곳을 신시(神市)라 불렀다. 이 분이 환웅천왕이다. 그는 풍백(風伯)·우사(雨師)·운사(雲師)를 거느리고, 곡식, 수명, 질병, 형벌과 선악(善惡) 등 무릇 인간의 삼백예순여 가지 일을 맡아서, 인간 세상을 다스리고 교화하였다.
그 때, 곰 한 마리와 범 한 마리가 같은 굴에 살았는데, 항상 신웅(神雄)에게 사람이 되고 싶다고 빌었다. 한 번은 신웅이 신령스러운 쑥한 심지[炷]와 마늘 스무 개를 주면서 말했다.
"너희들이 이것을 먹고 백일 동안 햇빛을 보지 않으면 사람이 될 것이다."
곰과 범이 이것을 받아서 먹었다. 곰은 기(忌)한 지 삼칠일(三七日) 만에 여자의 몸이 되었으나, 범은 능히 기(忌)하지 못하여 사람이 되지 못하였다. 웅녀(熊女)는 자기와 혼인할 이가 없어 항상 단수(壇樹) 아래서 아이를 배게 해달라고 축원하였다. 이에 환웅이 잠깐 사람으로 변하여 웅녀와 결혼하니, 웅녀가 임신하여 아들을 낳았다. 그 이름을 단군(檀君) 왕검(王儉)이라하였다.

　단군은 요(堯) 임금이 즉위한 지 50년인 경인년−요 임금이 즉위 한 해는
무진년이니 50년은 경인년이 아니라 정사년이다. 아마 틀린 듯하다−에
평양성−지금의 서경(西京)−에 도읍을 정하고 비로소 조선(朝鮮)이라
일컬었다. 또 도읍을 백악산(白岳山) 아사달(阿斯達)에 옮겼는데, 그곳을 또
궁(弓)−혹은 방(方)자로 돼 있다−홀산(忽山), 또는 금미달(今彌達)이라고도
한다. 나라를 다스린 것이 일천 오백년이었다.

<삼국유사(三國遺事)>

　단군신화가 비록 한문으로 기록되어 있지만 원문의 한자는 그 소리
가 중요한 것이지 뜻은 별 의미가 있다. 신라시대의 이두와 향찰도 같
은 이치이다. 여기에서는 단군신화의 여러 측면 중에서 신화에 나타난
언어의 상징성에 대해서만 살펴보기로 하자.

• '환웅'의 의미

　'환인'과 '환웅'의 이름에서 '환(桓)'의 의미는 한국어에서 매우 중요
하다. 첫째 '환(桓)'을 동사 '환하다'에서 유래한 말로 볼 수 있다. 그렇
다면 환인과 환웅은 밝음을 상징한다고 볼 수 있으며 더 나아가 태양
신을 숭배하는 부족의 우두머리로 생각할 수 있다. 두 번째로 가능한
해석은 한국어의 '한'과 같은 의미로 보는 것이다. 한국어에서 '한'이
란 말은 '크다' 혹은 '우두머리'란 뜻을 가지고 있다. 대로(大路)를 '한
길', 지명 대전(大田)을 '한밭'이라고 불렀던 것이 좋은 예이다. 신라의
시조 박혁거세는 '거슬한' 혹은 '거서간'이라고 불렸다. 여기에서 '간'
이란 말은 우두머리를 뜻한다. 시베리아에서 지고지선의 무당을 'kam'
이라고 불렀고, 몽고의 징기스칸에서 '칸'도 같은 의미를 지닌다. 또한
신라왕의 호칭 중에서 '이사금'에서 'kum'이란 말도 같은 의미이다.

• 서자(庶子) 환웅

단군신화에는 환웅이 환인의 서자로 적혀있다. 그러나 여기에서 서자란 의미는 조선 시대처럼 소실의 아들이라는 의미는 아니다. 본래 동북아시아 민족 특히 유목 민족들은 자식이 여러 명 있으면 막내 아들만 남겨 놓고 떠난다고 한다. 다시 말해 장자상속제가 아니라 말자상속제인 셈이다.[58]

• 태백산(太白山)

환웅이 강림한 곳은 태백산이라고 적혀 있다. 여기에서 '백'이란 뜻은 역시 '밝음' 혹은 '환함'을 의미한다고 볼 수 있다. 태양신을 숭배하는 무리들이 자리를 잡은 곳도 태양을 의미하는지명임을 알 수 있다.

• 곰[熊]

앞에서 언급한 '단군신화의 종합적 이해'에서 필자는 다음과 같이 곰을 언어학적인 면에서 해석하고 있다. 시베리아 지방에서는 곰과 신을 똑같이 'kam'이라고 부른다고 한다. 즉 그들에게 곰은 신과 같은 숭배의 대상이라는 뜻이다. 그리고 곰은 자연스럽게 지모신(地母神)으로 숭배되었을 것이다. 유목문화권인 시베리아에서 'kam'으로 숭배를 받던 곰의 상징성은 농경문화권인 한반도로 전해지고, 그 신화도 함께 전해진다. 이제 곰은 농경문화의 숭배 대상으로 바뀐 것이다. 언어학자 김방한[59]은 한국어에서 곰의 고어형태가 고구려에서는 '*komok', 백제에서는 '*koma'라고 밝힌 바 있다. 신성한 동물의 명칭은 지명에도 나타난다. 백제의 수도 웅진(熊津)은 '*koma nərə'라고 표기된다. 개마고원의 '개마'란 지명도 'koma'와 관련시켜 생각할 수 있다.

---

58) 같은 글 인용.

59) 『한국어의 계통』, 김방한, 민음사, 1983년, p.115.

이상과 같이 신화를 언어적으로 분석한 결과 단군신화는 태양을 숭배하는 부족과 지신을 모시는 부족이 하나가 되어 새로운 공동체가 되었음을 상징한다고 말할 수 있다.

2. 그리스 신화(神話)

서양 문화의 원천은 그리스·로마 문명이다. 문화의 뿌리를 알기 위해서 언어의 습득은 필연적인 것이지만, 현실적으로 그리스어와 라틴어를 학습하기란 그리 쉬운 일이 아니다. 언어에는 한 민족의 세계관뿐만 아니라 종교관도 함께 스며 있다. 이미 우리는 성명의 분류에서 그리스어에서 유래한 이름을 알아보았다.

흔히 서양 문화의 뿌리를 이해하려면 두 가지를 필히 알고 있어야 한다고 말한다. 하나는 그리스·로마 신화이고 또 하나는 기독교이다. 우리는 그리스·로마 신화를 재해석하는 것이 아니라 신화에 나타난 신들의 이름과 관련된 명칭을 통하여 그리스·로마 신화가 서양 문화, 특히 언어와 관련해서 어떤 영향을 미쳤는지 살펴 보고자 한다. 예들 들어 신들의 이름에서 파생된 유럽의 주요 언어(영어, 불어)의 어휘들을 알아 볼 것이다. 이러한 작업은 영어와 불어 단어의 의미를 이해하는 데 도움이 되기도 하지만, 더 나아가 서양 문화의 핵심을 이루고 있는 주요 어휘들의 뒷모습을 엿볼 수 있다는 점에서 그 의의가 있다.

본 장에서 (:)표가 붙은 신들의 이름과 어원 풀이는 이윤기님의 '이윤기의 그리스 로마 신화'에서 빌어왔음을 미리 밝혀 둔다.

신화의 해석

그리스 신화는 오랜 세월동안 그리스어를 사용하는 여러 지방에서 형성되었을 것이다. 신화가 형성되는 과정에서 이집트와 메소포타미아, 소아시아 지방의 신화가 그리스 신화에 지대한 영향을 미쳤다. 그러나 올림포스 신들의 신화는 인도-유럽어족의 신화에서 유래된 것으로 추정된다. 그 이유는 제우스란 말이 인도-유럽어족에서 신을 의미하는 어휘이기 때문이다.

그리스 신화처럼 많은 신들과 영웅이 등장하는 신화도 없을 것이다. 무려 6,000여 명의 신과 영웅들이 등장한다. 그리스 신화에서는 주로 그리스인들의 종교관을 엿볼 수 있다. 명부(冥府)의 신 하데스와 천상의 제우스 그리고 바다의 신 포세이돈의 위상을 통하여 우리는 그리스인들이 지신과 해신(海神) 숭배에서 천신 숭배로 그 대상이 옮겨갔음을 알 수 있다. 반은 사람이고 반은 황소인 미노타우루스 같은 괴물은 동물 숭배의 흔적이며, 하반신이 뱀인 케크롭스는 땅의 생명력을 숭배의 대상으로 삼아 뱀을 신으로 모시던 시대의 잔재가 보인다.

로마인들이 이성 간의 사랑을 권장했던 것에 비해, 그리스에서는 동성 간의 사랑도 드물지 않았다. 신화에는 이런 이야기가 나온다. 가니메네스란 미소년에 반한 제우스는 그를 천상으로 데려와 시종으로 삼았다고 한다. 이러한 사랑은 물론 현대인들의 시각으로 보면 비정상적일지 모르지만 고대 그리스인들에게는 자연스런 것이었다. 이밖에도 오누이간에 결혼하는 크로노스와 레아, 그리고 제우스와 헤라는 그리스인들의 원시 친족 제도를 엿볼 수 있는 부분이다.

우주의 탄생과 신들의 족보

그리스인들은 세계가 창조되기 이전의 상태를 카오스 Chaos라고 불렀다. '혼돈'이란 뜻이다. 불어의 gaz와 영어의 gas가 이 말에서 유래한다. 즉, 기체는 그 만큼 불안한 상태인 것이다. 카오스의 반대 상태는 코스모스 Cosmos라고 불렀다. '정돈된 상태' 혹은 '우주'를 가리킨다. Cosmos에는 '장식', '치장'이라는 의미도 있다. 영어의 cosmetic(cosmétique, 화장품)이 바로 이 코스모스에서 유래했다. 앞으로 괄호 안의 단어는 불어임을 밝혀 둔다. 불어를 표기하는 이유는 영어 전문 어휘의 절반 정도가 불어에서 차용되었기 때문이다. 이밖에도 '세계인'을 의미하는 cosmopolitan(cosmopolite)도 cosmos에서 파생된 말이다.

혼돈의 세계에서 정돈된 세계가 바뀌자 여러 신들이 등장한다. 밤의 여신인 뉙스 Nyx가 태어나는데, 라틴어의 nox, 불어의 nuit, 야상곡을 의미하는 nocturn(nocturne) 등이 관련어이다(:). 여기에 대지의 신 가이아 Gaea와 하늘의 신 우라노스 Uranus도 등장한다. 가이아는 '지리'를 뜻하는 geography(géographie)의 어원이다.

거신족(巨神族)

하늘의 신 우라노스와 대지의 신 가이아 사이에는 12명의 거신족이 있었는데, 이들을 티탄 Titan족이라고 불렀다. 먼저 큰 아들인 오케아노스 Oceanos는 바다를 의미하는 ocean(océan)의 어원이다. 다섯째 아들인 이이아페토스의 아들 중에는 '먼저 아는 자'(:)라는 의미의 프로메테우스 Prometheus와 '나중에 아는 자'라는 의미의 에피메테우스 Epimetheus도 있다. 영어의 머리말을 뜻하는 prologue와 끝말을 뜻하는 epilogue를 상기하면 'pro-'와 'epi-'의 의미를 알 수 있다. 그리고 여섯 번째 아들인 크로노스 Cronos가 있다. 크로노스는 '시간'을 의미한다. 여기에서 파생된 말들은 상당히 많다. 올림픽 수용 종목에 싱크로나이즈란 종목이 있다. 영어로 synchronize란 말은 '동시에 일어나다'란 의미로 여러 명의 수영 선수가 같은 동작을 동시에 연출하는 종목을 말한다. 여기에서 'syn-'이란 그리스 접두사는 '동일한'의 의미를 가지고 있다. '같은 음을 내는 소리'는 교향악인 symphony이고, symphathy는 'syn(m)-'과 '감정'을 의미하는 'path/phaos'가 결합된 말이다. 즉 '동일한 감정을 느끼는 것' 다시 말해 '동감' 혹은 '공감'을 의미한다. 같은 이치로 이심전심은 '멀리'를 뜻하는 'tele-'를 붙여 만든 telepathy가 될 것이다. 바로 크로노스와 여신 레아 사이에 제우스를 비롯한 여섯 명의 신들이 탄생한다. 그런데 크로노스와 레아는 오누이 사이다. 이 말은 신들의 세계에서는 근친간에도 혼인이 허용된 것으로 해석하기 보다는, 아주 오래 전 인류의 혼인 제도가 어떠했는지 엿볼 수 있는 부분일지도 모른다.

<사진 16> 레아로부터 제우스를 받는 크로노스

우라노스의 딸 중에는 '기억'을 뜻하는 므네모쉬네 Mnemosyne(:)가 있다. 불어의 '기억의'라는 형용사 mnémonique가 이 여신의 이름에서 파생되었다. 이밖에도 12명의 자식에는 못 들지만 다른 신들도 있

었는데, 거대한 외눈박이인 퀴클롭스 3형제를 들 수 있다. 퀴클롭스 Cyclops(:)란 말의 의미는 '둥글다'의 circle과 '눈'을 의미하는 ops의 합성어이다. 영어의 optical(시력의)이 여기에서 유래했다.

우라노스의 손자인 프로메테우스가 인간에게 불을 가져다 주었다는 이야기는 너무나 유명하다. 이 사실을 안 신들의 아버지 제우스는 천상의 대장장이 신(神) 헤파이스토스에게 여자를 창조하게 만들었다. 헤파이스토스는 이 여인에게 온갖 선물을 다 주어 인간 세상에 내려 보냈다. 바로 이 여인이 판도라 Pandora(:) 즉, '온갖 선물을 다 받은 자'라는 의미이다. 그리스어 접두사 'pan-'은 '모든', '범(汎)'이라는 의미를 가지고 있다. 로마에는 저 유명한 빤떼온 pantheon이 지금도 원형 그대로 보존되어 있는데, theon은 그리스어로 '신'을 의미한다. 그러므로 빤떼온은 로마의 모든 신을 모신 '만신전(萬神殿)'으로 번역한다.

인간의 세상으로

아버지 우라노스의 '생명의 원천'을 거세한 크로노스는 부인 레아가 낳은 자식들을 삼켜버리는 이상한 습성이 있었다. 크로노스는 '시간'을 의미한다. 그러므로 크로노스가 자식들을 삼켜버린다는 것은 세월이 모든 것을 삼켜버린다는 잔혹한 자연의 진리를 상징한다(:). 레아의 지혜 덕분으로 목숨을 건진 막내 아들 제우스는 청년으로 성장한다. 청년이 된 제우스는 아버지 크로노스가 삼킨 5남매를 구해내고 크로노스를 세계의 끝으로 보낸다. 이제 거신족의 시대가 끝난 것이다. 본래 Zeus란 말은 인구어로 '신'을 의미하는 *dyeus가 그 원형이다. 그리스어와 같은 어족인 라틴어에서는 Ju(-pitar)로 나타난다. 라틴어로 '신'을 의미하는 명사가 Deus인 것을 보면 Zeus와 유사한 점을 쉽게 찾을 수 있다. 제우스는 크로노스의 여섯 번째 자식으로 태어났지만 형제들이 크로노스의 뱃속에 갇혀있는 동안 홀로 성장했다. 그 까닭에 제우스는 막내이자 맏이가 된 것이다. 로마인들은 목성을 Zeus의 라틴명인 Jupiter로 불렀다. 그리고 불어에서는 목요일을 jeudi라고 하는데 라틴 문화권에서는 목요일이 '쥬피터의 날'인 셈이다. 이런 전통은 게르만 문화권에서도 찾아볼 수 있다. 영어와 불어 및 독어의 요일 명을 보자.

영 어	불 어	독 어
Sunday	Dimanche	Sonntag
Monday	Lundi	Montag
Tuesday	Mardi	Dienstag
Wednesday	Mercredi	Mittwoch
Thursday	Jeudi	Donnerstag
Friday	Vendredi	Freitag
Saturday	Samdi	Sonnabend(Samstag)

<표 15> 요일 명의 비교

　목요일을 불어에서는 '쥬피터의 날'이라고 하지만 영어에서 천체명과 일치하는 날은 日, 月, 土요일이 전부다. 나머지 요일은 게르만족 신들의 이름에서 유래했다. 수요일의 Wednesday는 북유럽의 신 Odin에서 유래했는데, 오딘은 무용(武勇)을 주재하는 최고의 신이다. 목요일을 의미하는 Thor는 북유럽의 번개와 비의 신이다. 영어에서 '벼락'과 '천둥'을 의미하는 thunder가 그 파생어이다. 마지막으로 금요일은 사랑과 평화의 신 Freya에서 유래했다. 영어의 free, freind 같은 단어가 여기에서 파생되었다. 결국 영어의 Thursday도 그리스 신화의 제우스처럼 번개를 관장하는 게르만족의 신에서 유래한 것이다. 화요일은 전쟁의 신 Tyr에서 유래했다. 불어의 mardi가 전쟁의 신 mars를 의미하므로 그 의미는 같다고 할 수 있다. 참고로 불어의 일요일인 Dimanche는 주(主) Dominus의 날이고, 토요일 Samdi은 '안식일'을 의미하는 유대인의 Sabbath에서 유래한 말이다. 나머지 요일은 천체명과 일치한다.
　독일어의 경우는 같은 게르만어파인 영어와 일부분만 비슷하다. 목요일을 의미하는 Donnerstag에서 Donner는 북유럽신인 토르와 일치한다. 그렇지만 수요일인 Mittwoch는 한 주일의 절반을 의미하며(die woch는 '일 주일'을 의미) 영어처럼 '오딘의 날'을 의미하지는 않는다. 토요일의 경우도 Sonnabend는 '일요일 전날'이라는 뜻이며 Samstag은 불어와 그 의미가 같다. 나머지 요일 명은 영어와 그 의미가 같다.

본래 요일 명은 지구에서 육안으로 관측할 수 있는 천체인 태양, 달, 수성, 화성, 목성, 토성의 이름에서 유래했고, 각 전체에 붙여진 그리스 신들의 이름이 요일 명에도 그대로 옮겨진 것이다. 그러나 가톨릭의 입장에서는 이런 이교도적인 전통을 혁파하려고 노력하였지만, 불어의 경우 안식일을 의미하는 토요일과 주일(主日)의 일요일만 바뀌었을 뿐이다. 영어의 경우는 그것조차 변하지 않았다.

제우스의 시대로

<그림 6> 천신(天神) 제우스

거신족과의 싸움에서 승리한 제우스는 올림포스산에서 신 중의 으뜸신이 되었다. 12명의 주신(主神)이 그들이다. 제우스 자신은 으뜸신인 동시에 주신(主神)이다. 여기에서 우리는 <12>라는 숫자에 주목해 보자. 중세 서양인들이 생각한 숫자의 상징성에 대해 알아보자.

> 《3》은 신이나 인간의 삼위일체(육체, 영혼, 정신)를 의미하며, 《4》는 《2+2》 혹은 《3+1》을 나타내는데, 이는 삼위일체에 하나가 더 보태져 완벽성의 상실과 우주 공간, 천상의 네 개의 강, 네 명의 복음 전도사(마가, 누가, 마태, 요한: 역주), 네 가지 덕목(중용 modératon, 힘 force, 정의 justice, 지혜 sagesse: 역주), 네 방위, 사계절, 사지(四肢), 아담의 네 철자(Adam)를 상징한다. 《4》와 《3》의 배합 즉, 공간과 신성한 시간의 결합은 완수(完遂)된 시간인 《12》를 만든다: 12사도, 황도 12궁, 12달, 이스라엘의 12부족.[60]

서양에서 <12>라는 숫자는 완수(完遂)를 의미한다. 제우스가 거신족과의 싸움에서 승리를 한 후, 마침내 세상의 지배자가 되었다는 것을 의미한다.

그리스에서 로마로

로마인들은 그리스로부터 문자뿐만 아니라 그들의 신화까지 그대로 받아 왔다. 그러나 그리스 신들의 이름은 로마식으로 개명을 하였다. 먼저 그리스신의 로마식 이름을 비교해 보자.[61]

그리스신	로마신
Aphrodite	Venus
Ares	Mars
Artemis	Diana

60) 『서양중세의 삶과 생활』, 로베르 들로르저, 김동섭역, 새미, 1999년, p.88.
61) http://www. pantheon. org

Athena	Minerva
Chloris	Flora
Clotho	Nona
Cronus	Saturn
Demeter	Ceres
Dionysus	Bacchus
Enyo	Bellona
Eos	Aurora
Eros	Cupid(Amor)
Gaia	Tellus
Hades	Dis Pater, Pluto
Hebe	Juventas
Helios	Sol
Hephaestus	Vulcan
Hera	Juno
Heracles	Hercules
Hermes	Mercury
Hestia	Vesta
Hygieia	Salus
Hypnos	Somnus
Irene	Pax
Lachesis	Decima
Nike	Victoria
Odysseus	Ulysses
Pan	Faunus
Pheme	Fama
Poseidon	Neptune
Selene	Luna
Themis	Justitia
Tyche	Fortuna
Zeus	Jupiter

<표 16> 그리스신과 로마신

3. 신들의 이름을 통해 본 문화

유럽제어들은 어족상으로 인구어족에 속한다. 그들은 공통 조어를 가지고 있었지만 그 언어는 문헌으로 확인할 방법이 없고, 재구를 통해서 기본 어휘를 확인할 수 있다. 위에서 우리는 그리스 신들의 계보를 간단히 보았다. 이제는 그들의 이름이 영어와 불어를 비롯한 주요 언어에 어떤 어휘들을 제공했는지 그 예를 들어 살펴보기로 하자.

- 아레스/마르스(Ares/Mars)

아레스는 '전쟁의 신'이다. 그리스의 신 아레스는 로마에서는 마르스로 바뀐다. '전쟁의 신' 또는 '군신(軍神)'인 마르스는 로마에서 인기 있는 신 중의 하나였다. 영어의 martial(전쟁의)이 이 신의 이름에서 유래했다. 로마인들은 많은 전쟁을 벌였는데, 그때마다 야누스 Janus의 문을 열어 놓았다. 야누스신은 다른 공간으로 이동하는 신이라고 로마인들은 생각하였다. 시골에서 도시로, 평화에서 전쟁으로 공간 이동을 할 때 야누스신의 문을 지난다고 생각했던 것이다. 그래서 야누스신은 두개의 얼굴을 가지고 있는 것이다. 1월을 의미하는 영어의 January가 야누스와 관련이 있는 이유는 묵은 해에서 새해로 공간 이동을 하는 시점이 1월이기 때문이다.

- 아테나/미네르바(Athena/Minerva)

지혜의 여신인 아테나의 라틴명은 미네르바다. 미네르바는 흔히 올빼미로 상징된다. 왜 올빼미가 지혜를 상징하는지 그 이유는 그리스인들의 독특한 세계관에 따른 것이다. 이집트인들이 독수리를 어머니의 상징, 살무사를 아버지의 상징으로 여겼던 것과 같은 이치이다. 이밖에도 이집트인들에게 제비는 위대함, 재칼은 저승의 신을 의미하였다.

<그림 7> 아테나

• 데메테르/케레스(Demeter/Ceres)

곡식의 신 케레스는 영어와 불어에도 '곡식'을 의미하는 cereal (céréale)을 남겼다. 로마인들은 농경문에서 살았던 만큼 곡식과 관련된 신들이 특히 많았다. 대표적인 곡식의 신들은 세이아(땅 속에서 옥수수를 지키는 신), 세게티아(곡식의 성장을 관장), 플로라(꽃의 신, 특히 옥수수 꽃의), 포모나(과수 재배의 신), 룬키나(땅 위에서 옥수수 수확을 관장하는 신), 투틸리나(창고에서 옥수수를 돌보는 신) 등이 있었다.

<그림 8> 데메테르

• 클로토/노나(Clotho/Nona)

클로토는 운명의 실을 잣는 여신이다. 그 실의 길이를 재는 라케시스 Lachesis와 그 실을 끊는 아트로포스 Athropos가 운명을 결정하는 세 명의 신이다. 이 여신을 로마인들은 노나 Nona라고 불렀는데 라틴어의 nonus 즉, '아홉 번째'란 뜻이다. 여기에서 '아홉 번째'란 아기가 태어날 아홉 번째 달을 말한다. 그리스어의 '아홉'을 의미하는 nona에서 유래했다.

• 에뉘오/벨로나(Enyo/Bellona)

전쟁의 여신들을 말한다. 라틴명 Bellona는 '전쟁'을 의미하는 보통 명사 Bellum을 제공한다. 영어의 belligerant(belligérant, 호전적인), bellicose(싸움을 좋아하는) 같은 단어의 어원이다.

• 에오스/아우로라(Eos/Aurora)

본래 새벽의 여신인 에오스는 태양의 신 헬리오스와 달의 신 세레네와는 자매지간이다. 에오스의 남편은 바람의 신 아스트레오스 Astraeus인데 이들에게는 네 명의 자식이 있었다. 북풍인 보레아스 Boreas, 서풍인 제피로스 Zephyrus, 동풍인 유로스 Eurus 그리고 남풍인 노토스 Notus가 그들이다. 영어와 불어에서 boreal(boréal)은 '북쪽의'라는 의미이고, 노토스의 라틴명 아우스테르 Auster는 영어에 austral(남쪽의)라는 단어를 제공했다. 그러므로 오스트레일리아 Australia는 '남반구의 대륙'이란 뜻이다. 에오스의 라틴명 아우로라는 영어에 '오로라'라는 단어를 남겼다.

• 에로스/큐피드(아모르)<Eros/Cupid(Amor)>

'erotic'이란 형용사의 의미를 모르는 사람은 없을 것이다. 본래 '욕망'이라는 뜻을 가진 에로스는 사랑의 신 아프로디테(비너스)의 아들이다. 라틴명은 큐피드이고 '탐욕'을 뜻하는 cupidity(cupidité)가 여기에서 유래한 말이다.

• 헬리오스/솔 (Helios/Sol)

태양의 신인 헬리오스를 말한다. 태양을 구성하고 있는 원소 헬륨 Helium과 Heliography(태양촬영술) 등이 여기에서 나왔다. 라틴명 Sol은 '태양계'를 의미하는 Solar system, 햇빛을 막아주는 '파라솔' parasol 등의 단어를 제공했다. 여기에서 'para'란 그리스 접두사는 '…을 막아주는'이란 뜻이며 낙하산 parachute은 '추락'을 의미하는 불어의 chute가 합성되어 만들어진 단어이다.

• 이레네/팍스(Irene/Pax)

  평화의 여신 이레네의 라틴명은 팍스 Pax인데 그 의미는 '평화'라는 뜻이다. 이 평화의 여신은 올리브 가지, '풍요의 뿔' cornucopia, 홀(笏) 등을 가지고 있다. Pax란 명칭은 라틴어의 보통 명사에서 '평화'를 의미한다. 로마의 태평성대를 뜻하는 'Pax Romana'라는 말은 너무나 유명하다. 불어의 paix와 영어의 peace도 같은 어원을 가진 단어들이다. 이밖에도 pacific(pacifique)이란 단어도 여기에 포함된다. 왜냐하면 주격 pax의 소유격('평화의')이 pacis이기 때문에 두 단어의 연관성을 쉽게 찾을 수 있다.

• 레케시스/데키마(Lechesis/Decima)

  '할당하는 사람'이란 뜻의 레케시스는 클로토가 만든 운명의 실의 길이를 재는 여신이다. 즉, 사람의 운명을 결정하는 여신이다. 라틴명은 데키마이고, 영어의 decimate(죽이다), 불어의 décimation (많은 사람을 죽이기)등이 여기에서 나왔다.

• 니케/빅토리아(Nike/Victoria)

  승리의 신 니케는 날개를 가진 여신인데 굉장히 빨리 날 수 있었다. 남불의 휴양도시 Nice는 본래 그리스 식민자들이 건설한 도시로 이 여신의 이름에서 유래한다. 우리에게 잘 알려진 상표명은 영어식 발음이다.

<사진 17> 승리의 여신 니케

• 페메/파마(Pheme/Fama)

본래 여신 페메는 '소문', '보고'(報告), '평판'과 관련된 여신이다. 그녀는 자신이 들은 것은 무엇이든지 말을 하고, 결국 모든 사람이 다 알 때까지 반복한다. 라틴명 파마 Fama에도 그런 뜻이 그대로 담겨 있다. 영어의 fame, famous가 여기에서 유래한 단어들이다.

• 테미스/유스티티아(Themis/Justitia)

우라노스와 대지의 여신 가이아 사이에서 태어난 법의 여신이다. 눈은 천으로 가리고 한 손에는 천칭, 다른 한 손에는 '풍요의 뿔' cornucopia을 쥐고 있다. 중세 이후에는 '풍요의 뿔' 대신 칼을 들고 있는 모습으로 바뀌었다. 라틴명 유스티티아는 글자 그대로 '정의의 여신'이다.

• 제우스/유피터(쥬피터)(Zeus/Jupiter)

신들의 으뜸신 제우스의 라틴명은 쥬피터이다. 중세 천문학자들은 목성(쥬피터)이 기쁨을 주는 행성이라고 생각했다. 그 결과 영어의 형용사 jovial은 '명랑한', '쾌활한'이란 뜻을 가지게 되었다.

신의 이름과 달의 이름

서양력은 로마력을 기초로 하고 있다. 기원전 753년 로마를 건국한 로물루스 Romulus는 옛 달력에 따라 일 년을 열 달로 구분하고 첫 번째 달에 전쟁의 신 마르스 mars의 이름을 붙였다고 한다. 그 후 로물루스의 후계자 누마 폼필리우스 Numa Pompilius왕은 Junuary와 February를 만들어 december 다음에 놓았다. 즉, 그때까지는 December가 열번째 달이었던 것이다. 그리스어의 '10'을 의미하는 말 deca를 생각하면 쉽게 이해할 수 있다. 그 후 7세기가 지난 후 율리우스 케사르는 역법을 개정하기에 이른다. 로마인들은 해와 달의 공전 주기를 계산하여 한 달은 30일 그리고 다음 달은 31로 정했다. 당시의 달력을 보자.

- Martius : 31일[62]
- Aprilus : 30일
- Maius : 31일
- Junus : 30일
- Quintilis : 31일
- Sextilis : 30일
- September : 31일
- October : 30일
- November : 31일
- December : 30일
- Januarius : 31일
- Februarius : 29일

　당시 일 년의 시작은 지금의 3월이었고, 마지막 달은 지금의 2월인 것을 알 수 있다. 당시 2월은 망자(亡者)들을 추모하는 달인 동시에 정화(淨化)의 달이었으며, 일 년의 마지막을 경건하게 보내는 달이었다.

　태양력의 1년은 364.25일이다. 로마력에 따르면 일 년의 일수는 (31*6)+(30*5)+29=365일이 된다. 그러므로 0.25일의 오차가 해마다 발생한다. 그러므로 4년마다 2월은 30일이 되었다. 그런데 케사르는 일 년의 시작을 3월이 아닌 1월로 바꾸었다. 이제 2월은 더 이상 한 해의 마지막 달이 아닌 셈이었다.

　어느 시대든지 권력자에게 잘 보이려고 노력하는 사람들은 있었나

---

62) 지금은 March가 3월이지만 당시에는 1월이었다.

보다. 케사르의 환심을 사기 위해 7월인 Quintilis를 Julius로 즉, 율리우스 케사르가 태어난 달로 이름을 바꾼 것이다. 그런데 문제가 생겼다. 케사르의 조카이자 제국 최초의 황제였던 아우구스투스 Augustus의 이름도 케사르의 다음 달인 Sextilis에 넣었던 것이다. 문제는 위대한 황제의 이름이 붙은 8월이 케사르의 7월보다 하루 모자란 30일이라는 데 있었다. 그리하여 궁리 끝에 마지막 달인 February에서 하루를 빼내 왔다. 그 결과 지금의 2월은 29일이 아니라 28일이 되었다.

두 사람의 이름이 달 이름에 들어오자 Quintilis와 Sextilis는 달력에서 사라졌다. 그리고 February가 마지막 달에서 2월로 바뀌었으므로 September는 7월에서 9월로, 나머지 달도 두 달씩 밀리게 되었다. 달 이름의 의미는 다음과 같다.

- January : 두 얼굴을 가진 야누스의 달. 묵은 해에서 새해의 공간 이동을 의미한다.
- February : 정화(淨化)의 달.
- Mars : 군신(軍神) 마르스의 달.
- April : 어원을 알 수 없는 달이다. 로마인들보다 먼저 이탈리아 반도에 살았던 에트루리아語에서 유래한 것으로 여겨진다.
- May : 봄의 신 마이아 Maia에서 유래.
- June : 여신의 우두머리 유노(그리스명 헤라)에서 유래. 가족과 결혼의 여신이기도 함.
- July : 율리우스 케사르의 달.
- August : 로마제국 최초의 황제 아우구스투스의 달.
- September : 라틴어로 '7'을 뜻하는 septem에서 유래. 즉, 일곱 번째 달. 9월로 바뀐 이유은 위에서 설명하였다.
- October : 라틴어로 '8'을 의미하는 octo에서 왔다. 음악의 1옥타브 octave는 8음계이다.

- **November**: 라틴어의 novem(9)에서 유래.
- **December**: 라틴어의 decem(10)에서 유래.

현재의 서양 역법은 그레고리력이라고 한다. 그 까닭은 1582년 당시의 교황 그레고리 13세가 당시의 역법에서 작은 오류를 발견하고 수정했기 때문이다. 그 까닭은 당시 학자들이 엄밀하게 날 수를 계산해본 결과 10일이 늦었던 것을 발견했기 때문이다. 그리하여 교황은 1582년 10월 4일을 10월 15일로 공포했다. 이러한 착오는 그 이전에도 발견되었다. 6세기에 동방의 한 수도승은 예수의 탄생부터 연수를 계산하였다. 그 후 200년이 지나 샤를마뉴 시대에 이 수도승의 계산에 따라 서기 800년을 정했다. 그런데 나중에 안 사실이었지만 이 수도승의 계산에는 4년의 오차가 있었다. 4년이 실제보다 늦은 것이었다. 그러나 이러한 오류를 수정하기에는 이미 늦어버렸으므로, 우리는 그대로 그레고리력을 사용하고 있다. 지금이 2001년이지만 정확히 말하면 2005년인 셈이다.

<사진 18> 로물루스와 레무스

제7장 : 라틴어로 본 로마인의 이름

1. 로마인들의 이름

　　로마인들의 이름은 크게 셋으로 구성되어 있다. 그러나 모든 로마인들이 세 가지 이름을 갖는 것은 아니었다. 평민은 대개 두 개의 이름을 가지고 있었고, 노예는 하나의 이름밖에 없었다. 이러한 작명 방식은 지금의 토스카나 지방에 거주하던 에트루리아인들과 흡사한 것이었다.

　　로마인들의 이름은 다음과 같이 셋으로 나뉜다.

이름(Praenomen) + 씨족명(Nomen) + 가문명(Cognemen)

　　먼저 프라이노멘에 대해 알아보자. 이 이름은 아이가 태어나면(출생 후 9일후) 부모가 붙여주는 이름이다. 영어의 first name 혹은 given name과 같다. 프라이노멘은 18세의 성년이 되는 나이, 혹은 토가를 착용할 수 있는 남자(toga virilis)의 후보가 되었음을 의미한다. 모든 것을 체계적으로 정리하는 데 익숙했던 로마인들은 프라이노멘도 마치 화학의 원소기호처럼 정해진 것만 사용하였다. 그 이름들의 목록은 다음과 같으며 대개 노멘과 코그노멘[63] 앞에 약자로 표기된다.

<사진 19>
토가 비릴리스(Toga virilis)

---

63) 여성의 이름은 본문에서도 설명했듯이 프라이노멘과 코그노멘의 양면성을 가진다.

- A. - Aulus
- Ap(p). - Appius
- C. - Gaius
- Cn. - Gnaeus
- D. - Decimus
- L. - Lucius
- M. - Marcus
- M'. - Manius
- N. - Numerius
- P. - Publius
- Q. - Quintus
- Ser. - Servius
- Sex. - Sextus
- Sp. - Spurius
- T. - Titus
- Ti. - Tiberius

로마인들은 장남의 경우 아버지와 동일한 이름을 갖는다. 이 법안은 서기 6년 원로원이 통과시켰다. 일례로 케이사르의 어버지 이름도 Gaius Julius Caesar인 것을 보면 알 수 있다. 그리고 차남부터는 다른 프라이노멘을 가질 수 있다. 예를 들어 아버지의 이름이 C. Petronius Naso이면 장남은 아버지의 이름과 동일하지만 차남의 이름은 L. (Lucius) Petronius Victorinus가 될 수 있다. 다시 말해 자신의 뿌리를 알려주는 노멘은 변하지 않지만 차남이 새로운 코그노멘을 가질 수 있다는 사실은 새로운 가문이 동일한 씨족에서 파생될 수 있음을 보여준다. 평민의 경우 귀족처럼 제한된 프라이노멘의 사용에도 무신경했던지, 다섯 번째 아들부터는 Quintus, Sextus, Septimus, Octavius,

Decius등과 같이 오남(五男), 육남(六男), 칠남(七男), 팔남(八男), 십남
(十男)이라고 불렀다.

다음은 씨족명으로 번역되는 노멘에 대해서 알아보자. 프라이노
멘 뒤에 오는 노멘은 여러 가문이 합쳐진 씨족명으로서 세 가지 이름
중에서 가장 중요한 이름이다. 공화정 이래 로마의 명문 씨족으로는
Claudius, Cornellius, Apius, Valerius, Julius 등이 있었다.

노멘의 뒤에는 별명으로 불리기도 하고 성명(姓名)으로 불리는 코그
노멘이 놓인다. 코그노멘은 가문의 이름, 즉 성(姓)이라고 말할 수 있
다. 그러므로 로마인들의 이름은 순서대로 풀어보면 개인적인 이름인
프라이노멘, 씨족의 이름인 노멘 그리고 가문의 이름인 코그노멘으로
구성되어 있음을 알 수 있다. 세 가지 이름 중에서 코그노멘이 일반적
인 호칭으로 사용되었다. 케이사르의 이름을 예로 들어 보자.

C. Julius Caesar의 경우 프라이노멘은 위에서 본 것처럼 약자로 사
용될 수 있음을 알 수 있다. 로마인들은 이름 만큼은 다양한 특징을
보여주지 않고 있다. 카이사르의 이름
을 풀어보면 '율이우스 씨족의 카이사
르파(派) 가이우스'정도로 이해할 수 있
다. 한국식으로 하면 '전주이씨 양녕대
군파 아무개'정도가 될 것이다. 본래 로
마인들의 이름은 프라이노멘과 노멘으
로 이뤄져 있었는데 여기에 성(姓)인 코
그노멘이 추가된 것이다. 코그노멘은
그 사람의 별명에서 유래한 것이 많다.
Rufus는 '머리색이 적갈색인'이란 뜻이
며, Brutus는 '멍청이', Naso는 '큰 코',
Scipio는 '지팡이'란 뜻이다.

<사진 20> 가이우스 율리우스 카이사르

이름의 가장 중요한 기능은 호칭의 기능이다. 그렇다면 로마인들은 세 가지 이름 중에서 어떤 이름을 호칭으로 사용했을까? 문헌에 나타난 바에 따르면 집정관 술라 Sulla(기원전 88년)시대까지 코그노멘의 사용은 보편화되지 않았다. 그러므로 공식 호칭은 노멘으로 사용되었고, 경우에 따라서 프라이노멘도 함께 사용되었다. 노멘만 사용하는 경우 제한된 프라이노멘 때문에 수많은 동명이인이 만들어진다. 그 결과 별명에 해당하는 코그노멘의 사용이 보편화된 것은 어찌보면 당연한 결과였는지 모른다. 코그노멘이 함께 사용되면서 공식 호칭으로는 노멘이나 코그노멘을 사용하게 되었다. 예를 들어 로마의 문장가였던 키케로의 이름은 Marcus Tullus Cicero이고, 그의 공식 호칭은 키케로 혹은 툴루스가 된다. 영국의 작가 쵸서는 키키로라는 호칭대신 툴루스를 사용하고 있다. 그러나 친밀한 사이에서는 오늘날의 서양인들처럼 프라이노멘만 부를 수도 있었다. 로마인들의 호칭법은 이렇듯이 경우에 따라 다르며 불변의 원칙이 있던 것은 아니었다.

코그노멘은 세 가지 기능을 한다. 첫째 코그노멘은 씨족명인 노멘보다 구체적으로 가문(家門)을 구별시켜 주는 역할을 한다. 로마가 소수 귀족 중심의 도시 국가에서 점차 구성 인구가 늘어나던 공화정 말기에 코그노멘의 사용이 왜 일반화되었는지 짐작할 수 있는 부분이다. 코그노멘은 또한 영광적인 업적을 이룬 사람에게 첨가되는 별명과 같은 역할을 한다. 한니발을 제압한 로마 구국의 명장 스키피오에게는 '아프리카를 제압한 자'라는 의미의 Africanus란 코그로멘이 추가된다. 이밖에도 로마 원로원은 지금의 잉글랜드를 정복한 클로디우스 황제의 아들에게 '브리타니아를 제압한 자'란 뜻의 Britanicus란 코그노멘을 바쳤다. 끝으로 코그노멘은 입양의 경우에도 첨가된다. 케이사르가 누이 율리아의 외손 옥타비아누스를 양자로 삼았다. 그 결과 옥타비아누스의 이름도 Gaius Octavianus에서 Gaius Julius Octavianus로 바뀐다. 옥타비아누스란 이름은 '옥타비우스의 아들'이란 뜻이다. 로마시

대부터 지금의 서양들은 아버지의 이름에서 자신의 이름을 만들어 사용했음을 알 수 있다. 옥타비아누스의 경우 이름이 두개인 것인 그가 귀족 출신이 아니라는 사실을 보여준다. 그러나 이름이 두개라고 모두 평민 출신인 것은 아니다. 그 예로 옥타비아누스에게 패한 로마의 명장 안토니우스는 두 개의 이름을 가지고 있었다(마르쿠스 안토니우스).

어떤 학자들은 로마인의 이름을 세 부분이 아니라 네 부분으로 구분한다. 이 경우, 노멘과 코그노멘 사이에 자신이 누구의 아들임을 밝히는 부분이 첨가된다. 장남의 경우라면 아버지와 모든 이름이 같기 때문에 이런 구별법이 필요가 없겠지만 차남의 경우는 아버지가 누구인지 분명히 알기 어렵다. 예를 들어 C. Petronius Naso의 장남은 아버지와 동일한 이름을 갖지만 차남은 L. Petronus C. F. Victorius라는 이름을 가질 수 있다. 여기에서 'C. F.'는 Ga(ii) (Fillius), 즉 '가이우스의 아들'이라는 의미이다.

여자의 경우는 대개 하나의 이름만을 사용한다. 아버지의 노멘에서 여성형을 만들어서 사용하는데, Julius의 딸은 모두 Julia, Cornellius의 딸은 Cornellia가 된다. 간혹 어머니의 이름을 뒤에 붙여 사용하는 경우도 있는데, 아버지가 Claudius이고 어머니가 Valeria면 딸의 이름은 Claudia Valeria가 된다. 아버지의 노멘에서 만들어진 여성형은 마치 남자들의 프라이노멘과 같이 사용되었을 뿐만 아니라, 동시에 남성들의 일반적인 호칭인 코그노멘처럼 사용되었다. 그리고 로마 여성들은 결혼해도 남편의 성을 따르지 않고 아버지로부터 물려받은 프라이노멘(혹은 코그노멘)을 사용하였다.

로마 사회는 귀족과 평민으로만 구성되어 있지 않았다. 각분야에서 노동력을 제공하던 수많은 노예들이 없었다면 로마 사회는 어떠했을까? 노예들도 자신의 이름이 있었다. 그러나 그들은 오직 하나의 이름밖에 가질 수 없었다. 그들의 출신 고장, 신체적 특징, 성격 등에 따라 이름이 붙여졌으며, 경우에 따라서는 주인의 이름에서 만들어지기도 했다. 주인의 이름이 Claudius이면면 소유격 Claudii에서 '소년'을 뜻하는 puer가 por의 형태로 첨가되어 Claudiipor가 만들어진다. 즉, 'Claudius의 아이'란 뜻이다. 자유민이 된 해방노예는 주인이었던 사람의 노멘이나 코그노멘을 물려받았고 그 뒤에 자신의 이름을 코그노멘으로 사용하였다. 예를 들어 M. Tullius Cicero의 노예 Tiro가 자유민이 되었다면 그의 이름은 M. Tullius Tiro가 된다.

로마가 기원전 509년 왕정을 폐지하고 공화정으로 정체(政體)를 바꾼 뒤, 새로운 명칭의 관직도 생겨났다. 본래 변혁을 추구하는 사람은 언어도 함께 바꾸려고 노력한다. 말을 바꾸지 않으면 사람들의 생각이 바뀌지 않기 때문이다. '왕'이란 뜻의 라틴어 Rex는 공화정 시대에는 금기어(禁忌語)가 되었을 것이다. 로마인들은 원로원에서 1년동안 공화국을 이끌어갈 두 명의 집정관을 선출하였는데, 그들을 Consul이라고 불렀다. 지금으로 치면 나라의 수상 또는 총리라고 할 수 있다. 현재 영어에 남아 있는 '영사(領事)'라는 외교관직은 그 의미가 축소·변형된 것이다. 로마에는 전시(戰時)와 같이 비상시에는 독재관이라는 Dictator를 임명하여 위기를 극복하였다. 경우에 따라서는 종신독재관으로 임명되는 경우도 있었다. 그러나 '독재관'이란 호칭은 현대인이 생각하는 의미의 '독재자'와는 달랐다. 공화정 초기 킨킨나투스는 어느 날 갑자기 독재관으로 임명되어 외적의 침입을 보름만에 물리친 뒤 다시 일상으로 돌아갔다.

2. 황제들의 호칭

제정의 주춧돌을 놓은 카이사르는 비록 본인은 황제에 오르지 못하고 암살당했지만, 그의 양자인 옥타비아누스가 로마 제정의 초대 황제에 오르게 된다. 황제란 명칭은 라틴어로 Imperator인데 영어의 Emperor의 어원이다. 그러나 로마 황제는 동방의 전제군주같이 신적인 존재가 아니었다. 이집트처럼 태양신의 아들인 파라오도 아니고, 중국처럼 '하늘의 아들'인 천자(天子)도 아니었다. 로마 시대에 살지 않았던 우리들이 로마 황제의 권위와 지위를 이해한다는 것은 쉬운 일이 아니다. 그러나 당시의 모든 사회 제도와 각종 명칭은 라틴어에 그대로 남아있다. 그러므로 우리는 로마 황제의 다양한 호칭을 통해 로마 황제의 정확한 위상을 살펴볼 수 있다. 먼저 초대 황제인 아우구스투스의 공식 호칭을 예로 들어보자. Augustus란 호칭은 '존엄한 자'란 의미로 본명은 알다시피 옥타비아누스이다. 원로원에서 초대 황제에게 존칭을 바친 결과다.

기원전 27년 이미 전권을 장악한 옥타비아누스의 정식 명칭은 다음과 같이 변한다 :[64]

'임페라토르 율리우스 카이사르 아우구스투스'(Imperator Julius Caesar Augustus). 황제의 공식 명칭에는 임파라토르가 맨 앞에 놓이고, 그 다음에는 본래 아우구스투스의 이름이 따라온다. 본래 아우구스투스의 본명은 Gaius Octavianus였지만 케이사르의 양자가 되면서 Julius Caesar Octavianus로 바뀌었고, 원로원이 바친 아우구스투스가 새로운 코그노멘이 된다.

로마 황제의 이름에는 다음과 같은 명칭이 꼭 들어간다 : '임페라

---

64) 시오노 나나미, 『로마인 이야기』, 제 6권, p.41. 한길사, 1997년.

토르 카이사르 아우구스투스 트리부니키아 포에스타스'(Imperator Caesar Augustus Tribunicia Poestas). 여기까지는 모든 황제가 똑같고, 그 다음에 비로소 각자의 이름이 나온다. 여기에서 각 명칭의 유래와 그 의미[65]를 살펴보자.

• 임페라토르

본래 이 명칭은 원로원 의원들이 개선장군에 대한 존칭에 불과했다. 임페라토르는 군단의 최고 통수권 즉 '임페리움을 장악하고 있는 자'란 의미로서 아우구스투스는 아버지 카이사르가 인정받고 있던 이 칭호 사용권을 인정받았다.

• 카이사르

율리우스 씨족 중에서 카이사르 가문의 코그노멘이 황제를 상징하는 칭호로 굳어진 말이다. 훗날 독일의 황제 카이저(Kaiser)와 러시아 황제 짜르(czar)가 이 말에서 유래했다. 이 호칭은 황제를 의미하는 가장 일반적인 칭호로 자리잡는다.

• 아우구스투스

권력 냄새가 전혀 나지 않는 존칭에 불과했지만 이 호칭이야말로 아우구수투스 자신이 계획했던 체제의 모습을 잘 보여주는 호칭이다. 만약 카이사르가 황제에 올랐다면 그는 거침없이 직선적인 호칭을 선택했겠지만, 제정에 반감을 가진 공화파의 견제를 의식하지 않을 수 없었던 아우구스투스는 이 존칭에 만족했을 것이다. 명분보다 실리적인 측면이 강한 로마인들의 성향을 엿볼 수 있다.

---

65) 같은책, p.81.

- 트리부니키아 포테스타스(Tribunicia Potestas)

'호민관 특권'으로 번역되는 이 호칭은 공화정 당시 평민의 보호자였던 호민관에게 부여된 최고의 특권을 말한다. 호민관은 귀족들의 반감을 야기시킬 경우 신변불가침권을 인정받았고, 호민관을 죽이거나 상처를 입혀서 이 특권을 침해한 사람은 반국가범죄자로 재판을 받는다. 게다가 공화정 시대에 민회에서 입안한 정책을 원로원이 반대해도 호민관이 거부권을 행사하여 그 정책을 입법화할 수 있었다. 결국 로마 황제는 평민의 대표자인 호민관의 특권도 인수받아 신체적인 불가침권과 원로원에 대한 거부권을 장악하고 있음을 알 수 있다.

- 프린켑스(Princeps)

본래 '우두머리'를 뜻하는 이 말은 '시민의 제1인자'란 뜻으로 사용되었다. 아우구스투스는 제정에 알레르기를 가지고 있던 원로원이 자신을 프린켑스로 부르는 것을 내심 좋아했을 것이다. 실제로 아우구스투스가 이 칭호를 자주 사용한 것이 그 증거다.

- S. P. Q. R.

로마 황제가 앉는 의자 뒤에는 로마 알파벳의 약자 <S. P. Q. R.>이 새겨져 있다. 이 약자는 '로마 시민과 원로원'(Senatus Populusque Romanus)이란 뜻이다. 이 약자는 황제의 문장(紋章)처럼 사용되었는데, 로마 황제가 로마 시민과 원로원의 대표로 간주되고 있음을 알 수 있다. 실제로 로마 황제들은 카이사르 이래-물론 그는 황제가 되려다 암살되었지만-그 누구도 왕관을 쓰지 않았다. 단지 월계관을 쓰는 정도였다. 결국 로마 황제의 권한은 로마 시민과 원로원이 위임한 것, 즉 통치를 위임한 것이었다. 아우구스투스 이후 등극한 황제들의 명칭을 정리해 보면 다음과 같다.

율리우스-클라우디우스 왕조

• 초대 황제: 아우구스투스(Augustus)

정식명칭은 'Imperator Julius Caesar Augustus Tribunicia Poestas'이
다. 아우구스투스 이후 역대 황제들의 정식 명칭에는 '황제'란 뜻의 '임
페라토르'와 '카이사르'란 명칭이 늘 따라온다. 단 '율리우스'란 씨족
명은 황제의 출신 가문을 가리킨다. '아우구스투스'라는 코그노멘도
이후 황제의 명칭에서 굳어지게 된다.

<사진 21> 아우구스투스

• 2대 황제: 티베리우스(Tiberius)

정식명칭은 'Imperator Julius Caesar Tiberius Augustus (Tribunicia
Poestas)'이다. 아우구스투스는 전처인 스크리보나 사이에 율리아라는
딸 하나를 두었고, 재혼한 리비아 사이에는 자식이 없었고. 그러나 리
비아에게는 드루수스와 티베리우스라는 전남편의 아들이 있었고, 클
라우디우스 씨족 출신인 티베리우스가 아우구스투스의 양자로 들어

가면서 율리우스-클라우디우스 왕조는 이어진다. 티베리우스는 아우구스투스의 양자가 되면서 더 이상 Tiberius Claudius Nero라고 서명하지 않고 Tiberius Julius Caesar라고 서명했다고 한다. 이는 티베리우스가 자신의 씨족인 클라우디우스를 대표하지 않고 율리우스 씨족에 들어갔다는 것을 의미한다.

<사진 22> 티베리우스

• 3대 황제: 칼리굴라(Caligula)

정식명칭은 'Imperator Julius Caesar Germanicus Augustus'이며 칼리굴라 Caligula라는 이름은 로만 병사들이 신던 신발 Caliga에서 유래한 말로 '작은 군화'라는 뜻이다. 칼리굴라는 게르마니아의 방위를 책임지고 있던 아버지 게르마니쿠스를 따라 일찍이 병영에서 자랐다. 군단의 마스코트였던 그에게 병사들은 작은 군화를 만들어 주었고, 그것이 그의 별명, 즉 코그노멘이 되었다. 그의 아버지 게르마니쿠스는 '게르마니아를 제압한 자'라는 의미로 일찍이 아우구스투스의 후계자로 결정되었지만 시리아에서 의문의 죽음을 맞는다. 게리마니쿠스는 티베리우스의 양자로 아우구스투스의 외손녀 아그리피나(역사가들은 大아그리피나로 부른다)의 남편이기도 했다. 칼리굴라는 생전에 이 코그노멘을 싫어했다고 한다. 그의 정식 호칭에 게르마니쿠스가 있는 것으로 보와 그의 어버지의 코그노멘을 그대로 이어받았음을 알 수 있고, 그가 율리우스 왕조의 후계자임을 보여주고 있다.

<사진 23> 칼리굴라

- 4대 황제: 클라디우스(Claudius)

칼리굴라의 백부이며 황제에 등극한 뒤의 명칭은 'Tiberius Claudius Caesar Augustus Germanicus'이다. 클라우디우스는 장남인 관계로 아버지의 프라이노멘인 티베리우스를 그대로 사용한다. 그런데 이전의 황제 명칭에 등장하던 율리우스란 씨족명은 더 이상 보이지 않는다. 본래 티베리우스는 아우구스투스의 아들이지만 친자는 아니다. 어머니인 리비아가 아우구스투스와 결혼하기 이전에 낳은 자식이다. 그러나 그는 아우구스투스의 양자로 입적된 이상 클라우디우스 씨족의 사람이 아니다. 티베리우스의 아들인 게르마니쿠스는 아우구스투스의 외손녀 아그리피나와 결혼을 함으로써 율리우스 씨족의 일원이 되었지만 그의 형인 클라우디우스는 본래 자신의 씨족인 클라우디우스란 노멘을 가지고 있었다. 그런 까닭에 클라우디우스의 정식 명칭에는 율리우스란 씨족명이 등장하지 않는 것이다.

- 5대 황제: 네로(Nero)

로마 제국의 다섯 번 째 황제. 정식 이름은 'Nero Claudius Caesar Augustus Germanicus'이다. 율리우스-클라우디우스 왕조는 칼리굴라까지 율리우스 왕조이고 클라우디우스와 네로는 이름에서 보듯이 클라우디우스 왕조이다. 그의 아버지는 가이우스 도미티우스 아헤노바르부스 Gaius Domitius Ahenobarbus이고 어머니는 大아그리피나(율리아의 딸)의 딸인 小아그리피나이다. 소아그리피나는 남편인 아헤노바르부스가 사망하자 백부(伯父)인 클라우디우스 황제와 결혼한다. 이후 클라우디우스 황제를 독살한 뒤에 친아들인 네로가 황제에 오른다. 제정 초기의 왕조를 율리우스-클라우디우스라고 부르는 까닭에는 클라우디우스 집안 출신인 네로가 율리우스, 씨족과 친족 관계에 있기 때문이다.

<사진 24> 네로

플라비우스 왕조

• 9대 황제: 베스파시아누스(Vespasianus)

군인 출신의 황제. 정식명칭은 'Imperator Caesar Vespasianus Augustus'이다. 세습 왕조였던 율리우스-클라우디우스 왕조는 네로를 마지막으로 그 명맥이 끊어진다. 그 후 군인 황제들이 차례로 등극하지만 단명에 그치고 만다. 이 위기의 시대를 극복한 사람이 베스파시아누스 황제였다. 본명은 티투스 플라비우스 베스파시아누스 Titus

Flavius Vespasianus. 로마 제국 황제의 공식 이름에는 어김없이 '카이사르'와 '아우구스투스'가 들어 있음을 알 수 있다.

• 10대 황제: 티투스(Titus)

본명은 아버지 베시파시아누스와 같은 'Titus Flavius Vespasianus'이다.

<사진 25> 티투스

• 11대 황제: 도미티아누스(Domitianus)

본명은 'Titus Flavius Domitianus'이며 티누스의 동생이다. 형인 티누스가 아버지의 이름을 그대로 사용하는데 반하여 동생은 '도미티아누스'라는 새로운 코그노멘을 사용하고 있음을 알 수 있다. 플라비우스 왕조의 마지막 황제.

3. 이름에 나타난 로마인들의 친족 제도

로마인들의 세 가지 이름 중에서 공화정 말기까지는 씨족의 이름인 노멘이 주로 사용되었다. 이는 로마 사회가 씨족 중심의 사회였음을 반증하는 증거이기도 하다. 그러나 공화정 말기부터 코그노멘의 사용이 일반화되었는데 이러한 변화는 씨족 중심의 공동체 사회가 더 이상 인구수가 크게 증가한 로마 사회에서 그 기능을 발휘할 수 없게 되었음을 보여주고 있다. 이제 씨족의 이름보다는 각 가문의 이름이 더 중요한 이름으로 사용되기 시작한 것이다.

로마의 가족 제도는 한 명의 가장이 그 집안을 대표한다. 그런 까닭에 자식 중에서 오직 한 명만이 가장(家長)이 될 수 있다. 이러한 전통은 그들의 이름에 고스란히 배어 있다. 로마의 원로원에서는 서기 6년에 장남이 아버지의 이름을 그대로 사용한다는 법령을 공포하였다. 무엇이든 법제화시키기 좋아하는 로마인들의 의식구조를 잘 엿볼 수 있는 대목이다. 이런 까닭에 장남인 카이사르의 이름은 아버지와 동일하다(Gaius Julius Caesar).

로마인들의 공동체적인 사고방식은 개인 이름인 프라이노멘의 수가 많지 않았다는 사실에서 찾을 수 있다. 대부분의 남자는 마르쿠스, 푸브리우스, 루키우스 같은 흔한 프라이노멘을 가지고 있었다. 게다가 씨족명인 노멘은 가문과 개인을 구별시켜 주기 어렵다. 결국 가문명 혹은 별칭에 해당되는 코그노멘이 널리 통용된 데는 그만한 이유가 있었다. 코그노멘의 사용이 일반화될 수 있었던 또 다른 이유로는 프라이노멘과 노멘은 그 수가 한정적이었고, 게다가 개인이 쉽게 새로 만들 수 없었기 때문이다. 그러나 별명의 의미도 가지고 있던 코그노멘은 개인의 신체적 특징, 화려한 경력, 출신 지역 등에 따라 자유롭게 만들어질 수 있는 이름이었다. 로마인들의 대표적인 코그노멘을 몇 가지 소개해 보자.

- Caesar : 율리우스 씨족 중에서 카이사르 집안의 코그노멘이다. 본래의 의미는 카르타고어로 '코끼리'를 의미한다고 한다. 한니발과 한창 전쟁을 벌이고 있던 시절 율리우스 씨족의 한 인물이 카르타고 군대를 크게 무찔러 받은 코그노멘이라고 한다. 다른 어원의 풀이로는 '털이 많은 사람'을 의미한다고 한다.
- Augustus : 옥타비아누스의 코그노멘. '존엄한 자'라는 의미. 나중에는 황제를 의미하는 뜻으로 바뀌었다.
- Africanus : 카르타고의 한니발 군대를 제압한 스키피오의 코그노멘. '아프리카를 제압한 자'란 의미.
- Germanicus : 아우구스투스의 양자였던 티베리우스의 형 드루수스의 아들. 아우구스투스의 실질적인 후계자였지만 시리아에서 의문의 죽음을 맞는다. '게르마니아를 제압한 자'란 의미.
- Caligula : 게르마니쿠스의 아들. 본명은 Gaius Caesar Germanicus. 칼리굴라는 '작은 군화'란 뜻의 코그노멘.
- Dacius : 트라야누스 Trajanus 황제가 다키아 지방(지금의 루마니아)를 제압한 뒤 받은 코그노멘.
- Cicero : '이집트 콩'을 의미하는 라틴어의 Cicer에서 유래한 코그노멘.
- Fabius : '콩'을 의미하는 라틴어 faba에서 유래.
- Flavius : 율리우스-클라우디스 왕조 다음의 왕조. '머리색이 금빛처럼 노란'이란 의미를 가지고 있다.
- Octavius : '여덟번째 자식'이라는 의미. 옥타비아누스는 '옥타비우스의 아들'이란 뜻이다.
- Vespasianus : '서쪽'과 '저녁'을 의미하는 코그노멘.

　여성의 경우 로마인들은 하나의 이름밖에 없는 경우가 일반적이었다. 그 이름도 아버지의 코그노멘이나 노멘에서 여성형을 만들어 사용하였다. 예를 들어 초대 황제 아우구스투스의 본명은 옥타비아누스였는데 그의 누이동생의 이름은 옥타비아 Octavia, 즉 아버지인 ‘옥타비우스의 딸’이란 뜻이다. 율리우스 씨족의 경우 ‘율리아’ Julia라는 여성 이름이 카이사르代부터 칼리굴라 황제대에 이르기까지 무려 여섯 명이 등장한다. 먼저 카이사르의 누나와 여동생이 율리아이고, 양자 옥타비아누스의 딸도 율리아다. 이런 방식의 호칭법은 여성이 독립된 인격체가 아닌 아버지에게 종속된 존재로 인식되었음을 보여 주고 있다. 그 예로 로마의 여성들은 결혼을 한 뒤에도 남편을 성을 따르지 않고 출가 이전의 이름을 그대로 사용했다.

　아버지의 이름에서 비롯되는 이름은 딸의 이름뿐만 아니라 아들의 코그노멘도 만들어진다. 옥타비아누스가 좋은 예이다. 이런 방식으로 성(姓)을 대물림하는 것은 훗날 서양의 다른 나라에서도 흔하게 발견된다.

　로마인들은 질서를 존중하고 법체제의 확립에 남다른 관심을 보였던 민족이다. 이러한 전통은 그들의 이름에서도 발견할 수 있다. 법으로 장자가 아버지의 정식 이름을 사용할 수 있었던 사실이 이러한 전통을 잘 보여주고 있다. 로마인들의 이름은 훗날 서양인들이 이름을 짓는 데 그 토대를 제공했다고 말할 수 있다.

4. 라틴어에 나타난 로마인들

• 노멘클라투라 Nomenclatura[66]

로마의 유력자들은 외출할 때 '노멘클라토르' Nomenclator라고 불리는 노예를 동반하는 것이 관례였다. 사람들이 많이 모이는 포로 로마노에서 안면이 있는 사람을 만날 경우 그 사람의 이름을 일일이 기억하는 것은 쉬운 일이 아니다. 이때 '이름을 알려주는 자'라는 의미를 가지고 있는 노멘클라토르가 귀엣말로 그 사람이 누군지 속삭여 준다. 특히 선거에 입후보한 사람에게 노멘클라토르의 역할은 중요했을 것이다.

노멘클라토르는 로마의 지도층에 속하는 사람에게 필수적인 존재였다. 그리고 그에게는 또 다른 임무가 있었는데 연회에서 손님의 자리를 정해주는 것도 그의 몫이었다. 그런 까닭에 유력 인사와 친해지고 싶은 사람들은 그에게 팁을 주고 좋은 자리를 부탁했다고 한다. 과거 공산국가에서 특권층을 '노멘클라투라'라고 불렀는데 로마 시대의 노멘클라토르에서 그 의미가 유래되었음을 알 수 있다.

• 플로레타리우스 Proletarius

로마의 사회는 세 계층으로 구성되어 있었다. 귀족, 평민 그리고 노예 계급. 평민 중에서도 '재산이라고는 자식밖에 없는 자'라는 의미를 가진 플로레타리우스라는 계층이 있었다. 훗날 공산주의에서 '무산자(無産者)'로 새롭게 태어나는 그 말이다. '자녀' 혹은 '자손'을 의미하는 라틴어 *Proles*에서 유래한 이 말은 재산으로는 자신의 노동력만 가진 빈곤층을 의미하였다.

---

66) 같은 책, p.99.

• 여가 otium와 일 negoitum

　로마인들은 여가와 일의 구분을 생활 방식에서 확립한 민족이었다. '일'을 의미하는 negotium이란 단어는 '여가'를 뜻하는 otium에 부정의 의미를 가지고 있는 nec를 붙여 만들었다. 다시 말해 일은 '쉬고 있지 않는 상태'를 가리킨다. 일반 시민들은 해가 뜨면 일을 시작하고 해가 지면 잠자리에 들지만 대개 오전에는 일을 하고 오후에는 여가를 즐기는 식으로 일과 여가를 구분했다.[67] 라틴어 표현 중에 이런 말이 있다: *in otio de negotiis cogitare.* 이 말을 해석하면 '여가 중에 일에 대해 생각하다'란 뜻이다. 로만인들이 여가와 일을 어떻게 생각했는지 그들의 사고방식을 잘 보여주는 표현이다. '여가'란 단어가 먼저 만들어지고 '일'은 '여가'에서 파생된 단어이므로 로마인들, 특히 귀족들은 노동과 관련이 없었다는 사실을 반증하고 있지는 않을까?

• 신권정치

　현대 영어와 이탈리아어에는 신권정치를 뜻하는 Theocracy와 Teocrazia가 존재한다. 그러나 로마인들의 언어인 라틴어에는 이 단어가 존재하지 않는다. 언어가 존재하지 않는다는 사실은 그 대상이나 개념에 대해서 생각조차 하지 않았다는 것을 의미한다. 이것은 고대 로마인은 인간의 분야인 정치에 신이 개입하는 정치제체를 생각한 적도 없었다는 증거다.[68] 로마가 제정으로 바뀐 후 가장 골치 아픈 민족을 들자면 유대 민족이다. 특히 그들의 신권정치는 로마로서는 받아들일 수 없는 체제였다. 결국 로마는 유대 왕국의 자치권을 몰 수 하고 유대인들을 영원히 예루살렘에서 추방한다(하드리아누스 제위시). 이 조치를 로마인들은 디아스포라 Diaspora라고 불렀다.

---

67)　같은 책(제9권), p.342.
68)　같은 책(제8권), p.200.

5. 유대인들의 이름

알버트 아인슈타인 Albert Einstein, 뤼시엥 골드만 Lucien Goldmann,[69] 스티븐 스필버그 Steven Spilberg 같이 우리에게 잘 알려진 사람들의 공통점은 무엇일까? 제목에서 짐작할 수 있듯이 이들은 모두 유대인 혹은 유대계의 혈통을 받은 사람들이다. 지금까지 우리는 이름을 통하여 그 사람의 혈통과 출신 지역 또는 조상들의 직업이나 신체적 특징들을 살펴보았다. 유대 민족은 거의 2천년 동안 조국을 떠나 살았다. 그럼에도 불구하고 그들은 지금까지 자신들의 정체성을 간직하고 있으며, 이러한 특징은 그들의 이름에서 분명히 발견된다. 게다가 그들은 유럽의 거의 모든 나라에 정착해서 살았기 때문에 유대인들의 문화에는 다양한 현지 문화가 배어 있다.

서양인들 중에서—유대인들을 서양인으로 분류하는 것이 이상할지 모르지만—가장 독특한 유형을 이름을 가진 민족은 유대 민족이다. 그 이유는 유럽인들이 수천년 동안 민족 간의 혼혈이 아주 흔했던 것에 반해, 유대인들은 자신들만의 정체성을 유지하며 고립된 채 살아왔기 때문이다. 이름의 경우가 그것을 잘 보여주고 있다. 먼저 유대인들의 발자취를 잠깐 보기로 하자.

유대인의 해방

서기 2세기 초반 유대인들은 예루살렘에서 완전히 쫓겨났다. 그 뒤 1945년 이스라엘이 독립을 하기까지 유대인들이 세계 각지에서 유랑

---

69) 프랑스의 저명한 문학사회학자.

생활을 한 사실은 익히 알려져 있다. 유대 민족은 중세 서양 사회에서 '게토' Ghetto라고 불리는 곳에서 격리된 채 생활을 하고 있었으며 시민권도 없었다. 그러다가 19세기에 본격적으로 게토에서 해방된 유대인들은 자신들이 살고 있는 나라에서 사회의 구성원으로 인정을 받게 된다. 유대인 해방의 계기는 프랑스 혁명에서 비롯되었다. 그 후 베네치아(1797년), 프랑크푸르트(1811년), 영국(1860년), 러시아(1917년)의 순으로 유대인들은 시민권을 인정받았다. 그런데 유대인들은 다른 유럽인들처럼 성명(姓名)을 사용하지 않고 있었다. 그들은 이름(first name)과 부명(patronymic)을 사용하고 있었던 것이다. 예를 들어 Joseph Lipmman이라는 유대인의 이름에서 Lipmman은 아버지의 이름이지 조셉의 성(姓)이 아니다.

유럽에서 성(姓) Family name은 11~16세기에 보편화된다. 그러나 유대인들은 예외였다. 유대인들이 게토에서 해방된 19세기 이전까지 그들은 성(姓)을 가지고 있지 않았다. 유대인들이 어떻게 성명(姓名)을 사용하게 되었는지 살펴보자.

유대인들의 성(姓)과 이름

19세기 초 독일을 비롯한 게르만 문화권에서 현지 정부는 유대인들에게 성(姓)을 의무적으로 사용할 것을 명령한다. 그 결과 유대인들은 자신들의 성을 새로 만들어 사용하게 된다. 혹자는 유대인들이 자신들의 성을 만들어 호적에 등록했다고 주장하기도 하며, 혹자는 관청에서 팔았다고 주장한다. 그 진위 여부는 별로 중요하지 않으므로 먼저 유대인들이 사용한 성명의 유형을 보기로 하자.

• 동물의 이름에서 유래한 성

유대인들의 이름 중에는 동물의 이름에서 유래한 것들이 상당수 있

다. 이러한 이름은 성의 사용이 의무화되자 자신들의 성(姓)으로 굳어
진다. 다시 말해 히브리어에 존속하던 유대인들의 이름이 다른 언어로
바뀐 경우이다 독일에서 만들어진 유대인 성의 종류를 보자.[70]

히브리어	독일어 성(姓)	영어 의미
Judah	Loew, Loeb	lion(사자)
Issachar	Baer, Beer, Berl	bear(곰)
Naphtali	Kirsch, Herz	deer(사슴)
Asher	Lamm	lamb(새끼 양)
Ephraim	Fisch	fish(물고기)
Joseph	Stier, Ochs	bull, ox(황소)
Benjamin	Wolf, Wulf	wolf(늑대)
Joshua	Falk, Falik	falcon(매)
Jona	Taube, Teuber	dove(비둘기)

<표 17> 독일어의 유대인 성

동물의 이름이 성으로 바뀐 배경에는 두 번째 설이 있다. 프랑크푸
르트나 프라하 같은 고도(古都)에서 유대인들이 사는 집에는 동물의
그림이 그려져 있었다고 한다. 성(姓)이 없었던 유대인들의 집을 구분
하기 위함이었다. 지금으로 치면 주소 대신 동물의 그림이 그려져 있
었던 셈이다. 각 집에 그려져 있던 동물의 이름도 성명의 사용이 의무
화되자 그 집안의 성(姓)으로 사용되었다는 설명이다.

• 아버지의 이름에서 유래한 성

본래 히브리어로 'Ben ○○○'란 이름은 누구의 아들을 의미한다.
부명을 그대로 사용했던 유대인들의 전통을 엿볼 수 있다. 유명한 영

---

70) Joachim Mugdan, Institute of General Linguistics, University of Münster, http://
www.jewishgen.org/mentprog/namfaq0.htm, 〈The Home of Jewish Genealogy〉.

화 'Ben hur'라는 유대인 이름도 부명(父名)을 가리킨다. 이러한 전통은 같은 셈어족에 속하는 아랍인들의 이름에서도 발견된다. 빈 라덴 'Bin Laden'도 같은 의미이다.

유대인들은 외국으로 추방된 뒤에도 부명을 그대로 성처럼 사용했다. 그런데 그들은 유럽의 각지에 정착하여 살았기 때문에 이름도 그 지방의 언어를 반영하고 있다.

슬라브어권에서는 '아들'을 의미하는 '-owiz', '-ovitch', 'off', 'kin' 등의 접미사가 이름에 붙고, 게르만어권에서는 '-sohn' 또는 '-son'이 붙는다.

> ° Abrabowitz = son of Abram
>
> ° Mendelsohn = son of Mendel

• 거주 도시나 지역을 의미하는 성

슬라브어권에서는 '-ski', 게르만어권에서는 'er'가 이름 뒤에 붙는다.

> ° Warshawski = one of Warsaw (바르샤바 출신의 유대인)
>
> ° Berliner = one from Berlin

• 직업명에서 유래한 성

유대인들의 직업 중에는 보석 장사를 하는 사람이 특히 많았다고 한다. Diamant(불어), Diamond(영어) 같은 성이 여기에 속한다. 독일어권에서 흔한 Goldmann이라는 성을 가진 유대인들의 선조는 귀금속상이었을 것이다.

• 우아한 성

인간은 누구든지 우아한 이름을 가지고 싶어 한다. 금융업이나 귀금속업을 통해 많은 부를 축적한 유대인들은 특히 그랬을 것이다. 그들은 다음과 같은 성을 만들었다.

° Rosenberg = mountain of reses (장미의 산)

° Finkelstein = glittering stone (반짝이는 돌)

° Goldberg = mountain of gold (황금의 산)

그러나 우아한 이름을 살 여유가 없었던 사람들은 'Galgenstrick' 같은 이름을 시청으로부터 받았는데 그 의미는 'gallow rope', 즉 '교수형 대의 밧줄'이라는 이름이었다.

성과 이름의 현지화

유대인들 이름의 특징 중의 하나는 이름이나 성을 새로 만들 때 히 브리어를 그대로 사용하기 보다는 자신들이 살고 있는 지역의 언어에 따라 성을 만들었다는 것이다. 마치 국제적인 비즈니스를 하는 한국인 이 영어 이름을 가지는 것과 같다. 예를 들어 대기업에 근무하는 박철 수씨는 '챨스 박' Charles Park이라는 영어 이름을 외국 바이어와 상담 할 때 사용하는데 'Charles'라는 이름은 '철수'와 비슷해서 고른 이름이 라고 한다. 유대인들의 경우도 마찬가지였다. 그 예를 보자.

- 히브리어 이름의 발음을 현지어로 바꾼 예
• Aharon→Aaron, Harry, Arthur(영어권)
• Binjamin→Benjamin
• Chana→Anna
• Ya'akob→Koppel, Koppelmann, Kauffmann(독일어권)
• Mordechai→Mark, Markuse, Marx

- 히브리어의 뜻을 옮긴 예
• Blume(히브리어로 '꽃')→Blumchen, Blumel(독일어권)

• Me'ir(히브리어로 '불빛')→Lichtmann(독일어로 Licht는 '불빛')

유대인 이름의 특징

유대인 이름의 가장 큰 특징은 조부모나 친척의 이름을 새로 태어난 아기에게 붙여준다는 데 있다. 앞에서 인용한 "유대인 계보학"의 필자 Joachim Mugdan의 경우를 보자. 그의 5대조 할아버지의 이름은 Kauffmann Heimmnn(히브리어 이름: Jekutiel ben Chaim)인데, Kauffmann은 자신의 이름(first name)이고 Heimann은 아버지의 이름이다. 그는 또 'Kauffmann Praeger'라고도 불렸는데 그 의미는 '프라하 출신의 코프만'이란 뜻이다. 이 이름에서는 성(姓)대신 부명(父名)이 사용되고 있음을 알 수 있다. 그의 아들(4대조)은 'Solomon Kauffmann'인데 이 이름 역시 아버지의 이름인 Kauffmann이 성처럼 사용되고 있다. 그런데 1812년—유대인들이 정식으로 성을 가지게 된 시기—에 Solomon Kauffmann은 Kauffmann을 성으로 정한다. 그 결과 그의 아들(3대조)의 이름은 더 이상 'Meyer Solomon'이 아니라 'Meyer Kauffman'이 되었다. 이 집안의 가계를 그려보면 다음과 같다.

Kauffmann Heimann
↓
Solomon Kauffmamm
↓
Meyer Kauffmann('Meyer Solomon'이 아님)

성(姓)의 사용이 의무화된 뒤에도 유대인들은 지금도 조부모나 친척들의 이름을 자식들에게 지어 준다. 그러나 유대인들은 불과 150년 전부터 성을 사용했고, 그런 까닭에 성의 종류도 많지 않을 것이다. 게다가 인기가 많은 이름(이삭, 조셉, 다윗 등)을 사용한다면 수많은 동명이인이 만들어질 것이다. 그러나 이것은 유대인들이 2천년 동안 조국을 떠나 살면서도 문화적 동질성과 정체성을 지키는 데 토대가 되었다. 부모들은 자식이 성장하면 이름의 유래를 설명해 준다. 돌아가신 할아버지의 이름, 일찍 세상을 떠난 외삼촌의 이름, 성서에 나오는 이름 등등. 이러한 작명법이 유대인들의 동질성을 이어 주는 연결 고리의 역할을 하고 있는 것이다.

제 8장 : 문자, 언어의 기록

1. 문자의 역사

인간의 가장 큰 특징 중의 하나는 상징체계를 사용한다는 것이다. 상징체계 중에서도 언어는 대표적인 상징체계이다. 그러나 언어가 음성에 의해 실현된다는 사실은 잘 발달된 성대 구조를 가진 인간에게는 분명한 장점이지만, 정보의 축적이라는 면에서는 단점이 아닐 수 없다.

문자가 발명되기 이전 인간은 원시적인 정보 축적의 수단을 만들어 냈다. 예를 들어 나뭇가지, 돌무덤, 깃발 등도 정보를 담고 있는 기호체계의 한 방법이다. 잉카 시대 이전의 원주민이었던 모체족들은 메시지를 전달하기 위하여 콩을 사용했다는 기록이 있고, 북아메리카 인디언들은 조가비나 구슬띠에 문양을 넣어 메시지를 전달하였다. 그중에서 어두운 색은 엄숙과 장엄, 위험, 적의(敵意), 죽음 등을 상징하고 흰색은 행복 그리고 붉은색은 싸움을 의미한다. 또 다른 집단에서는 매듭을 사용하여 셈에 응용하기도 하였다.

문자의 기원이 되는 상징 기호들은 주변에서 쉽게 찾을 수 있다. 특히 서양에서는 중세 이래 문장(紋章)을 즐겨 사용했는데, 이러한 문장도 상대방에게 분명한 메시지를 전달하는 수단이었다.

음성적인 특징을 가진 본격적인 문자는 '비옥한 초승달 지대'로 불리는 곳에서 지금으로부터 약 7천 년 전에 만들어졌다. 이곳은 팔레스타인에서 시리아를 거쳐 메소포타미아 지방을 포함하는지방이었다. 그 후 극동에서는 기원전 2천 년 경, 중앙아메리카에서는 기원전 천년경에 음성 문자가 출현하였다. 초기의 문자는 대부분 재산과 관련된 문서의 작성에 사용되었다.

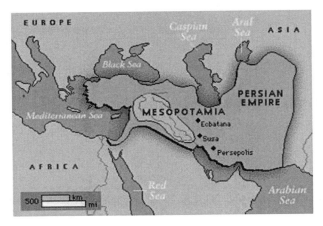

<그림 9> 메소포타미아

문자의 장점

만약 인간이 언어를 사용하면서 문자를 발명하지 못했다면 수많은 정보를 다음 세대에 물려줄 수 없었을 뿐만 아니라, 언어 자체를 체계적으로 정리할 수도 없었을 것이다. 그러나 역으로 그런 필요성에 의해 문자의 발명은 필연적이었다고 말할 수 있다.

문자의 장점을 들어 보면 다음과 같다.

① 문자는 시간과 공간의 제약을 받지 않고 정보를 저장할 수 있다.

② 언어 집단의 구성원들은 학습을 통하여 문자를 이해할 수 있다.

③ 인간의 기억이 보존할 수 있는 정보의 양에는 한계가 있지만 문자에는 한계가 없다.

문자의 종류

먼저 문자의 종류는 표의문자 ideographic form과 음성문자 sound form로 구분할 수 있다. 표의문자는 한자와 이집트의 상형 문자가 대표적인데, 상형문자에 대해서는 좀 더 자세히 살펴 볼 필요가 있다. 음성문자는 로마자와 한글이 그 대표적인 문자이다. 문자의 장단점은 상대적이다. 표의문자의 장점으로는 읽고 쓰는 사람 사이에 언어의 중개가 필요 없다는 것인데, 한자를 사용하는 필담(筆談)을 생각하면 쉽게 알 수 있다. 그러나 표의문자의 단점으로는 기억해야 할 문자가 너무 많다는 것이다. 이런 문제를 해결하기 위해 한자 같은 경우는 복잡한 획수를 과감히 줄여 간자체를 사용하고 있다.

한글 같은 음성문자의 장점은 수십 개의 자음과 모음만 기억하면 소리나는대로 표기를 할 수 있다는 것이다. 그러나 특정 언어에 의존해야 하는 점은 단점으로 꼽힌다. 그러므로 음성문자는 특정한 언어를 표기하기 위해 만들어졌으며, 한글의 경우도 예외는 아니다. 알파벳의 기원이 되는 페니키아 문자는 모음보다 자음이 많은 언어였는데, 그리스인들은 페니키아 알파벳을 빌어오면서 모음이 많은 자신들의 언어에 맞게 새로운 문자를 만들기도 하였다. 다시 말해 음성문자는 특정 언어에 의존하기 마련이다. 음성문자의 장점은 무엇보다도 수십개의 기호로 구성된다는 것이다. 서양의 알파벳이나 한글의 자모음도 그 수가 일정하기 때문에 언어 사용자들은 손쉽게 문자를 통하여 해당 언어를 학습할 수 있는 것이다.

2. 문자와 사회

인류 역사상 커다란 영향을 미친 문명의 이면에는 문자가 있었다. 대부분의 문자는 지금도 해독되지만, 에트루리아인들의 문자처럼 지금도 해독이 안되는 문자도 있다. 문자와 사회의 발달은 필연적이고 동시에 함수 관계에 있다.

표의문자 혹은 사고(思考)문자는 본격적인 국가의 형태가 출현하기 이전에 적합한 문자 체계였으며, 이런 문자의 사용자들은 서사적·주술적 단계의 집단이었을 것이다. 그러나 본격적인 국가의 체계가 확립되고 중앙집권적 조직이 발달하면서 표의문자는 상당히 불편한 문자로서 인식되었고, 특히 경제 활동에 걸림돌이 되었다. 그 결과 보다 경제적이고 학습하기 쉬운 음성문자가 출현하였고, 이는 필연적인 사실로 받아들여야 할 것이다.

그렇다면 혹자는 이집트는 4대 문명의 발상지이고 일찍이 중앙집권적 조직을 정비한 국가 체제를 완비하고 있었는데 그들의 문자인 상형문자는 대표적인 표의문자가 아니냐고 반문할지 모른다. 사실 19세기에 이집트의 상형문자가 해독되기 전까지 상형문자는 단순한 표의문자로 알려졌었다. 그러나 프랑스의 이집트 학자 쟝프랑수와 샹폴리옹에 의해 상형문자는 표의문자인 동시에 표음문자라는 사실이 밝혀진다.

언어와 문자

언어에는 구어체와 문어체의 두 종류가 공존한다. 라틴어의 경우 웅변가들과 문인들이 사용했던 고전라틴어와 군인, 관리, 상인 등이 사용한 구어체의 민중라틴어가 제국 내에서 함께 사용되고 있었다. 그러므로 대부분의 언어는 구어체와 문어체가 항상 일치하는 것은 아니다.

우리말을 삼국 시대에는 이두와 향찰을 이용하여 표기했듯이 언어는 여러 문자에 의해 표기될 수 있다. 이집트의 경우 상형문자, 신관문자, 민중문자 등의 세 가지 형태로 표기되었고, 기원전 2세기부터는 그리스 알파벳으로, 그리고 4세기부터는 콥트 알파벳으로 전사되었다. 고대 문명의 기록 문자로는 바빌로니아의 설형문자와 이집트의 상형문자를 꼽을 수 있다.

설형문자

설형문자는 수메르인들에 의해서 창안된 문자인데 그들은 비셈어계통의 어족이었다. 그 후 설형문자는 셈어족인 바빌로니아인들에 의해 차용되었다. 기원전 3천년 경 바빌로니아 지방의 주인이었던 수메르인들은 독특한 문자 체계를 발명했다. 그들은 진흙판에 예리한 칼로 쐐기 모양의 기호들을 새겨 넣었는데 설형문자 cueniform란 말도 문자의 모양이 쐐기와 닮았기 때문에 붙여진 이름이다. 진흙판에 창칼로 새겨 넣은 설형문자의 모양은 구조적으로 곡선을 표기하기에는 어려움이 많았다. 그리하여 설형문자의 형태는 대부분 직선의 모양을 하고 있다.

설형문자는 초기의 그림문자를 추상화시켜 만든 문자이다. 그러므로 문자의 형태를 보고 그 의미를 유추한다는 것은 매우 어려운 일이다. 몇 가지 예를 통하여 설형문자가 어떤 식으로 추상화되었는지 살펴보자(<그림 6> 참조).

설형문자의 기호는 문맥에 따라 많은 의미를 지닐 수 있었다. 예를 들어 '발'은 '걷다', '일어서다'에서 '움직이다'라는 뜻으로 사용되었으며, 그 결과 기호의 수는 줄어들게 되어 약 600여 개의 기호가 사용되었다.

본래 문자는 특정 계층에서만 사용되는 특징을 가지고 있다. 이러한 특징은 고대 사회로 올라갈수록 그 정도가 심하다. 서양의 중세 사회에서 대부분의 민중이 문맹이었던 사실은 이를 잘 보여주고 있다. 설형문자의 경우도 그 문자를 옮겨 적던 필경(筆耕)들은 특권 계급을 형성하고 있었으며, 심지어 문자를 모르는 궁신보다 더 막강한 권력을 소유하고 있었다고 전해진다.

진정한 문자 체계의 초석 : 레부스

설형문자의 기호 체계는 단순한 대상을 표기하는 단계에서 새로운 표기 방법을 고안하게 되었다. 이제는 대상을 의미하는 기호를 직접 표기하는 것이 아니라 대상의 소리를 그대로 전사(傳寫)하는 전혀 새로운 기호 체계로 발전한 것이다. 예를 들어 양탄자를 표기하기 위해 예전에는 양탄자를 의미하는 추상화된 기호를 사용했으나, 이제는 양탄자(Carpet)의 소리를 <Car+Pet>와 같이 분절하여 그 소리를 옮겨 적는 독특한 방법으로 발전한 것이다. 그러므로 '수레'(Car)와 '애완동물'(Pet)을 나타내는 설형문자를 나란히 적으면 '카페트'란 소리를 그대로 옮겨 적은 셈이 된다. 이러한 표음 방식을 레부스 rebus라고 한다. 레부스 체계는 이집트의 상형문자에도 많은 영향을 주었다. 레부스 체계는 표의문자 체계에서 표음문자로 넘어가는 과도기의 기호 체계라고 할 수 있으며, 사회의 발전에 따라 표음문자의 등장이 필연적인 사실임을 뒷받침해주는 예라고 말 할 수 있다.

3. 이집트의 상형문자

설형문자가 기하학적이고 추상적인 문자라면 상형문자는 아름다운 그림처럼 매우 생동감이 있는 매혹적인 문자이다. 상형문자 hieoglyph는 그리스어로 '신성'을 의미하는 'hiero'와 '새기다'란 뜻의 'gluphien'의 합성어인데, 말 그대로 신성한 문자를 가리킨다. 이집트인들은 자신들의 문자를 신성한 문자로 여겼으며, 파라오의 이름은 생명의 고리인 카르투슈에 넣어 표기하였다. 상형문자의 기호는 700여 개에서 나중에는 7천여 개까지 증가하였다.

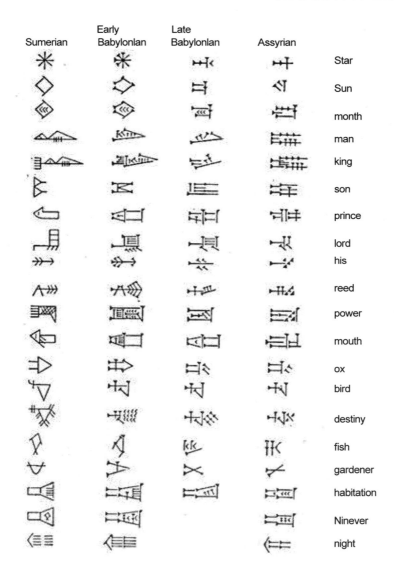

<그림 10> 설형 문자의 변천[71]

---

71) 『문자학』, 조두상, 부산대학교 출판부, 1998년, p.27.

• 상형문자의 특징

상형문자는 우리가 아는 상식과는 달리 그림문자 혹은 표의문자에 그치지 않고 구어(口語)를 완벽하게 표기할 수가 있었다. 우리는 흔히 상형문자는 그림문자이고 단지 표의문자라는 선입견을 가지고 있다. 이러한 선입견은 중세 이후 근대 초반까지 서양의 학자들이 가지고 있던 생각이었다.

두번째로 들 수 있는 상형문자의 특징은 상형문자가 구체적인 대상 뿐만 아니라 추상적인 개념을 나타낼 수 있었다는 것이다. 다시 말해 농업, 의약, 법전, 교육, 종교 예배, 전승(傳承) 및 기타 문학 일반에 관련된 자료를 모두 기록할 수 있었다.

상형문자의 해독

<사진 26> 로제타 스톤   <사진 27> 쟝프랑수와 상폴리옹의 초상

지금으로부터 약 200년 전, 나폴레옹의 군대는 이집트 원정길에 올랐다. 1799년 8월 경 로제타라는 작은 마을에서 나폴레옹의 군대는 검은 현무암의 비석을 발견했다. 이 비석에는 상형문자와 그리스문자 그리고 민중문자인 데모틱문자가 함께 새겨져 있었다. 천년 이상 해독하지 못했던 상형문자의 수수께끼를 풀 수 있는 단서가 발견된 것이다.

그러나 영국군에게 패한 프랑스군은 이 비석—훗날의 로제타 스톤—을 영원히 빼앗기고 말았다. 지금도 이 로제타스톤은 대영박물관에 보관되어 있다. 그러나 역사의 실마리는 우연히 풀리기 마련이다. 비록 영국에 로제타스톤을 넘겨주었지만 탁본을 해 둔 덕분에 상형문자의 실체는 프랑스의 한 학자에 의해 세상에 알려졌다.

이집트학에 매료되어 있던 쟝프랑수와 샹폴리옹 Jean-François Champollion이 상형문자를 해독한 해는 정확히 1824년이다. 즉, 로제타스톤이 발견된 지 꼭 25년 후였다. 거의 한 세대가 흘러서야 상형문자의 실체가 밝혀진 것이다. 상형문자의 해독에 결정적인 열쇠를 제공한 것은 상형문자와 함께 음각된 그리스문자였다. 그리스문자는 바로 상형문자로 기록된 내용을 번역하여 새긴 것이었다. 로제타스톤의 내용은 기원 전 196년 사제들이 프톨레마이오스 5세에게 경의를 표하기 위해 작성한 포고문으로 밝혀졌다.

샹폴리옹이 상형문자를 해독하기 전까지 상형문자는 단순한 그림문자 혹은 표의문자로만 인식되어 왔다. 즉, 상형문자는 소리가 없고 형상과 상징만 있는 문자라는 학설이 지배적이었다. 그러나 상형문자도 설형문자의 레부스 체계와 같은 표음 방식을 채택하고 있었다. 다시 말해 상형문자는 표의문자인 동시에 표음문자였던 것이다.

상형문자는 말 그대로 신들의 문자였다. 일반적으로 신의 이름이나 파라오의 이름이 나오면 타원형의 고리인 카르투슈에 넣어 표기를 하였다.

상형문자는 오른쪽에서 왼쪽으로 읽었다. 현재 사용되고 있는 알파벳의 필서 방향은 왼쪽에서 오른쪽이지만 고대 문자들의 필서 방향은 대개 그 반대였다. 이러한 전통은 현재의 아랍어에 그대로 남아 있다.

상형문자에는 필기체인 신관문자 hieratic와 민중문자 demotic라고 불리는 연자체의 문자도 있었는데, 신관문자와 민중문자는 상형문자의 변형체일 뿐이며 다른 문자는 아니다. 그리고 상형문자의 필기체는 훗날 페니키아문자, 아랍문자 나아가서는 그리스문자의 모태가 된다.
상형문자의 예를 몇 가지 보기로 하자.

<그림 11>[72]   <그림 12>

  <그림 11>에서 오리는 구체적인 대상을 그림으로 옮긴 표의문자이
다. 그러나 <그림 12>에서 오리와 태양이 함께 그려진 경우, 이는 '태
양의 오리'가 아니라 '파라오의 아들'을 의미한다. 이 경우 오리는 '아
들'이라는 상징성을 가지므로 이때의 상형문자는 상징문자이다. 한편
상형문자에서 오리는 S와 A가 겹친 SA라는 소리를 갖는다. 이 경우
상형문자는 표음문자에 해당된다.

  상형문자는 당시 이집트인들이 어떻게 살았는지, 어떤 세계관과 종
교관을 가지고 있었는지 알 수 있는 기록의 보고이다. 문자는 새로운
문화의 유입에 따라 새롭게 만들어지므로 처음에 약 750여 개였던 상
형문자는 그 수가 점차 증가하였다. 일례로 말[馬]이라는 상형문자는
신왕국 시대(기원전 16~11세기)에 만들어졌는데, 이러한 상형문자를
통하여 말이 이집트에 들어온 시기를 알 수 있다.

  이집트 상형문자의 언어적 특징으로는 모음이 없다는 것이다. 상형
문자 중에서 독수리는 A의 음가를 가지고 있지만 '소리가 약한 자음'
이라고 할 수 있다. 이러한 특징은 페니키아 문자와 아랍문자에도 그
대로 남아 있다. 우리는 모음이 없는 언어를 상상하기 어렵지만 모음
의 수가 적거나 약한 언어를 사용하는 사람들은 자음 사이의 생략된
모음을 대충 짐작하거나 암기하고 있다. 만약 우리말을 <ㅇㄴ ㅇ ㅁ
ㄴㅎ>라고 표기했다면 중간에 생략된 모음을 넣어 <언어와 문화>라
고 읽는 식이다.

---

72) 『이집트 상형문자 이야기』, 크리스티앙 자크, 예문, 1999년, p.23.

대표적인 상형문자의 예를 몇 가지 들어보자.

• 파라오와의 만남

태양신을 숭배하던 이집트인들은 파라오를 태양의 아들로 여겼다.
파라오를 상징하는 상형문자는 여러 종류가 있다.

<그림 13>   <그림 14>

위의 상형문자 <그림 13>은 큰 집을 의미하는데, 파라오가 이집트
백성의 보호처이자 피신처임을 상징한다. <그림 14>에서 파라오는 골
풀로 표기되었는데, 갈대는 파피루스와 샌들의 재료이기 때문에 이집
트인에게 필수적인 생활 용품의 재료이다. 그런 맥락에서 파라오는 이
집트인들에게 없어서는 안될 태양과 같은 존재임을 암시한다. <그림
14>에서 꿀벌도 파라오를 의미한다. 꿀벌은 중요한 식량인 꿀을 공급
해주는 아주 중요한 곤충이므로 파라오를 꿀벌에 비유한 의도를 읽을
수 있다.

• 생명을 주는 카르투슈

<그림 15>

<그림 15>에서 올가미는 죽음을 의미하는 것이 아니라 이집트인에
게 생명을 주는 매듭이다. 이 올가미를 이집트인들은 카르투슈라고 불
렀다. 카르투슈는 파라오가 통치하는 우주의 순환을 상징한다. 그러
므로 파라오의 이름은 항상 카르투슈 안에 넣어 새겼다. 생명의 고리
인 카르투슈는 SHEN으로 읽는다.

• 이집트인에게 인생이란?

ÂNKH

<그림 16>

이집트인들의 세계관을 알아보기 위해서는 '생명의 열쇠'라고 부르는 고리가 달린 십자가를 알아야 한다. 이집트인들이 생명을 이렇게 표현한 것은 다음과 같이 해석할 수 있다. 고리는 구리로 만든 거울이다. 구리는 빛을 잡아 가두는 금속이고, 제구(祭具)에서 빼놓을 수 없는 것이다. 이집트인들은 거울이 별들의 여신이요, 우주적 사랑의 여신인 하토르와 관련이 있다고 여겼다. ANKH라고 읽는 이 상형문자는 다음과 같은 뜻으로 사용되었다.

- '신의 눈'(그 눈에서 생명을 얻기 때문)
- '밀'(생명의 양식)
- '화관', '꽃다발'(생명에 대한 찬사)
- '돌덩어리'(생명의 견고함)
- '염소'(거의 먹지 않고 살 수 있는 생명력이 강한 동물)

• 부모와 자식

IT   MOUT

<그림 17>   <그림 18>

<그림 17>에서 뿔 달린 살무사는 아버지를 상징한다. 이집트인들은 아버지를 위험한 독사 즉, 자식을 죽일 수 있는 존재라고 생각한 것이 아니라 신화적인 의미에서 양성(陽性)을 상징하는 동물로 생각했던

것이다. IT로 읽는 아버지는 보리를 의미한기도 한다. 보리는 아버지가 자식에게 먹여야 하는 중요한 양식을 의미한다. <그림 18>에서 어머니를 상징하는 독수리는 MOUT로 읽는다. 아버지가 땅에 속한다면 어머니는 하늘에 속한다. 이집트인들에게 독수리는 죽음을 양식으로 바꾸어 새끼들에게 실어 나르는 존재이다.

상형문자의 소리

상형문자는 소리를 지닌 표음문자이기도 했다. 그 음가를 표를 통해 살펴보고, 유명한 파라오의 이름들도 읽어 보자.

RÂ-MES-SOU = 람세스

RÂ
레

MES
낳은 그 사람이다
= 태양신 레가 그를 낳은 분

SOU
그를

<그림 19>

A-L-K-S-N-D-R = (위대한) 알렉산드르

<그림 20>

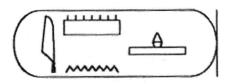

IMEN HOTEP = DKAPSGHXPVM

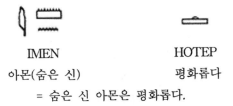

| IMEN | HOTEP |
| 아몬(숨은 신) | 평화롭다 |

= 숨은 신 아몬은 평화롭다.

<그림 21>

TOUT-ANKH-AMON = 투탕카멘

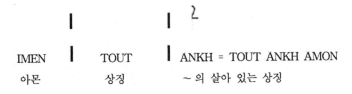

| IMEN | TOUT | ANKH = TOUT ANKH AMON |
| 아몬 | 상징 | ~ 의 살아 있는 상징 |

<그림 22>

K-L-I-O-P-D-R-A-T = 클레오파트라

<그림 23>

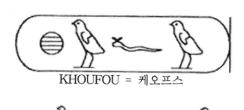

KHOUFOU = 케오프스

KHOU   F   OU

HOR-EM-HEB=호렘헵

HOR   M   HEB

호루스   ~의 상태에 있다   축제

= 호루스 신이 기뻐한다

<그림 24>

이집트의 상형문자 알파벳과 그 소릿값

상형문자	소리	이집트 학자들의 전사 자모(발음기호) - 미래의 전문가들을 위하여
	A	ꜣ
	I	ỉ
	Y	y
	Y	y
	A	ꜥ
	OU	W
	OU	W
	B	b
	P	P
	F	F
	M	m
	M	M
	N	n
	N	n
	R	r
	H	h
	H	h
	KH	ḥ
	KH	ḥ
	S	S
	S	S
	SH	S
	Q	k
	K	k
	G	g
	T	t
	TSH	ṯ
	D	d
	DJ	ḏ

<표 18> 이집트의 상형문자 알파벳과 그 소리값

〈프랑스 알파벳과 상형문자 알파벳의 비교〉		
a		m	
â		n	
b		o	
c		(ou =)[2]	
(sh, kh =)		p	
d		q	
e		r	
f		s	
g		t	
h		(TSH =)	
i		u	(ou)
j		v, w	
k		y	
l	[1]	z	

<표 19> 프랑스 알파벳과 상형문자 알파벳의 비교

4. 알파벳의 발명

설형문자, 상형문자, 한자의 공통점은 문자의 각 글자가 단어가 되기도 하고 음절이 되기도 한다는 것이다. 이런 문자의 장점은 표의문자인 동시에 표음문자도 될 수 있다는 것이지만, 엄밀히 말해 완벽한 소리를 옮겨 적기에는 불편한 점이 많았다. 지금부터 3천 년 전 페니키아인들은 알파벳을 발명하였다. 본격적인 표음문자가 발명된 것이다. 페니키아문자의 기원을 학자들은 이집트의 신관문자에서 찾는다. 그리고 이집트어처럼 페니키아어에서도 자음만 있고 모음은 없었다. 페니키아문자는 아랍문자, 히브리문자 그리고 그리스문자의 모태가 되었다. 페니키아인이 발명한 알파벳에는 모음이 없었으므로 그들은 자음의 조합 속에 숨어 있는 모음들을 암기해야만 했다. 이런 점이 모음이 많았던 그리스인에게 가장 불편한 점이었다. 그리스인들은 모음이 없는 페니키아 알파벳의 불편함을 아람—지금의 시리아—지방에서 사용되던 아람문자를 통해 해결하였다. 즉, 그들은 아람어에서 일부 자음을 빌어 모음으로 사용한 것이다. 페니키아문자에서 파생된 알파벳들의 계보는 다음과 같다.

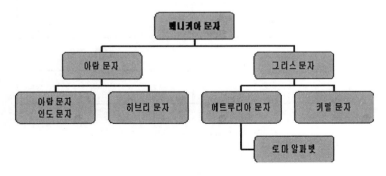

<표 20> 페니키아문자에서 파생된 알파벳

1) 페니카아문자

로마 제국의 흥망사를 읽어보면 제국의 운명을 결정한 중요한 전쟁이 기원전 3세기에서 2세기에 걸쳐 있었다. 역사학자들은 이 전쟁을 '포에니전쟁'이라고 부른다. '포에니'란 명칭은 영어로 포에니키아 Phoenicia로 표기하는데 우리에겐 페니키아로 더 잘 알려져 있다. 본래 페니키아는 지금의 레바논에 거주하던 셈족의 한 갈래였는데 지중해를 누비며 해상무역과 식민지 개척을 통하여 지중해의 패권을 쥐고 있었다. 그들이 해외에 건설한 대표적인 식민지가 카르타고 Carthago였다. 카르타고는 지중해를 사이에 두고 로마와 마주보고 있었기 때문에 기존의 강국 카르타고와 신흥 강국 로마의 충돌은 필연적일 수밖에 없었다.

페니키아인들은 이집트의 신관문자에서 자신들의 고유한 알파벳을 만들었다. 먼저 페니키아 문자를 보자.

<그림 25> 알레프

페니키아 알파벳의 첫소리. 'aleph'로 읽는다. 황소의 뿔을 본따 만든 문자이다. 그리스인들은 자음에 가깝던 이 문자를 모음이 많은 그리스어의 첫소리 'alpha'로 차용하였다.

<그림 26> 베트

두 번째 문자인 'beth'는 집을 형상화한 것이다.

<그림 27> 기멜

세 번째 문자는 'gimel'은 낙타를 형상화한 것이다.

페니키아문자에서 파생된 알파벳 사이의 유사성은 각 문자의 명칭에서도 드러난다.

- 아랍어: alif, ba, ta
- 히브리어: aleph, beth, gamel, dalet
- 그리스어: alpha, beta, gamma, delta

본래 문화란 모방성이라는 속성을 가지고 있다. 특히 문자같이 전파성이 강한 경우는 다른 문화의 영향을 많이 받는다. 우리는 페니키아문자가 이집트의 신관문자에서 찾는다. 신관문자는 상형문자의 필기체 같은 문자로 생각하면 된다. 그런데 신관문자의 첫소리는 'alef'라고 불리는 독수리의 형상을 본뜬 것이고, 그 형태는 마치 영어의 소문자 'a'같다.

페니키아문자에서 갈라진 여러 문자들에 대하여 자세히 살펴보면 다음(p.225)과 같다.

2) 그리스 알파벳

페니키아어는 인구어족에 속하는 언어가 아니었기 때문에 페니키아문자를 사용하여 그리스어를 표기하는 데는 한계가 있었을 것이다. 이런 문제를 그리스인들은 아람문자에서 모음을 차용하여 해결하였다. 그리스어 알파벳도 셈어 계통의 알파벳처럼 오른쪽에서 왼쪽으로 쓰여졌다. 그 후 기원전 5세기경에 지금처럼 왼쪽에서 오른쪽으로 필서의 방향이 바뀌어 B, N, K, Δ, Σ 같은 문자가 만들어지게 되었다. 예를 들어 철자 'B'(베타)를 통하여 필서 방향이 왼쪽에서 오른쪽이란 사실을 쉽게 알 수 있다. 알파벳이란 명칭은 기원 전 3세기에 만들어졌는데, 셈어의 aleph, beth에서 유래한 것이다.

Values.	EGYPTAN			SEMITIC	LATER EQUIVALEXTS.		
	Hieroglyphic		Hieratie	Phoenician	Greek	Romkn	Hebrew
a	eagle		𝓏	✗	A	A	א
	crane			𐤀	B	B	ב
k(g)	throne			𐤂 ⋀	Γ	C	ג
t(d)	hand			△ △	Δ	D	ד
h	meander			𐤄	E	E	ה
f	cerastes			Y 𐤉	Y	F	ו
z	duck			𐤆	I	Z	ז
x(kh)	sieve	○		H 𐤇	H	H	ח
θ (th)	tongs			⊖	Θ	...	ט
i	parallels	∖∖		𐤆	I	I	י
k	bowl			𐤊	K	K	כ
l	lioness			𐤋 𐤋	Λ	L	ל
m	owl			𐤌	M	M	מ
n	water	∿∿∿		𐤍	N	N	נ
s	chairback	—		𐤎	Ξ	X	ס
u	....	....		○	O	O	ע
p	shutter	▤		𐤐	Π	P	פ
t(ts)	snake			𐤑	...	...	צ
	angle	◿		𐤒	...	Q	ק
r	month			𐤒	P	R	ר
(gh)	inunalatel garten			w	Σ	S	ש
t	lasso			X +	T	T	ת

<표 21> 페니키아문자의 기원과 파생문자

대문자	소문자	그리스명	영어음가
A	α	Alpha	a
B	β	Beta	b
Γ	Υ	Gamma	g
Δ	δ	Delta	d
E	ε	Epsilon	e
Z	ζ	Zeta	z
H	η	Eta	e
Θ	θ	Theta	th
I	ι	Iota	i
K	κ	Kappa	k
Δ	λ	Lamba	l
M	μ	Mu	m
N	ν	Nu	n
Ξ	ξ	Xi	x
O	0	Omicron	o
Π	π	Pi	p
P	ρ	Rho	r
Σ	σ	Sigma	s
T	τ	Tau	t
Y	υ	Upsilon	u
Φ	φ	Phi	ph
X	χ	Chi	ch
Ψ	ψ	Psi	ps
Ω	ω	Omega	o

<표 22> 그리스문자의 음가표

3) 키릴문자

키릴문자의 탄생에는 로마와 동로마제국의 수도였던 콘스탄티노플의 경쟁이 그 원인으로 작용하였다. 서기 9세기경 모라비아 지방에 슬라브계 공국을 수립한 모라비아의 왕 라스티슬라브는 로마 교회의 영향권으로부터 벗어나기 위해 비잔틴의 콘스탄티누스 황제에게 진정한 기독교 신앙을 자신들의 언어로 가르칠 수 있는 교사를 요청하였다. 그 결과 형제 수도사 콘스탄틴(후에 '키릴'로 불림)과 메토니우스가 슬라브 민족의 전도를 위하여 그리스문자에 기초를 둔 알파벳을 만들었다.

문자와 민족의 관계는 키릴문자의 사용권에서 분명하게 드러난다. 키릴문자는 가톨릭 종교와 밀접한 관계를 맺고 있다. 로마 가톨릭 국가들이 로마 알파벳을 사용하는 것처럼, 그리스 정교를 믿는 나라에서는 그리스문자, 러시아 정교를 믿는 나라에서는 키릴문자를 사용한다. 다시 말해 키릴문자는 범슬라브어권에서 사용되는 문자인 것이다. 그러나 여기에는 예외적인 나라가 있다. 폴란드는 슬라브 민족의 나라이다, 그렇지만 종교는 로마 가톨릭을 믿고 있다(인구의 95%). 그 결과 폴란드에서는 키릴문자 대신에 로마 알파벳을 사용한다. 문자와 종교의 관계를 잘 보여주는 예이다.

키릴문자	러시아명	모음	음가
А а	ah		a
Б б	beh		b
В в	veh		v
Г г	geh		g
Д д	deh		d
Е е	yeh	●	y
Ё ё	yo	●	y
Ж ж	zheh		zh
З з	zeh		z
И и	ee	●	ee
Й й	ee krahtko'eh	●	y

К к	kah		k
Л л	ehl		l
М м	ehm		m
Н н	ehn		n
О о	o	●	o
П п	peh		p
Р р	ehr		r
С с	ehs		s/ss
Т т	teh		t
У v	oo	●	oo
Ф ф	ehf		f
Х х	khah		kh
Ц ц	tseh		ts
Ч ч	ch^{y}ah		ch^h
Ш ш	shah		sh
Щ щ	shch^{y}ah		ch^h
Ъ ъ	tv^{y}ordiy znahk		
Ы ы	i	●	i
Ь ь	m^{y}akhkeey znahk		
Э э	eh ahbahrotnah^{y}eh	●	eh
Ю ю	yoo	●	yoo
Я я	yah	●	yah

<표 23> 키릴문자의 음가표

4) 로마 알파벳

역사상 거대한 제국을 이루었고 그리스와 더불어 서양문화의 원류가 되는 로마 문명의 기록은 로마 알파벳으로 기록되어 지금까지 전해지고 있다. 로마 알파벳은 그리스 이민자들이 기원전 8세기경에 이탈리아 반도로 가져온 것으로 알려져 있다. 그리고 로마가 팽창하기 이전에 반도의 주인이었던 에트루리아인들의 알파벳도 로마 알파벳에 적지 않은 영향을 미친 것으로 알려져 있으나, 에트루리아 알파벳은 지금도 해독할 수 없다.

로마 알파벳도 그리스 알파벳처럼 처음에는 오른쪽에서 왼쪽으로 읽었다. 또한 그리스어의 직선형 문자가 로마 알파벳에서는 곡선으로 바뀌었다(Δ→D, Σ→S). 기호의 수는 당시에는 없던 j, v, w를 제외하고는 지금과 차이가 없었다.

5. 한글은 독창적인 문자인가?

우리는 한글이 독창적이고 과학적인 문자라고 알고 있으며 이는 분명한 사실이다. 그러나 지금까지 살펴본 모든 문자들은 기존의 문자를 바탕으로 하여 만들어졌음을 확인한 바 있다. 그렇다면 한글은 과연 독창적인 문자인가?

한글의 기원에 대해 옛 기록들을 살펴보자.[73]

- 初終聲八字, 初聲八字, 中聲十二字, 其字體依梵字爲之
(초종성 8자, 초성 8자, 중성 12자의 글자 모양은 인도 산스크리트어 글자를 본으로 했다) <용재총화>

- 是月相親制諺文二十八字 其字倣古篆
(이 달에 임금께서 언문 스물여덟 자를 만드시니 그 글자는 고전(古篆)을 모방한 것이다)<세종실록, 세종 25년(1443년)>

---

73) 『언어의 비밀』, 장영준, 한국문화사, 1999년, p.95.

- 象形而字倣古篆

(글자 자체는 옛 글자(古篆)를 모방하였다)(정인지)-

옛 기록에 따르면 한글이 인도의 고어인 산스크리트어나 고전(古篆)[74]
을 모방하였다고 적혀있다. 실제로 인도의 구자라트주에서 사용되는
문자는 외형상 한글과 많이 유사하다고 한다. 반면 조선 시대의 실학
자 이익은 <성호사설>에서 한글이 몽고의 파스파 문자에서 그 기원을
찾을 수 있다는 주장을 펴기도 하였다.

현존하는 문자의 역사를 살펴보면 어느 문자든지 그 이전의 문자
체계에 영향을 받았던 것을 알 수 있다. 그렇다면 위의 기록에도 나타
나 있듯이 한글은 인도의 산스크리트 문자 등의 영향을 받았음이 확
실하다. 그러나 중요한 것은 한글이 표음문자 중에서도 뛰어난 문자
라는 사실에 우리는 주목해야 할 것이다. 예를 들어 로마자는 철자만
으로 자음과 모음을 구분하기 어렵지만, 한글은 자음과 모음을 쉽게
구분할 수 있다. 게다가 한글은 거의 모든 소리를 정확히 옮겨 적을 수
있는 표음문자라는 점도 한글의 우수성을 보여주는 증거들이다.

---

74) 중국에서 한자를 표기하는 데 쓰던 서체.

제 9장 :
문화의 차이와 의사소통의 문제

1. 문화가 다른 언어사용자 간의 의사소통

우리는 외국어를 학습하면서 해당 외국어로 대화를 할 때, 많은 장애에 부딪혀 의사소통에 애를 먹곤 한다. 그럴 경우 그 원인을 어학 실력의 부족으로 돌리는데, 곰곰이 따져 보면 어학 실력의 차이만이 의사소통의 근본적인 원인이 아니라는 것을 알 수 있다. 외국어로 현지인과 대화를 해본 사람은 대화의 중단이 어휘와 표현법의 부족에 기인하기도 하지만, 그 원인이 설명하기 어려운 다른 곳에 있음을 막연히 짐작할 뿐이다. 그렇다면 문제는 어디에 있는 것일까?

예를 하나 들어 보자. 우리 사회는 개인주의적 사회이기보다는 집단을 중시하는 사회이다. 언어는 흔히 사회의 거울이라고 말한다. 그러므로 집단을 중시하는 우리의 전통은 언어에도 분명히 그 흔적을 남겨 놓았을 것이다. 그 증거로 한국어에는 1인칭 대명사 주어가 거의 등장하지 않는다. 불어처럼 인칭마다 동사의 형태가 다른 언어에서도 주어의 등장은 필수적이고, 영어처럼 3인칭 단수에서만 활용하는 언어에서도 주어는 항상 등장한다. 그러나 한국어에서는 1인칭 대명사 주어가 자주 생략된다. 이러한 특징은 개인보다 집단을 우선하는 우리의 전통이 언어에 그대로 남아 있는 결과라고 말할 수 있다. '나' 보다 '우리'라는 대명사의 빈도가 훨씬 높은 것도 같은 맥락에서 이해할 수 있다.

최근 몇 년 전부터 한국에는 영어 교육 열풍이 불고 있다. 현지인으로부터 과외 교습을 받거나, 심지어 아동들이 직접 현지로 어학 연수를 가는 경우를 쉽게 볼 수 있다. 그러면서 혹자는 독일이나 네덜란드 또는 스웨덴 사람들이 영어를 무척 잘 한다고 우리와 비교한다. 그러나 영어는 독일어에서 파생된 언어이고, 영어와 가장 언어학적으로 유사한 언어 중의 하나가 네덜란드어라는 사실을 안다면 왜 독일인들이 영어를 쉽게 습득할 수 있는지 이해할 수 있을 것이다. 문장의 구조가 상이하고 공통적인 어휘가 전무한 언어를 구사하는 사람들이 영어를 배우는 것과는 비교조차 할 수 없기 때문이다.

이제부터 우리는 서로 다른 문화에 살고 있는 사람들이 의사소통을 할 때 발생하는 문제점의 원인에 대하여 생각해 보고자 한다. 과연 이 문화(異文化) 간의 의사 소통에서 문제가 되는 것은 어학적 지식의 차이뿐일까?

이문화 간의 의사소통 시 문제점

먼저 이문화 간의 의사소통에서 가장 큰 문제로 작용하는 요인에 대하여 다음과 같은 주장을 인용해 보자.[75]

> "(…)서로 다른 문화를 가지고 있는 사람들의 가치관과 사고방식은 서로 간의 의사소통에 지장을 줄 정도로까지 다른 것일까? 이문화 간의 의사소통의 문제를 전문적으로 연구하는 전문가들의 이 질문에 대한 답은 '그렇다'이다. 이들 전문가들은 그 동안에 가치관과 사고방식의 상이성이 의사소통의 효율에 미치는 영향에 관련하여 다음과 같은 두 가지 사실을 알아냈다. 첫번째로 그들이 알아낸 사실은 문화에 따라 사람들의 가치관과 사고방식은 상식으로 보통 알고 있는 것보다 훨씬 더 크게 달라지고 있다는 것이었다."

이제부터 우리는 이문화 간의 의사소통의 문제를 문법적 지식 같은 어학적 관점보다는 문화적인 차이에서 조망해 보자. 즉, 가치관과 사고방식의 차이가 이문화 간의 의사소통에 가장 큰 걸림돌이 된다는 것이다.

가치관과 사고방식의 극명한 차이를 보여주는 예를 하나 들어 보자.

---

75) 『언어와 문화』, 김진우, 중앙대학교 출판부, 1996년, p.416.

"90년대 초반 미국에 사는 한 재미 교포는 여느 때처럼 아이를 집에 두고 TV를 켜둔 채 직장으로 나섰다. 그런데 집에서 혼자 TV를 보던 아이는 장난을 하다 그만 무거운 TV를 떠안고 바닥으로 떨어져 죽고 말았다. 현장에 달려온 어머니는 아이를 자기가 죽였다고 경찰 앞에서 울부짖었다. 우리의 정서로 볼 때 아이를 잘 돌보지 못한 부모의 절규를 그대로 보여준 대목이었다. 그런데 미국 경찰은 어머니의 그 말을 살인의 증거로 채택하고 말았다. 그들은 어머니가 자식을 학대하다 살해한 것으로 판단한 것이고, 결국 아이의 어머니는 유죄 판결을 받았다."

위의 예는 한국인과 미국인이 가지고 있는 가치관과 사고방식의 차이뿐만 아니라, 영어와 한국어가 얼마나 다른 언어인지 극명하게 보여주는 예라고 할 수 있다. 학자들은 언어를 저문맥 언어와 고문맥 언어로 구분한다. 한국어는 문맥을 잘 이해하지 못하면 오해를 할 수 있는 고문맥의 언어이다. 그러나 영어는 문맥에 크게 의존하지 않고 언어 자체만으로 분명한 의사소통을 할 수 있는 저문맥 언어이다. 위의 사건에서 미국 경찰은 정황은 무시한 채 어머니가 한 말만을 증거로 삼은 것이다.

이런 예도 있다. 필자가 유학 시절에 느낀 점이다. 우리는 어렸을 적부터 말을 많이 하는 사람을 수다스럽다거나, 특히 남자는 입이 무거워야한다는 말을 자주 들어 왔다. 그런 관습 덕분인지 외국에서 친구들과 대화를 주고받을 때, '저 친구는 내가 말을 안해도 나를 이해해 주겠지'라고 혼자 생각했지만 그런 기대는 여지없이 무너져 내리고 말았다. 그들은 생각이 있다면 그것을 말로 표현해야 이해를 하는 사람들이었던 것이다.

2. 가치관과 사고방식의 상이함

우리는 안면이 있는 사람들을 직장에서 만날 때 흔히, "언제 식사라 도 한 번 합시다"라고 일종의 인사말을 건넨다. 그러면서도 그 약속이 지켜질 것이라고 믿는 사람들은 그리 많지 않다. 그러나 유럽인들 중 에서 가장 원칙주의자들인 독일 친구에게 이런 말을 건넨다면 그는 필 히 그 약속이 언제 지켜질지 손꼽아 기다릴 것이다. 다시 말해 똑 같은 말을 들어도 문화 환경이 다른 곳에서 산 사람들은 그 말을 달리 해석 할 수 있다는 말이다.

가치관과 사고방식이 민족마다 다르다는 사실에는 이론의 여지가 없을 것이다. 그렇다면 그 차이는 절대적인 것인가? 아니면 상대적인 것인가? 일부 학자들은 그 차이가 절대적인 것으로 가정하고 이분법 적으로 가치관과 사고방식의 차이를 설명하려 하였다. 데이먼 Damen 의 연구[76]는 미국인과 상반되는 사람들의 가치관과 사고방식을 대비 시켰다.

<감추어진 문화적 가정들>

미 국	대비되는 나라
1) 개인이 환경을 지배한다.	자연이 인간을 지배한다.
2) 변화는 불가피하고 바람직한 것이 다.	변화하지 않고 전통적인 것이 좋은 것 이다.
3) 모든 인간에게 기회는 균등하게 부 여되어야 한다.	사회구조가 위계적이어서 사회적 계 층이 그대로 남아 있다.
4) 개인주의가 기본적인 삶의 방식이 다.	사회생활에 있어서 상호의존성과 개 별성이 동시에 추구된다.
5) 사고방식이 미래지향적이다.	사고방식이 현재나 과거지향적이다.

---

76) 같은 책, p.417.

6) 사고방식이 행동지향적이다.	사고방식이 존재지향적이다.
7) 행동의 직접성과 개방성이 강조된 다.	행동의 암시성이 강조된다. 서로간에 동의를 얻는 집단의식이 강하다.
8) 모든 행동에 있어서 실용성을 중시 한다. 행동 하나하나가 실질적이고 이성적이어야 한다.	모든 행동에 있어서 감정을 중시한다.
9) 기본적이고 사고방식이 문제해결적 이다.	기본적으로 사고방식이 비행동적이 다. 인내심이 강하고 남으로부터 도움 을 즐겨 찾는다.
10) 원인과 결과라는 논리법이 사고방 식의 기본이 되고 있다.	앎과 모름의 논리법이 사고방식의 기 본이 되고 있다.
11) 모든 행동이 다분히 비형식적이다.	모든 행동이 다분히 형식적이다.
12) 개인 간의 경쟁을 중요하게 생각 한다.	집단의 발전을 중요하게 생각한다.
13) 뭐든지 손수 하는 버릇이 있다.	뭐든지 남에게 시키는 버릇이 있다.

　위의 연구를 통하여 우리는 미국인들의 가치관과 사고방식은 명확하게 알 수 있지만 대비되는 나라가 어떤 나라인지는 알 수 없다. 그리고 가치관과 사고방식이 정반대로 대비될 수도 있지만, 그것이 항상 절대적인 것만은 아니다.

　미국인들의 가치관과 사고방식이 대비되는 나라 중에는 한국도 있음을 확인할 수 있다. 1)번에서 우리는 자연이 도전의 대상이 아니고 경외의 대상이며, 인간은 자연과 더불어 살아가야 한다고 생각해 왔다. 3)번의 경우는 인도를 연상하면 될 것이다. 아직도 카스트 제도가 엄연히 존재하고 있는 인도야말로 그 대표적인 나라이다. 7)번의 경우도 우리의 주변에서 흔히 볼 수 있는 예이다. '이심전심', '염화시중의 미소'처럼 우리는 말이 필요 없이 행동의 암시성으로 자신의 마음을 전하는 데 익숙하다. 11)번의 경우, 대표적인 나라가 한국이다. 예를 들어 비즈니스 상담의 경우, 미국인들은 교회를 빼고서는 어느 곳이든지 가능하다고 한다. 그러나 우리나라의 경우 본질 보다는 형식에 사로

잡히는 경우를 흔히 볼 수 있다.

그렇다면 가치관과 사고방식의 차이는 위의 연구에서 보듯이 절대적이고 이분법적으로 설명할 수 있을까? 데이먼 Damen은 가치관과 사고방식의 차이가 결국 기본적인 인지 작용과 감각 작용의 차이에서 비롯된다고 보았다. 이러한 사실을 밝히기 위해 그녀는 색채연상 작용이라는 실험을 통하여 가치관과 사고방식의 차이가 절대적인 것이 아니고 상대적이라고 주장하였다.[77]

<색깔의 의미>

색 깔	일본인	남미인	사우디 아라비아인	중국인
적 색	피, 태양, 깃발, 흥분, 공포	흥분, 행복, 축제	피, 신부, 왕실	행복, 경사
황 색	바보스러움, 미친사람, 미숙함, 불쌍함	신년전야	선망, 질투	
녹 색	시작, 성장	봄	인생	행운, 부, 간음
청 색	바다, 행복, 낚시 복장	우울함	행복, 하늘	순수함
자 색	정식 의식 가엾게 아름다움	조의		
백 색	행복, 슬픔	행복	순수함	조의
흑 색	정중성, 슬픔, 비애	장례식	어두움, 슬픔, 전쟁, 고독	조의
황금색		부, 특권		행복

위의 표를 보면 가치관과 사고방식의 차이가 이분법적으로 대비될 수 없다는 사실을 알 수 있다. 결국 가치관과 사고방식의 차이는 문화권마다 상대적이라고 말 할 수 있다. 필자는 이러한 실험을 한국의 대학생을 대상으로 해 보았다. 그 결과는 다음과 같다.

---

77) 같은 책, p.418.

- **적색**: 정렬, 흥분, 경고, 위험
- **황색**: 따뜻함, 풍요, 흙
- **녹색**: 생명력, 자연, 평화
- **청색**: 바다, 시원함, 하늘
- **자색**: 시기, 포도주, 꽃
- **백색**: 순수, 자유, 공허함
- **흑색**: 어둠, 공포, 죽음
- **황색**: 부(富), 화려함, 금

한국 대학생의 경우 데이먼의 실험 대상이 되었던 사람들과 비교할 때 또 다른 결과를 보여준다. 이것은 문화에 따라 가치관과 사고방식이 상대적으로 차이를 보인다는 증거이다.

한국인의 가치관과 사고방식

한 민족의 가치관과 사고방식을 일반화시켜 요약한다는 것은 매우 어려운 일이다. 사람은 스스로의 모습을 볼 수 없다. 오직 거울을 통해서 자신의 모습을 볼 뿐이다. 외국 문화를 배우고 외국인들의 가치관과 사고방식에 관심을 가지는 이유도 그들을 잘 알기 위함이지만 궁극적으로는 우리 자신을 되돌아보는데 그 의의가 있다. 그렇다면 한국인의 가치관과 사고방식이 외국인과의 의사소통 과정에서 걸림돌로 작용하는 것은 어떤 것들이 있을까?

첫번째로 들 수 있는 것은 한국인의 집단의식이다. 일본인들에게서도 찾아 볼 수 있는 집단의식은 철저히 개인주의를 배격한다. 개인은 집단의 구성원에 불과하며 개인은 집단을 위해 존재할 뿐이다. 필자는 강의를 할 때마다 강의 내용에 대해 질문이 있는 학생이 있으면 손을 들어 질문할 시간을 준다. 그러나 그 경우에 질문을 하는 학생은 거의 없다. 이것은 학생들이 정말 강의 내용에 대한 호기심이 없어서가 아니라, 자신의 개인적이 질문이 전체의 균형을 깨뜨릴지 모른다는 생각이 무의식중에 있기 때문이다. 그렇기 때문에 우리는 여러 사람 앞에서 말하는 데 익숙하지 못하며, 개인적인 생각을 발표하는 기회를 스스로 포기하는 경향이 있는 것이다.

이러한 현상은 일본에서 더 심한 결과로 나타난다. 몇 해전부터 TV의 사회자가 떼를 지어 등장하기 시작했다. 이제 웬만한 프로에서 혼자 사회를 보는 경우는 찾아보기 힘들게 되었다. 그런데 이러한 현상이 일본에서 유래했다는 사실을 나중에 알았다. 혼자 사회를 보기에는 겸연쩍으니까 공동으로 사회를 보며 그 어려움을 나누기 위함이 그 의도였다.

유학 시절 같은 또래의 외국 학생들과 대화를 해 보면, 상식과 지식면에서 한국 학생이 결코 뒤지지 않았지만, 문제는 우리에게 자신의 생각을 조리있게 표현할 수 있는 능력이 부족하다는 것이었다. 그런 면에서 우리의 토론 문화는 변화를 필요로 한다.

'우리'를 지나치게 강조하다 보니 '나'라는 존재는 언어에서도 자주 등장하지 않는다. 그리하여 자신의 생각을 마치 제삼자의 생각인양 표현하기도 하고, 철저히 자신은 대화의 그림자로 남는다. 구체적인 예를 들자면 요즘 청소년 세대 혹은 젊은 세대의 대화에서 흔하게 등장하는 말 중에 '~같다'라는 표현이 있다. '그런 것 같아요', '~인 것 같다'라고 화자는 자신의 개인적인 입장을 피력하기 보다는 자신의 견해가 전체의 입장과 배치되는지 일단 살핀다. 그래야 자신의 생각이 전체의 생각과 차이를 보일 경우 그는 출구를 확보할 수 있기 때문이다.

두번째로 들 수 있는 한국인의 사고방식과 가치관으로는 통합주의적 사고방식을 들 수 있다. 서구인들이 합리성을 강조하고 분석적인데 반하여 한국인들은 그렇지 못하다. 특히 논리적인 서양 언어를 배울 경우 그 문제는 더욱 더 우리를 괴롭힌다. 불어의 예를 들어 보자. 서양어에는 한국어에 없는 관사가 존재한다. 관사의 문제는 항상 어렵고 까다로운 문제로 우리의 기억에 남아 있다. 대개 관사는 셀 수 있는 명사 혹은 추상명사 앞에 붙어 한정적인 역할을 하는데, 불어에서는 셀 수도 없는 물질 명사—물, 공기 등—에도 부분관사란 것을 붙인다. 다시 말해 물을 마셔도 부분적으로 조금씩 나누어 마신다는 뜻이다. 불어의 분석적인 특징을 잘 보여주는 부분이다. 그러나 우리말처럼 관사가 애당초 존재하지 않고, 분석적인 사고방식보다는 통합적인 사고에 익숙한 우리에게는 분명히 이런 문법의 존재야말로 의사소통에 큰 걸림돌로 작용할 수 있다.

3. 표현법과 대화법의 상이함

가치관이나 사고방식의 차이는 표현법에 그대로 반영된다. 표현법은 언어적 표현법과 비언어적 표현법으로 구분되는데, 먼저 언어적 표현법의 차이에 대하여 살펴보자. 언어적 표현법에는 언어적인 수단과 비언어적인 수단이 존재한다. 비언어적인 수단에 대해서는 제 8장 '언어 이외의 언어'에서 자세히 다루기로 하자. 여기에서는 대화법의 차이에 대해서만 설명을 하기로 하자.

미국인과 일본인의 대화법상의 차이를 연구한 오까베 Okabe[78]에 따르면 다음과 같은 차이를 기술할 수 있다.

미국인	일본인
동등한 입장에서 대화	위계의식을 가지고 참여
양자 택일	양자 조화
신속, 정확	더디고 애매모호
토론이나 투표	감정이입이나 합의

---

78) 같은 책, p.431.

위의 표를 비교하면 한국인의 대화법은 일본인들과 유사한 점이 많다는 사실을 알 수 있다. 흔히 대화가 격해져 언쟁으로 번지면 우리는 대화의 본질보다는 위계의식의 잣대를 가지고 본질을 호도하기 일쑤이다. 단적인 예로 도로에서 가벼운 접촉 사고로 시시비비를 가리는 우리 주변의 사람들을 보라. 유심히 그들이 싸우는 과정을 관찰하면 결국에 가서는 나이 문제에 귀착이 된다. 즉, 나이 많은 사람이 유리한 입장을 차지하고 있는 것이다.

미국인들의 양자 택일의 대화법은 그들이 고안해 낸 시험 방식을 보면 확연히 드러난다. 바로 객관식 문제가 그것이다. 반면 프랑스를 비롯한 유럽의 경우는 미국식 시험이 거의 존재하지 않는다. 현행 대학 입시 과목 중에서 논술 시험의 원조가 프랑스라는 사실은 유럽과 미국식 시험제도의 차이를 잘 보여주는 예이다.

기업의 회의 혹은 동창회 같은 사적인 모임에 참석했던 사람들은 한 두 번씩은 이런 기억을 가지고 있을 것이다. 먼저 의장이 그 날의 안건에 대해 발의를 한다. 그리고 돌아가면서 의견을 개진한다. 그 다음에 의장은 각본대로 중의(衆意)는 이러저러하다고 잠정적으로 결론을 내린다. 그리고는 반대하는 사람이 없으면 '박수로 안건을 통과시킨 것으로 합시다'라고 좌중의 동의를 얻어 회의를 마친다.

미국인들의 대화에서 특징적인 것은 그들이 절차보다는 본론을 중시한다는 것이다. 우리 사회에서는 격식과 장소 등에 신경을 쓰지만, 미국인들은 대화의 본질 즉, 본론에 무게의 중심을 둔다. 그들에게 나머지는 형식에 불과한 것이다. 그러나 한국인처럼 형식을 중시하는 사람들에게 인사 같은 절차는 때로는 본론보다 더 중요할 수가 있다. 예를 들어 대기업의 면접에서 인사를 안 하고 면접을 잘 치른 사람보다, 깍듯이 면접관에게 인사를 하고 평범한 면접 점수를 받은 후보가 합격할 확률이 높다는 말이다.

언어 속의 의미

▶ regret, sorry (X), apology (O)

얼마 전 미국의 정찰기가 중국 전투기에 의해 강제로 중국에 착륙한 사건이 발생했다. 이 문제는 일단 중국 측이 미국 승무원을 돌려보내 일단락되었지만 두 나라 사이의 예민한 외교 문제로 번졌다. 그런데 그 문제의 본질은 사건에 대한 두 나라의 상이한 입장 차이를 어떻게 표현하느냐에 모아졌다.

미국 측은 중국 조종사의 사망에 대해 유감(regret)을 표명하는 선에서, 한 걸음 더 나아가면 '미안하다'(sorry) 정도로 사건을 무마하려 하였다. 그러나 중극측의 입장은 완강하였다. 중국 측은 '사과'(apology)를 받아야 한다고 한 발도 양보하지 않았다. 중국 측은 사람이 자신의 잘못을 시인한다는 의미의 공식 사과 용어 '다오첸'을 고집했다.

미국무장관에 이어 미국의 부시 대통령도 '유감'(regret)을 표명했다. 그러나 중국의 관영 신화사 통신은 부시의 '유감'이라는 단어를 완곡하고 다소 애매한 유감을 의미하는 '이한(遺憾)'으로 번역해 보도했다. 이에 대해 미국 프린스턴대학 중문과의 한 교수는 '이한'이라는 용어는 상대방도 잘못했을 때 사용할 수 있기 때문에 중국이 이를 받아들이지 않고 있다고 설명했다. 결국 중국은 '사과'(apology)를 미국으로부터 끝까지 받아내려고 한 치의 양보도 하지 않았고, 미국은 최대한 '미안'(sorry)의 수준에서 사건을 종결시키고 싶었던 것이다.[79]

어떻게 생각하면 애들처럼 말 한 마디에 지구상의 최대 강국들이 신경전을 벌였던 것이다. 도대체 말이 그렇게 중요한 것인가?

문제는 두 나라의 언어 차이에 기인하고 있었다. 중국어는 외교적 모호성을 표현하는 데 알맞지 않은 언어이고, 영어는 완곡어법 같은

---

79) 2001년 4월 1일 AP 통신 보도 내용 요약.

수사법을 자주 사용하기 때문에 두 언어의 번역 과정에서 문제가 발생한 것이었다.

영어의 헤지(hedge)[80]

헤지란 '울타리', '장벽'이란 뜻으로 위험에 대비하기 위해 만든 구조물이다. 언어학자들은 '말꼬리를 잡히지 않도록 빠져나갈 구멍을 계산한 언질'을 헤지 hedge라고 부른다. 헤지 이외의 간접적인 언어 표현법의 주요 유형에는 '축소해서 말하기' understatement, '반어법' irony 등이 있다. 영국인들은 자신들의 감정을 잘 드러내지 않는 경향이 있다. 그러나 미국인들은 영국인들에 비해 개방적이고 제스처도 영국인보다 많이 사용하는 사람들이다. 그러나 외교 문제에 있어 직접적인 언어 표현은 자칫 외교 문제를 야기시킬 수 있고, 그런 점에서 영어의 완곡한 표현들은 적절한 수단이 될 수 있다. 위에서 언급한 정찰기 사건도 영어의 이런 언어 습관을 중국인들이 이해를 제대로 못했을 수도 있고, 미국인들이 고의적으로 자신들의 과오를 덮기 위해 영어의 간접 표현들을 이용했을 수도 있다.

영어의 완곡하고 간접적인 표현들을 보자. 이런 표현들은 특히 속내를 드러내기 싫어하는 영국인들의 기질을 단적으로 잘 보여주는 것들이다. 몇 가지 예를 들어보자.

- '내가 …을 요청한 것 때문에 너무 마음 상하지 않기를 바랍니다'(I hope youo don't mind me asking…). 이 말을 바꿔 말하면 '미안하게도 당신에게 그런 요청을 하여 마음을 아프게 했지만 당신의 넓은 아량을 기대합니다'라고 해석할 수 있으며, 다시 말해 화를 내

---

80) 『습관을 알면 문화가 보인다』, 피터 콜릿 지음, 청림출판, 1999년, p.42.

거나 감정을 드러내면 본인만 졸장부가 되는 것이다.

- '…때문에 부담 갖지 않기를 바랍니다'(I don't want to impose on you…). 부담을 가지려 해도 갖지 못하게 원천을 봉쇄시키는 표현이다.
- '무례하다고 생각하지 않기를 바랍니다. 하지만…'(I hope you don't think I'am being rude, but…). 상대방에게 직접적으로 말할 수 없는 충고나 비판의 내용을 정중하게 담고 있는 경우이다.
- '비판을 가할 의도는 없지만…'(I don't want to be critical, but…). 직접적으로 비판을 가하는 경우보다 어찌보면 더 기분이 나쁠 수 있는 표현이다.

이러한 헤지 표현을 영국인들이 자주 사용하는 이유는 물론 상대방에 대한 배려일 것이다. 가능한 상대방에게 부담을 주지 않고, 상대방의 프라이버시를 존중하는 의도에서 이런 어법이 발달되었다고 말할 수 있다. 예를 들어 '시간 좀 내 봐요(Give me the time)' 하는 것보다 '시간을 내 주셔도 괜찮겠어요?(Would you be so good as to give me the time?)'라고 말하면 듣는 사람은 거절하기가 더 어렵다.[81]

그러나 이러한 헤지 표현의 상용(常用)은 영국인들의 이중성을 보여주는 면이기도 하다. 그들은 결코 남 앞에서 자신의 솔직한 감정을 드러내지 않는다. 최대한 자신의 감정을 억제하면서 남을 배려하지만 그 이면의 생각은 좀처럼 읽을 수가 없다. 그들은 또한 축소해서 말하는 데 익숙해져 있다. 프랑스의 역사학자 앙드레 모루와는 영국에 떠나는 프랑스의 젊은이들에게 이런 충고를 하고 있다.

"영국에서는 겸손하라. (…) 만약 당신이 만난 영국인이 "시골에 작은 집이 한 채 있지요"라고 말했다면 당신은 그가 수백 개의 방을 가진

---

81) 같은 책, p.47.

대저택의 소유자라는 사실을 나중에 알 것이다. 또한 당신이 테니스를 상당히 잘 친다면 영국에서는 이렇게 말하라: "테니스 실력이 그렇게 나쁘지는 않습니다". 만약 당신이 요트를 타고 대서양을 횡단했다면 또 이렇게 말하라: "배를 조금 탈줄 압니다". (앙드레 모루와, 『영국으로 떠나려는 프랑스 청년들에게 주는 충고』)

이렇듯 영어는 헤지 표현과 축소 표현의 사용 등 수사법상 특이한 어법을 많이 사용하는 언어이다. 그런데 중국 측은 미국에 대하여 정찰기 사건에 대한 미국의 완벽한 항복을 의미하는 '다오첸'의 사용을 요구하고 나온 것이다. 외교적 모호성, 다시 말해 시시비비를 분명히 가릴 수 없는 경우에 중국어는 부적절한 언어인 것이다.

영어처럼 불어도 지극히 공손한 표현과 헤지 표현들을 많이 사용하는 언어이다. 18세기에서 19세기까지 불어가 국제적인 외교어로 사용된 이면에는 불어의 명확성과 함께 정중한 표현 및 헤지 표현이 외교에 적합했기 때문이다. 불어의 예를 몇 가지 들어보자.

- '나의 가장 각별한 마음을 받아 주시길 바랍니다(Veuillez agréer, Monsieur, l'expression de mes sentiments distingués)'. 이렇게 깍듯한 표현을 보고 편지를 받은 당사자는 감동할지 모르지만, 이 표현은 상업 서신문 같은 글의 마지막에 사용되는 상투적인 인사말이다.
- 'Nous avons l'honneur de vous connaître… (당신을 만나게 되어 영광입니다)'. 우리는 '영광'이라는 단어에 감동할지 모르지만, 우리말로 옮기면 '만나서 반갑습니다' 정도가 될 것이다.
- 'Si vous me permettez…(당신이 나에게 허락을 하신다면)'. 마치 상대방의 허락을 받아야 하는 것처럼 보이지만, 이미 발화자는 상대방의 허락을 전제로 말을 한 것이다.
- 'J'espère que vous saurez prendre les mesures nécessaires…(나는 당

신이 필요한 조치를 취해주실 것을 바랍니다…)'. 필요한 조치를 취해달라고 완곡하게 표현하고 있다.

반어법을 즐기는 영국인

반어법이 축소해서 말하기와 크게 다른 것은, 축소해서 말하기가 메시지의 미묘한 의미 전달인 반면, 반어법은 그 말이 의미하는 것이 정반대 표현이라는 사실이다.[82]

> "예를 들어 스키를 타다가 어떤 사람이 막 다리가 부러졌다고 하자. 그는 분명히 심한 고통을 받고 있을 것이다. 그런데도 그는 '기분이 썩 좋은 편이 아니군요(I don't feel brilliant)' 같은 축소해서 말하기로 상황을 묘사할지 모른다."

반어법만큼 타인을 모욕하는 데 적절한 수사법도 없을 것이다. 직설적인 언어 사용에 익숙한 한국인들에게 반어법을 즐겨 쓰는 영국인들은 이해하기 어려운 민족일지도 모른다. 영국인들이 남을 모욕할 때 반어법을 즐겨 사용하는 이유 중의 하나는 모욕적인 의도를 상대방이 알지 못하도록 하는 데 있다. 이 경우 그 모욕적인 표현은 더욱 더 그 진가를 발휘하게 된다.

축소법을 즐겨 사용하는 영국인들의 습관을 콜릿은 같은 책에서 다음과 같이 설명하고 있다. 축소해서 말한다는 것은 대상을 실제보다 덜 중요한 것처럼 꾸며서 실제로 느끼는 바를 자신에게나 타인에게 부정하도록 만든다는 것이다. 심리학자들은 이런 영국인들의 수사법을 '지나친 낙천주의'에 의한 것이라고 지적한다. 즉, 모든 것이 산산조각 난다 하더라도 사물의 밝은 면만 보려는 경향이 있다는 것이다. 수백

---

82) 같은 책, p.49.

개의 방을 소유한 사람이 그 집의 소유권을 상실했다고 하더라도 그는 평소에 '시골에 작은 집이 한 채 있죠'라고 말을 했기 때문에 크게 낙담할 필요가 없다는 것이다.

한국인의 언어 습관

노사 간의 분규로 파업이 발생하면 우리는 노사 양측의 극한 대립 양상을 목격한다. 외신들은 한국의 노사 갈등을 하나의 철로에서 마주보고 돌진하는 기관차들에 비유하기도 한다. 파업이 발생하면 우리는 당사자들의 과격한 언행을 쉽사리 발견한다:'죽을 수는 있어도 물러설 수는 없다!', '목숨을 걸고 투쟁하여 기필코 임금 인상을 쟁취!'. '화장터 결정에 참여한 시민단체는 자폭하라!'. 한국 사회에 익숙한 사람들은 이런 구호들을 보고 대충은 짐작할 것이다. 그들의 구호가 구호에 그치고 만다는 사실을.

수사법 중에서 과장법은 끝없이 뻗어가려는 속성이 있다. 왜냐하면 약한 비유법은 좀 더 강한 비유법을 요구하기 때문이다. 그래야 상대방은 화자가 말하는 의도를 어느 정도 이해할 수 있다. 예를 들면 이런 방향으로 언어의 과장 정도는 증대된다:'10% 임금 인상을 요구한다!' → '10% 임금 인상 쟁취하자!' → '임금 인상이 아니면 사생결단을!'. 인간은 자극에 내성이 생기기 마련이다. 언어의 경우도 마찬가지다. 특히 현대인들은 자극에 민감한 편이다. 보다 자극적인 표현을 찾는 현대인들에게 과장법은 특히 한국인에게 가장 효과적인 수사법 중의 하나일지 모른다.

우리는 언제부터인지 타인의 말을 믿지 못하게 되었다. 그 책임은 개인보다 사회에 더 있을지 모른다. 얼마나 많이 속아왔으면 공인(公人)들의 말을 반대로 해석하는 경향도 생기게 되었다. 특히 정치가들의 언행은 그 도가 지나치다. '결코 쌀을 수입하지 않겠다'라고 말하면 그 말은 조만간 쌀을 수입하겠다는 말이며, '민의를 겸허히 받아들이겠다'라는 말은 끝없이 당파의 이익만을 위해 서로 싸우겠다라는 말로만 들린다.

한국어는 끝까지 들어라!

한 한국의 정치인이 기자 회견에서 다음과 같이 말했다: "나는 이번 사건으로 말미암아 국민들에게 심려를 끼친 데 대하여 심심한 유감을 금할 수 없습니다". 이 문장에서 중요한 술어인 동사는 맨 뒤에 나온다. 한국어의 특징이 <주어+목적어+동사>의 순서인 것은 이미 다 아는 사실이지만, 이러한 어순이 우리의 사고방식에 어떠한 영향을 미치는지, 더 나아가 같은 내용을 다른 언어에서는 어떻게 표현하는지 궁금하지 않을 수 없다.

2002년 12월 26일 모일간지의 한국어판과 영문판의 사설을 비교해 보자; "김종필 자민련 총재는 24일 노무현 대통령 당선자를 '낮의 촛불'에 **비유했다**". 영문판 번역은 다음과 같다; "KIM Jon-pil, leader of the United Liberal Democrats, **likened** presidential elect Roh Moo-hyun to a 'candle in the afternoon' ".

위의 문장에서 술어에 해당하는 '비유하다'의 위치를 보면 영어와 한국어의 순서가 다름을 알 수 있다. 주어의 행동을 나타내는 술어부가 맨 뒤에 온다는 것은 내용의 핵심이 뒤에 있다는 말과 일맥상통한다. 게다가 부정문의 경우 한국어에서는 부정의 낱말이 문장에서 가장 뒤에 오지만 영어의 경우는 오히려 동사 앞에서 부정을 한다.

문장의 순서와는 별개의 문제지만 다른 경우를 들어보자. 우리는 대화를 할 때 핵심 문제를 제일 나중에 말하는 경향이 있다. 누군가에게 부탁을 할 때 이리저리 말을 돌리다가 헤어질 때 본론을, 그것도 아주 짧게, 말하는 경우가 흔하지 않은가? 그러나 서양인들은 핵심을 단도

직입적으로 말한다. 중요한 말은 애당초 말머리에서 꺼낸다. 이러한 언어적 표현법의 차이가 사소하게 보일 수도 있지만 경우에 따라서는 정반대의 결과를 초래하기도 한다.

제 10장 : 언어 이외의 언어

1. 언어 이외의 언어

사회인류학자 애드워드 홀 Edward T. Hall은 인간의 의사소통 중 60%가 비언어적 수단에 의해 이루어지고 있다고 지적했다. 한 걸음 더 나아가 고올만 Daniel Goleman 같은 학자[83]의 주장에 따르면 인간의 감정을 나타내는 수단의 90%가 비언어적 수단에 의해 표현된다고 한다.

그러나 우리는 의사소통의 과정에서 그렇게 많은 비언어적 수단을 사용하는 사실을 잘 인식하지 못하고 있다. 문제는 이러한 비언어적 수단이 같은 언어권에서는 통용이 되지만 문화권이 다른 나라에서는 전혀 다른 의미를 가지는 경우가 많다는 것이다.

의사소통의 가장 중요한 기능은 정보의 전달이다. 우리는 정보의 전달이 대부분 구두적인 수단에 의해서 이루어진다고 생각하지만 실제로는 다양한 보조 수단이 사용되고 있음을 알고 있다. 말이 보조 수단이지 어떤 경우에는 보조 수단이 구두적 언어를 대신하는 경우까지 있다. 그렇다면 이러한 현상은 본말이 바뀐 것이 아닐까?

본 장에서는 서로 다른 언어 구사자들이 의사소통을 할 경우, 의사소통의 문제점은 언어적인 것에 전적으로 달려있는지 살펴보고, 동시에 의사소통의 보조 역할을 하는 것들에 대하여 상세히 알아볼 것이다. 그리고 각 문화권마다 언어 이외의 표현이 얼마나 다른지 알아보는 것도 매우 흥미로울 것이다.

비언어적 수단의 종류

우리는 의사소통을 할 때 음성 언어만을 사용하지 않는다. 비언어

---

83) 『Emotional Intelligence』, Bantam, 1995.

적 수단에 관한 연구에 따르면 비언어적 표현법으로는 목소리, 얼굴 표정, 눈, 몸짓, 행동, 접촉, 자세, 근접거리, 외모, 냄새 등이 있다고 한다.[84] 우리는 의사소통을 할 때 언어적 요소들이 주를 이루고 비언어적 요소들은 보조 수단으로 생각하기 쉽다. 그러나 비언어적 수단이 동반되지 않는 의사소통은 있을 수 없다.

언어적 수단은 사실적이거나 지적 정보를 전달하는 반면, 비언어적 수단은 비유적이고 의지나 감정을 주로 전달한다. 예를 들어 법정에서 판사가 판결문을 읽는다고 가정해 보자. 그는 가능한 비언어적 수단을 최대한 배제한 채 판결문의 내용을 읽어 내려갈 것이다. 여기에는 결코 판사 개인의 감정이 개입해서는 안될 것이다.

그런데 문제는 비언어적 수단이 각 언어권마다 다르다는 사실이다. 그러므로 자신과 다른 언어를 사용하는 사람과 의사소통을 할 때 부딪히는 가장 큰 걸림돌은 상이한 비언어적 수단일 수 있다. 각 문화권에 사용되는 중요한 비언어적 수단들을 알아보자.

접촉 문화와 비접촉 문화(제스처의 연구)

왓슨 Wstson[85]은 문화권을 접촉 문화권과 비접촉 문화권으로 구분하였다. 접촉 문화권에는 아랍인, 남미인, 남유럽인을 포함시켰으며, 비접촉 문화권에는 아시아인, 인도인, 파키스탄인, 북유럽인들이 속한다.

한국인들도 전형적인 비접촉 문화권에 속한다. 우리의 인사 예법을 살펴보면 신체의 접촉을 허용하는 경우가 없다. 악수도 서양에서 들어온 인사법이라는 사실은 익히 알려져 있다.

---

84) 『언어와 문화』, 김진우, 중앙대학교 출판부, 1996년, p.424.

85) 같은책, p.426.

남유럽인들은 남자들도 서로의 뺨을 비비며 인사를 하는 반면, 북유럽에서는 이런 인사법을 거의 찾아 볼 수 없다. 유럽을 다녀본 사람들은 가게에서 물건을 사고 거스름돈을 받는 경우, 주인이 계산대 옆의 작은 받침대에 거스름돈을 놓는 장면을 쉽게 목격할 수 있다. 이는 거스름돈을 손님에게 건네줄 때 손의 접촉을 꺼리는 습관에서 유래한 것이다.

접촉 문화권과 비접촉 문화권의 구분이 우리의 관심을 끄는 이유는 접촉 문화권일수록 신체 언어를 많이 사용한다는 사실이다. 그 대표적인 나라가 이탈리아다. 이러한 전통은 제스처를 즐겨 사용하던 로마의 웅변가들로부터 찾을 수 있다. 영국의 작가 디킨스는 나폴리에 있을 때 이탈리아에서는 '모든 것이 무언극으로 끝난다'라고 말을 했을 정도다.

이탈리아보다는 덜하지만 프랑스인들도 제스처를 많이 쓰는 민족으로 알려져 있다. 그러나 프랑스인들이 제스처를 즐겨 쓰기 시작한 것은 16세기 이후이다. 프랑스에 르네상스를 전한 까뜨린느 드 메디치가 앙리 2세에게 시집을 오기 전까지 프랑스인들은 제스처를 천박한 것으로 여기고 있었다. 프랑스인들의 제스처는 이탈리아인들의 제스처보다 그 반경이 작은 편이지만 그 종류는 이탈리아의 제스처만큼 다양하다.

같은 민족이라도 영국과 미국의 경우는 많은 차이를 보인다. 미국인들은 제스처를 많이 사용하는 한편, 영국인들은 거의 제스처를 사용하지 않는다. 영국인들이 과다한 몸짓이나 손짓을 할 때는 그들이 몹시 화가 났거나 감정이 고조되어 있다는 것을 의미한다.

유럽 국가들은 제스처의 사용 정도에 따라 셋으로 나눌 수 있다.

• 북유럽형 : 스웨덴, 핀란드, 노르웨이, 덴마크. 격앙된 제스처를 사용하지 않고 제스처 문화가 거의 없다고 봐야 한다.

- **영국형** : 영국, 네덜란드, 벨기에, 러시아. 자제된 제스처를 사용하
  는 국가들이다.
- **라틴형** : 이탈리아, 프랑스, 스페인, 포르투갈. 남부 유럽의 국가들
  이다. 다양하고 과장된 제스처를 사용하는 나라들이다.

위의 유형을 보면 유럽의 3대 민족 중에서 라틴 민족을 제외한 게르
만 민족과 슬라브 민족은 정도의 차이가 있지만 제스처를 즐겨 사용
하지 않는 민족으로 분류되어 있다. 제스처의 사용과 그 선호 정도는
한 민족의 기질과도 연관이 있다. 다혈질의 라틴족이 제스처를 즐겨
사용한다는 사실이 이를 뒷받침한다.

<사진 28> 다양한 제스처와 대화의 거리[86]

---

86) 대화중에 다양한 제스처를 사용하는 바레인 사람들(왼쪽 위), 눈을 맞추며 얘
기하는 카시미르 여인들(왼쪽 아래), 다른 곳을 보며 얘기하는 폴란드 청소년들
(오른쪽 위), 거리를 두고 얘기하는 에스키모 여인들(오른쪽 아래)(출처: Micro-
soft Encarta 2002년판).

접촉 문화권과 비접촉 문화권의 구분은 몸짓 언어인 제스처의 사용 빈도와 함수 관계에 있다. 그러므로 서로 다른 언어로 의사소통을 할 경우, 해당 언어의 이해도 중요하지만 비언어적 요소의 이해도 그에 못지않게 중요하다. 이러한 비언어적 요소들을 이해하기 위해서는 접촉 문화권과 비접촉 문화권의 차이를 사전에 알고 있는 것이 의사소통에 도움이 될 것이다.

비언어적 요소 중에서 제스처는 각 나라마다 차이를 보이고 있다. 이제부터 우리는 그러한 차이를 보이는 제스처의 종류에 대해서 살펴볼 것이다.

2. 제스처

여행을 하다보면 문화의 차이를 쉽게 발견할 수 있다. 가시적인 문화의 차이뿐만 아니라 보이지 않는 문화의 차이는 학습을 통해서 얻어지기 보다는 경험을 통해서 한 개인에게 전달된다. 제스처도 후자의 경우에 속한다고 말할 수 있다. 실제로 있었던 예들[87]을 통해 제스처가 서로 다른 문화권에서 어떻게 받아들여지고 있는지 보자.

- 사례 1 : 나이지리아에서 미국인이 히치하이킹을 한다면 당장 원주민은 그들에게 욕설을 퍼부을 것이다. 그곳에서 엄지손가락을 세우는 제스처는 욕이기 때문이다.
- 사례 2 : 미국의 부시 대통령이 90년대 초 부인 바바라 여사와 함께 러시아를 방문중이었다. 만찬회장에서 옐친 대통령 옆에 앉은 바

---

87) 『Gestures』, Roger E. Axtell, John Wiley & Sons, Inc. 1991, New York.

바라 여사에게 다음과 같이 물었다; "미국에서 여자가 남자 발을 밟고 있으면 무슨 뜻인가요? 러시아에서는 여자가 남자를 사랑한다는 뜻입니다".

• 사례 3: 1988년 미국 로스앤젤레스에서 태국 출신의 가수가 자신이 일하던 카바레의 사장을 총으로 쏴서 죽인 일이 발생했다. 사장은 라오스인이었다. 살인 이유는 간단했다. 그가 노래를 부르고 있는 동안 라오스인 사장이 구두를 신을 발을 테이블에 올려놓은 채 가수를 바라보고 있었기 때문이다. 동남아시아인들에게 구두 밑창을 상대방에 보이는 제스처는 심한 모욕을 의미한다.

이렇듯 제스처는 사소한 것일 수도 있지만 아주 심각한 오해를 불러올 수도 있다. 먼저 제스처의 종류를 구분해 보자. 제스처를 상세히 구분하여 연구한 액스텔에 따르면 제스처는 크게 셋으로 구분된다.

• 본능적 제스처 : 인사할 때 본능적으로 눈썹을 치켜 올리고 이마를 찌푸리는 제스처가 여기에 속한다. 팔짱을 끼는 제스처는 방어적인 자세를 암시한다.
• 코드화된 제스처 : 경기 심판, 매매인, TV 감독의 사인 등이 코드화된 제스처에 속한다.
• 습득된 제스처 : 제스처의 유래에 대해 알지 못한다(O.K. 사인, 손을 흔드는 작별 제스처 등). 논리적 설명이 불가능하다.

우리가 관심을 가지고 있는 제스처의 유형은 세 번째에 속한다. 그 이유는 이런 부류의 제스처들은 문화권마다 다른 의미를 가지고 있기 때문에 의사소통에서 중요한 역할을 하기 때문이다. 엑스텔[88]은 다음

---

88) 같은책, p.15.

과 같이 습득된 제스처를 세분하였다.

1) 인사 제스처 Greeting gestures
2) 사람을 부르는 제스처 Beckoning gestures
3) 욕 제스처 Insulting gestures
4) 접촉 제스처 Touching gestures
5) "O.K" 사인 제스처 Signal
6) 엄지를 세우는 제스처 Thumbs-up
7) 승리의 'V' 사인 제스처 'V' for victory

인사 제스처

우리는 친구나 아는 사람을 만나면 반갑게 인사를 주고 받는다. 그
런데 인사법은 신체의 접촉 수준에 따라서 다양하다. 접촉 문화권에서
는 신체적 접촉이 많은 인사를 하지만, 한국같이 비접촉 문화권에서는
그렇지 않다. 액스텔이 소개한 다양한 제스처 중에서 몇 가지 예를 보
기로 하자.

<그림 28> 인도의 인사법: 나마스테 Namaste

인도의 대표적인 인사법이다. 가슴 높이에 두 손을 기도하듯이 모으고 고개를 살짝 숙이면서 한다. 그 의미는 "당신 속의 신에게 기도를 드립니다", "감사합니다", "미안합니다"라는 뜻이다.

<그림 29> 살람 Salaam: 중동 지방의 인사

이 인사법을 다음과 같이 한다. 먼저 가슴에 손을 대고 오른손을 올려 머리를 지나 허공으로 내젓는다. 이 인사의 의미는 "당신에게 평화가 깃들기를 바란다"라는 뜻이다. '살람'과 '이슬람'은 그 어원이 같다.

<그림 30> 아브라조 Abrazo

라틴아메리카에서 흔히 볼 수 있는 인사법이다. 신체의 접촉이 빈번한 문화권에서 자주 사용된다. 이탈리아의 마피아를 그린 영화 '대부'에서 흔히 볼 수 있는 인사법인데, 이탈리아는 유럽에서 대표적인 접

축 문화권에 속하는 나라이다.

사람을 부르는 제스처

조선 시대 양반들은 문밖에서 헛기침을 하며 자신이 왔음을 알렸다. 우리 문화가 비교적 작은 몸짓도 사용하지 않는 비접촉 문화임을 잘 보여주는 예이다. 반대로 서양인들은 사람을 부를 때 신체의 일부를 사용한다. 몇 가지 예들을 보자.

<그림 31> 사람을 부르는 제스처(미국)

미국의 식당에서 웨이터를 부를 때 흔히 볼 수 있는 제스처이다. 집게손가락을 안쪽으로 여러 번 구부리며 사람을 부른다. 이런 종류의 제스처에 익숙하지 않은 동양인들은 잘 이해하지 못하기도 한다.

<그림 32> 사람을 부르는
제스처(유럽과 라틴아메리카)

한국에서는 주로 강아지를 부를 때 혀를 차며 이 제스처를 사용한
다. 라틴아메리카 사람들이 사용하는 제스처이다. 한국에서는 사람을
부를 때 손바닥을 땅을 향한 채 안으로 굽히는 손짓을 반복한다.

욕 제스처

욕 제스처는 비록 그 의미가 비속적이거나 다소 외설적이지만 제스
처 언어만이 표현할 수 있는 독특한 특징을 가지고 있다. 각 언어에는
금기어가 있기 마련이다.[89] 대부분의 금기어는 성과 관련된 것이 많기
때문에 입에 올리는 것조차 꺼려한다. 그런 맥락에서 제스처 언어는
좋은 대안이 될 수 있다. 소리없는 언어가 아닌가?

<그림 33> 디지투스
임푸디쿠스

'음란한 손가락'이라는 뜻을 가진 라틴어 'Digitus impudicus'에서 보
듯이 이 제스처는 그 역사가 오래되었음을 짐작할 수 있다. 일설에 의
하면 이 제스처는 로마 제국의 3대 황제 칼리굴라가 상대방에게 모욕
감을 주기 위해 사용하던 것이라고 한다. 칼리굴라는 세 번째 손가락
에 입을 맞출 것을 강요하며 상대방에게 모욕감을 주었다고 한다. 이
제스처는 미국에서 흔히 볼 수 있는데, 특히 고속도로에서 운전중 상대
방을 모욕하는 제스처로 자주 사용된다. 그런 까닭에 미국에서는 이 제

89) 『몸짓을 읽으면 사람이 재미있다』, 최광선, 일빛, 1999년, p.66.

스처를 'the expressway digit', 즉 '고속도로 손가락'이라고 부른다.

디지투스 임푸디쿠스에 얽힌 이런 에피소드가 있다. 1968년 북한은 자신의 영해를 침범했다는 이유로 미국 군함 푸에블로호를 나포하였다. 미군 승무원들로 함께 억류되었다. 승무원 귀환이 늦어지자 북한 당국은 미군들이 잘 지내고 있다는 증거를 보여주기 위해 가장 건강해 보이는 해군의 사진을 공개했다. 이 사진이 미국 측에 공개되었는데, 문제의 사진 속의 미군은 바로 이 '디지투스 임페디쿠스'를 하고 있었다. 다시 말해 이 사진은 조작된 것임과 북한측에 모멸감을 드러낸 것이었다. 이러한 의미를 모르던 북한 당국은 나중에서야 그 병사에게 징계를 내렸다고 한다.

O.K. 사인 제스처

미국 뉴저지의 플라스틱 제조 공장에 독일 기술자 한명이 연수중이었다. 미국 기술자가 독일 기술자와 함께 작업을 하던 중 독일 기술자에게 압축 스위치를 올리라고 말했다. 독일 기술자는 시키는대로 한 다음 미국 기술자를 바라보았다. 미국 기술자는 오른 손으로 O.K. 사인을 보냈다. 그러자 독일 기술자는 자리를 갑자기 뜨는 것이 아닌가? 독일인에게 그 사인은 '멍청이'라는 의미였다.

<그림 33> 라틴아메리카의 O.K.

미국의 전 대통령 닉슨이 라틴아메리카를 방문했을 때 위의 그림과 같은 제스처를 했다. 그는 미국인들이 즐겨 쓰는 O.K. 사인의 곱빼기 정도로 생각했던 모양이다. 그러나 결과는 정반대로 나타났다. 라틴아메리카에서 두개의 O.K. 사인은 '멍청이'를 뜻하기 때문이다. 이밖에도 프랑스인들에게 이 사인은 '0' 혹은 '가치가 없음'을 의미한다. 일본에서는 돈을 상징하는데 한국도 예외는 아니다.

엄지를 세우는 제스처

이 제스처는 비행사나 우주선 조종사들이 자주 사용하는 제스처로서 '준비됐다!', '최고!'라는 의미를 가지고 있다. 본래 이 제스처는 로마 시대의 검투사 경기에서 유래했다고 알려져 있다. 라틴어로는 'Pollice verso'(방향을 바꾼 엄지손가락)라고 하는데 그 방향이 위를 향했는지 아래를 향했는지는 정확히 알 수 없다. 그러던 중에 19세기 프랑스의 화가 쟝-레옹 제롬의 '검투사'란 그림에서 이 제스처는 사람들

<그림 35> 쟝-레옹 제롬 「폴리케 베르소(Pollice verso)」(1872년)

의 주목을 받게 된다. 이 그림에는 검투사가 상대를 쓰러뜨린 후 관중들의 심판을 기다리는 장면이 보이는데, 관중들은 모두 엄지를 땅을 향해 '죽여라!'라고 외치는 것처럼 보인다. 그 후 엄지를 내리는 제스처는 패자에게 '죽음'을 의미하게 되었다. 그러나 일설에는 엄지를 내리는 것은 '무기를 버리고 패자를 살려줘라'라는 의미이고, 오히려 엄지를 세우는 것이 '패자의 죽음'에 동의하는 제스처라는 설이 있다.

　그러나 지구상의 여러 나라에서 이 제스처가 좋은 의미로만 사용되는 것은 아니다. 미국 관광객이 호주에서 겪었던 에피소드를 하나 보자. 시드니 시내에서 한 미국 관광객이 신호가 바뀌기 전에 출발을 했다. 현지 경찰은 관광객이라는 이유로 가벼운 경고만 주었고 미국인 관광객은 그 경찰관에게 미소와 함께 엄지손가락을 치켜세우는 제스처를 보여주었다. 그러자 경찰관은 몹시 화를 내며 미국인 관광객을 다시 불러 차를 수색하고 마침내 교통위반 딱지까지 발부하는 게 아닌가? 호텔에 돌아온 미국인 관광객은 호주인들에게 엄지손가락을 세우는 제스처가 무엇을 의미하는지 알았다. 그 제스처의 의미는 '우라질 놈!'이라는 욕이었다(그림 35).

<그림 36> 호주인들의 O.K.

이 밖에도 그리스에서 이 제스처는 'Kasta pano'(입 닥쳐!)라는 의미이다. 만약 유럽에서 배낭여행 하는 중에 히치하이킹을 한다고 가정하자. 그 곳이 그리스라면 적어도 엄지손가락을 세운 채 지나가는 자동차를 기다려서는 안될 것이다.

엄지손가락은 셈을 할 때 중요한 역할을 한다. 한국인에게 하나는 집게손가락이지만 독일인에게는 엄지손가락이다. 그러므로 독일의 술집에서 생맥주 한 잔을 주문할 때는 엄지손가락을 사용하면 된다. 반대로 일본에서는 한국과 마찬가지로 하나는 집게손가락이고 엄지는 다섯을 의미한다.

승리의 'V' 사인 제스처

제스처에서 손을 사용은 가장 그 빈도가 높고 중요하다. 그 중에서도 승리의 'V' 사인만큼 잘 알려진 것도 없을 것이다. 먼저 이 제스처의 유래에 대해 살펴보자. 제스처를 연구한 엑스텔을 다음과 같이 이 제스처의 유래를 설명하고 있다. 필자가 만나본 영국인들의 설명도 엑스텔의 설명과 같다.

영국과 프랑스가 백년 전쟁을 치르고 있을 때 초반의 전세는 영국군에게 절대적으로 유리하게 전개되고 있었다. 그렇게 된 배경에는 영국 궁사들의 장궁(長弓)이 한 몫을 했다. 기존의 활로는 기사의 갑옷을 사정거리에서 꿰뚫을 수가 없었지만 영국군의 장궁으로는 그것이 가능했다. 다시 말해 기사로 중무장한 프랑스의 기병대가 무력화된 것이다. 그러자 전투에서 대패한 프랑스군은 영국 궁사들을 생포한 뒤 오른손 집게와 장지를 잘라 버렸다. 그 후 전투가 벌어질 때마다 두 손가락이 멀쩡한 영국 궁사는 프랑스군에게 승리의 'V'자 제스처를 사용하여 자신들의 승리를 미리 과시했다고 한다. 이 제스처는 처음에는 지금과 반대로 손등이 상대편을 향했지만, 2차 세계대전 때 처칠 수상이 손바닥을 상대편으로 향하여 사용한 뒤에 그의 트레이드마크가 되었다. 그 후 본래의 제스처―손등이 상대방을 향하는 것―는 조롱과 모욕의 제스처로 남았고, 그 반대는 승리의 제스처로 자리를 잡았다.

그런데 이 제스처가 그리스에서는 정반대의 의미를 지니고 있다. 다시 말해 영국의 'V'자 제스처가 그리스에서는 욕을 의미하고, 영국의 모욕적인 제스처가 그리스에서는 승리의 사인이 되는 것이다. 한 걸음 더 나아가 그리스에서는 '무짜' moutza라는 제스처가 있다(그림 38). 이 제스처는 손가락을 모두 편 채 상대방을 향하는 데 그 의미는 'eat shit!'이라고 한다.

<그림 37> 그리스의 무짜

그 밖의 제스처들

• 제 정신이 아니라는 제스처

한국인과 독일인들은 관자놀이 근처에서 손가락을 빙빙 돌려 제정신이 아니라는 제스처를 사용한다. 그러나 프랑스인들은 관자놀이에 검지손가락을 댄 채 움직여 같은 의미의 제스처로 사용한다.

• 눈썹을 올리는 제스처

이 제스처는 러시아에서는 놀람을 의미하고 프랑스인들은 이해하지 못한다는 것을 나타낸다. 그러나 그리스인들은 이 제스처를 할 때

고개를 약간 저으면서 부정의 뜻을 나타낸다. 한편 이집트인들에게 이 제스처는 별 의미가 없다는 뜻이며, 터어키인들은 의심, 반대, 호기심, 불신을 의미한다.

 • 프랑스인의 다양한 제스처
　제스처 문화가 이탈리아와 더불어 가장 발달한 프랑스인들의 제스처를 보자.

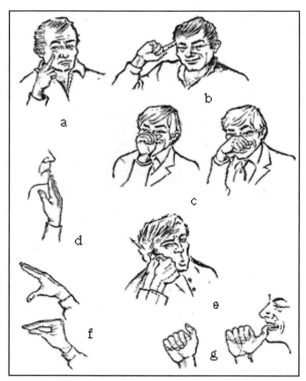

<그림 38> 프랑스인들의 다양한 제스처

　a. "약오르지!", "웃기지마!"
　b. "너 제정신이 아니구나!"

c. "코가 비뚤어지게 마셨군!"

d. "잘 모르겠는 걸!"(회의)

e. "정말 어처구니가 없군"(화가 난 상황에서)

f. "(입)닥쳐!"

g. "천만에! 전혀 없지!"(손톱을 이에 대고 딱딱 소리를 내며)

3. 소리 없는 언어 : 몸짓

제스처가 고정화된 몸짓의 대표적인 예라고 한다면 그 외의 모든 동작도 비언어적인 요소에 속한다. 일찍이 프로이트는 다음과 같이 말했다.

"보는 눈과 듣는 귀를 가진 사람들 앞에서 절대 비밀을 지킬 수 없다는 것을 명심해야 한다. 입술이 잠자코 있어도 손가락이 가만히 있지 못한다. 비밀은 몸에서 흘러나오게 마련이다."

프로이트에 의하면 비언어적 요소에 의해서 화자의 의도가 그대로 드러난다는 말이다. 여기에서 말하는 비언어적 요소는 몸짓과 자세가 될 것이다. 그러면 어떤 몸짓과 자세가 화자의 전달하려는 의도를 무의식적으로 내포하고 있는지 살펴보자.

미국의 심리학자 메브레비언 A. Mehrabian은 마음을 표현하는 몸동작을 '신체 언어'라고 정의했다.[90]

• 분노 : 머리를 많이 움직이는 반면 손놀림이 적다. 상대편이 아주 천천히 가깝게 다가올 때도 화난 상태다.

• 공포 : 두려움을 느끼는 상대에게는 슬금슬금 뒤로 물러나면서 힐

---

90) 같은 책, p.49.

끔힐끔 시선을 맞춘다. 일정한 거리를 두고 상대의 모습을 살피기
도 한다.

- **적대감** : 싫어하는 사람이 화제에 올랐을 때는 양손을 모은 다든지
몸의 어느 부분을 만지거나 문지른다든지 하는, '자신의 몸에 관심
을 갖는' 동작이 많이 나타난다.
- **우울감** : 기분이 우울할 때는 머리를 적게 움직이고, 발을 많이 움직
인다.
- **스트레스** : 스트레스를 느껴서 마음의 동요가 많을 때는 몸의 움직
임―손짓, 발짓 등―이 많아진다.
- **슬픔** : 슬픔에 빠지면 반대편에서 아는 사람이 걸어와도 시선을 주
지 않고 빠른 걸음으로 스쳐 지나간다.

우리는 상대방과 대화를 하면서 긍정과 부정의 반응을 비언어적인
수단을 통하여 자신도 모르게 하는 수가 많다. 미국의 한 실업가가 경
험적으로 알아낸 몇 가지 경우를 보자.[91]

<'Yes'를 나타내는 몸짓>
- 양손을 책상 위에 넓게 편 채 앉아 있다.
- 턱을 문지른다.
- 책상 위에 놓여 있는 물건을 치운다.
- 손을 편 채 앉아 있다.

<'No'를 나타내는 몸짓>
- 주먹 쥔 손을 책상 위에 올려놓고 앉아 있다.
- 양손을 넓적다리 위에 얹어 놓고, 팔꿈치를 펴고 양손의 엄지손가
락을 서로 마주보게 하고 있다.

---

91) 같은 책. p.62.

- 양손을 머리 뒤로 돌려 마주잡는다.
- 손가락으로 수를 센다.
- 이야기를 들으면서 책상 위에 놓인 물건들의 위치를 바꾼다.
- 무엇을 찾는 척하며 책상 서랍을 여닫는다.
- 손으로 이마를 문지른다.
- 양손으로 턱을 괜다.
- 손가락으로 책상을 두드린다.

입과 관련된 움직임도 'Yes'와 'No'를 암시한다.
- 입술을 쓰다듬는다(Yes).
- 혀를 볼 안으로 밀어 넣는다(No).
- 입을 꽉 다물고 입술이 말라 있다(No).
- 입술을 깨문다(No).
- 어금니를 힘껏 물거나, 턱을 반복해서 내밀었다 당겼다 한다(No).

<사진 29>
시상대의 미국 육상선수들
(1968년 멕시코 올림픽)

미국인들의 대화시 가장 이상적인 거리는 1m라고 한다. 그러나 남미인은 이보다 가깝다. 그 이유는 미국인보다 남미인들이 접촉문화에 익숙해져 있기 때문일 것이다. 심리학자 홀 Hall[92]은 남녀 사이의 거리를 여덟 가지로 구분했는데 그 중의 몇 가지를 보면 다음과 같다.

- **15~45cm(부부·연인의 거리)**: 손을 뻗으면 상대에게 닿을 수 있고, 같이 춤을 추거나 친밀한 대화를 나눌 수 있는 거리. 연인이나 부부 사이의 거리로 제삼자가 끼어들 수 있는 여지가 없다.
- **45~75cm(관계를 의심받는 거리)**: 간단히 상대편과 닿을 수 있는 거리로, 부부나 연인이라면 자연스럽지만 그렇지 않은 사이라면 불쾌감이나 긴장감을 느끼게 하는 야릇한 거리다.
- **75~120cm(친구 사이의 거리)**: 서로가 손을 뻗으면 닿을 수 있는 거리. 이보다 더 떨어지면 공적이고 형식적인 의사소통밖에 되지 않는다.
- **120~210cm(사교상의 거리)**: 몸이 닿지 않고 표정 변화도 볼 수 없는 거리. 사교 모임에서 접대할 때나 비서가 손님을 맞이할 때, 처음 만난 사람과 업무에 관한 이야기를 할 때의 거리다.
- **210~360cm(일방적 전달 거리)**: 다른 사람에 대해 신경 쓰지 않고 자기 일을 할 수 있고, 남에게 폐가 되지 않는 거리. 높은 사람의 집무실에 큰 탁자를 두는 이유는 이 거리를 확보하기 위해서다.

이렇듯 비언어적 요소 중의 하나인 거리의 문제도 상대방의 관계, 메시지를 전달하려는 방식의 차이 등에 따라 구분된다. 우리는 이러한 거리의 차이를 의식하지 못하지만, 어느 순간 그 거리가 지켜지지 않으면 자연스럽게 분위기의 전환을 시도하거나, 본래의 관계를 유지시

---

92) 같은 책, p.85.

켜 주는 거리로 되돌아간다. 이렇듯 의사소통 시 대화자 간의 거리도 비언어적인 요소에서 중요한 역할을 하고 있음을 알 수 있다.

4. 침묵의 언어 : 시간

한국인들은 성미가 급하기로 유명하다. 한국에 살던 화교가 미국으로 이민을 가서 중국 식당을 개업하였다. 한국식 중국 요리에 입맛이 길들여져 있던 재미동포들은 자주 그 식당을 찾았다. 그런데 거기에서도 한국인들은 음식을 주문한 뒤 얼마 지나지 않아 "빨리, 빨리"를 외치는 것이 아닌가? 이에 중국인 주인은 자신이 그 소리를 듣기 싫어 미국까지 이민을 왔는데 여기에서까지 그런 소리를 들을 줄 몰랐다며 질겁을 했다고 한다. 그렇다면 음식이 나오는 데 걸리는 시간이 왜 유독 한국인들에게 길게 느껴지는 것일까? 그 절대적인 시단의 기준은 몇 분일까?

우리는 의사소통의 과정에서 보조 수단이 중요한 의미를 전달하는 경우를 위에서 보았다. 일찍이 에드워드 홀[93]은 시간에 대해 다음과 같이 말하고 있다.

> "시간이 말을 한다. 그 말은 말보다 알기 쉽고 그 메시지는 크고 명료하게 전달된다. 시간이 전하는 말은 언어에 의한 말에 비해 의식적으로 조작되는 경우가 적기 때문에 그만큼 왜곡되는 일도 적다. 말이 우리를 기만하는 순간에도 시간은 진실을 외술 수 있는 것이다."

우리의 행위들—이런 것들이 결국 문화의 양식이다—은 시간의 흐

---

93) 『침묵의 언어』 한길사, 2001년.

름 위에서 이루어진다. 그러므로 시간이라는 요소를 배제해서는 그 행위의 진정한 의미를 이해할 수 없다.

한국도 마찬가지이지만 미국인에게 면도를 하거나 조반을 준비하는 이른 아침에 전화를 거는 것은 대개 긴급하고 극도로 중요한 사태를 알리는 의미로 간주된다. 밤 열한시 이후의 전화도 마찬가지다. 에드워드 홀이 설명한 예들을 들어 보자.

<사례 1>
남태평양의 한 섬에서 일어났던 실화. 원주민과 그 곳에 진출한 미국 회사 간에 갈등이 빚어졌다. 고용과 관련된 문제였다. 우여곡절 끝에 원주민들은 분쟁의 문제를 해결하고 그 결과를 미국 공장장에게 알리기 위해 몰려갔다. 그런데 시간이 문제였다. 새벽 2시에 원주민들은 공장장을 찾아간 것이었다. 공장장은 폭동이 일어난 줄 알고 당장 미해병대의 출동을 요구했다. 미국인들이 하루의 특정한 시간대에 부여하는 의미가 원주민들에게는 무의미하다는 사실을 그가 알 턱이 없었던 것이다.

<사례 2>
라틴계 국가에서 시간의 개념은 미국과 많이 다르다. 오히려 한국과 비슷하다고 말할 수 있다. 미국의 농업 전문가가 라틴 아메리카의 한 나라에서 겪은 일이다. 그는 도착한 지 얼마 되지 않아 농업부 장관의 면담을 요청한 끝에 마침내 면담 약속을 받아냈다. 미국인 농업 전문가는 장관을 찾아 갔다. 집무실에서 장관을 기다렸지만 장관은 20분, 25분, 30분, 마침내 45분이 지나도 나타나지 않는 게 아닌가? 그는 몹시 화가 나서 소리를 버럭 질렀다. 이러한 사태를 보고 받은 장관은 '기다리게 내버려 두라'고 말했다. 문제는 두 나라 사람들이 가지고 있던 시간의 개념이 달랐던 것이다. 시간 약속을 중시하는 미국인에게

시간이 갖는 그 이상의 의미는 이해할 수 없는 것이었다.

<사례 3>

아메리카 인디언인 수 Sioux족에게는 시간과 관련된 단어들이 존재하지 않는다고 한다. '늦다', '기다린다'라는 말 자체가 없다는 것이다. 그런 사람들과 시간 약속을 한다는 것 자체가 무리가 아닐까?

'코리안 타임'이란 말이 있다. 서양인들이 보기에 한국인들은 시간관념이 희박하다는 뜻일 게다. 그러나 그것은 한국인이 시간에 가진 생각을 모르는 데서 생겨난 말이다. 분석적인 사고보다는 종합적인 사고에 익숙한 한국인들이 가진 시간에 대한 관념은 서양인들과 다를 수밖에 없을 것이다.

같은 서양인들도 시간에 대한 개념이 다르다. 남부 유럽인들 보다는 북유럽인들이 시간을 철저히 지키는 편이다. 예를 들어 저녁 식사를 초대받았을 경우, 남유럽인들은 2~30분 정도 늦게 가는 것이 상례지만 북유럽인들은 그렇지 않다.

지금까지 살펴 본 언어 이외의 요소들은 이문화 간의 의사소통에서 언어 이외의 중요한 역할을 하는 것들이다. 사실 언어를 통한 의사소통이 제대로 되려면 이러한 문화적 차이를 미리 이해하고 있어야 한다. 우리가 외국어를 배우는 이유는 '문화대 문화의 의사소통'이 가능하게 하기 위함이다. 그러므로 문화적 차이를 간과한 외국어의 습득은 별 의미가 없는 것이다.

제 11장 : 언어 속에 스며든 문화

언어 속에 스며든 문화

때는 지금으로부터 약 930여 년 전인 1066년 9월 중순, 잉글랜드의 해이스팅즈 Hastings의 서남쪽에 있는 페븐시 Pevensey 해안에 노르망 군사들이 300여척의 드라카르를 타고 상륙하였다. 잉글랜드왕 헤롤드는 북방에 쳐들어온 노르웨이 군사와 전투를 벌이고 있었는데, 급히 남쪽으로 군대를 이동하였다. 그러나 헤롤드는 전사하고 노르망디의 공(公) 윌리암 William(불어명 기욤 Guillaume)은 그해 12월 25일 웨스트민스터 사원에서 잉글랜드의 왕위에 오른다. 이 역사적인 사건은 서양 중세사를 전공하는 학자들에게 뿐만 아니라 두 나라의 문화사를 전공하는 학자들에게도 매우 흥미있는 사건이었다.

본래 당시의 영국 왕실은 덴마크 계통의 바이킹 후손인 데인족이 차지하고 있었다. 그런데 프랑스 왕국에서 가장 강력한 공국(公國)이었던 노르망디도 데인족의 후손들이었다. 그러나 노르망디의 데인족들은 프랑스에 정착한지 몇 세대가 지나자 프랑스 문화에 완벽하게 동화되었다. 즉, 외모는 바이킹이었지만 프랑스인과 다를 바가 없었던 것이다.

문화의 구성 요소 중에서 종교와 새로운 제도의 전래는 많은 문화적 변화를 일으킨다. 그런데 언어를 문화의 주요 구성 요소로 가정한다면, 언어의 전파가 문화의 변화에 미치는 영향은 그보다 훨씬 크다고 말할 수 있다.

영어가 독일어에서 갈라진 해는 지금부터 약 1500여 년 전, 독일의 작센 Saxen 지방에 거주하던 색슨족이 잉글랜드로 건너간 해이다. 즉, 영어는 독일어에서 파생된 순수한 게르만 어파에 속하는 언어인 것이다. 그러나 이미 살펴본 바와 같이 영어는 로만스어파인 불어와 더 많은 유사성이 있어 보인다. 그 이유는 바로 윌리암의 잉글랜드 정복에서 그 단서를 찾을 수 있다.

영어와 불어의 단어 중에서 prison과 justice는 철자 하나 다르지 않고 동일하다. 그 말은 두 나라 행정 기관의 관계가 얼마나 밀접했는지를 잘 보여주는 예라고 할 수 있다. 재미있는 예를 하나 보기로 하자. 고대 불어 preux는 '용감한 기사'라는 의미가 있었다. 이 단어는 영어에 proud를 제공했는데 이 단어에는 '오만한'이란 뜻도 포함되어 있다. 이 말은 정복자의 입장에서는 '용감한 전사'일지 몰라도 피정복자의 시각으로는 오만한 기사로 보였던 것이다.

이후 중세 서유럽의 역사는 영국과 프랑스의 대결로 압축된다. 프랑스 왕국의 제후였던 노르망디공이 영국왕이 되고 훗날에는 드넓은 아끼뗀느 지방과 앙쥬 지방까지 소유하게 되자 상황은 역전되기에 이른다. 영국왕의 영지가 프랑스 왕보다 더 많아진 것이다. 그 후 프랑스의 필립오귀스트가 노르망디를 수복한 뒤에도(1204년) 영국왕은 프랑스에 포도주의 산지인 아끼뗀느를 여전히 소유하고 있었다. 이러한 양국의 복잡한 관계는 백년 전쟁을 계기로 정리된다. 이제 국민 의식도 형성되고 영국과 프랑스는 오랜 역사의 고리를 끊게 된 것이다. 그러나 두 나라의 관계가 완벽하게 정립되었다고 수백년간 영국에 영향을 미친 프랑스 문화의 흔적이 사라진 것은 아니었다. 그 흔적의 보고가 언어 즉, 지금의 영어인 것이다. 본 장에서는 영어에 남아 있는 프랑스 문화의 흔적들을 몇 가지 들어보고자 한다.

영어 속에 스며든 프랑스 문화

흔히 문화는 물과 같은 것이어서 높은 곳에서 낮은 곳으로 전파된다. 잉글랜드를 정복한 '사생아 윌리엄' Guillaume le Bâtard은 '정복자 윌리엄' Guillaume le Conquérant이라는 칭호를 얻게 된다. 당시 노르망디는 프랑스에서 뿐만 아니라 서유럽에서 가장 문화가 앞선 지방이

었다. 영국에 배심원 제도를 정착시킨 것도 노르망족이었으며, 기사제
도가 가장 발달한 공국(公國)도 바로 노르망디 였다.

본래 문화적 전이 중에서 언어의 전파는 한 문화에 커다란 영향을
미친다. 영국에 프랑스 계통의 왕조가 수세기간 존속하면서 영국에
서 불어는 왕족을 비롯한 귀족과 식자층에서 문학어와 전문어로서 독
보적인 위치를 누리게 된다. 1298년 링컨 Linclon의 주교 글루세스터
Robert de Gloucester는 "영국 사회에서 불어를 모른다면 거의 대우를
받지 못한다"라고 말했을 정도이다. 정복자 윌리암이 잉글랜드를 정
복한지 2세기가 지난 영국에서 불어의 위상을 단적으로 보여주는 말
이다. 또 다른 예로는 노르망 왕조에서 영어를 구사할줄 아는 최초의
왕은 에드워드 1세(1272~1307)로 알려져 있다. 그러나 에드워드 1세
도 영어보다는 불어에 더 능통했다고 한다. 이 사실은 노르망 귀족과
앵글로-색슨 원주민 간의 교류가 거의 없었다는 사실을 반증한다. 또
한 윌리암의 잉글랜드 정복 이후 영국에서는 수세기 동안 영어로 쓰인
대표적인 문학 작품이 나오지 않았다. 일례로 본래 민중을 의미하던
'folk'는 불어의 'people'에 의해 대체되어 극히 한정된 경우에만 사용
되는 말이 되어 버렸다. 셰익스피어의 작품에서도 순수한 영어인 'folk'
는 거의 등장하지 않고, 그 자리에 people이 사용되고 있음을 확인할
수 있다.

• 아침은 아랫사람들의 식사?

영어의 식사 명칭 중에서 아침을 의미하는 breakfast만 빼고 모든 명
사는 불어에서 유래했다. 영어와 불어의 식사 명칭을 비교해 보자. 먼
저 점심을 의미하는 lunch는 중세 불어 longe에서, 저녁과 만찬을 가리
키는 diner와 supper는 불어의 dîner와 souper에서 유래한 말들이다. 그
런데 왜 영어는 breakfast만 자신들의 고유어로 간직하고 있을까?

이 문제의 답은 중세 서유럽인들의 식사 습관에서 찾을 수 있다. 프

랑스의 경우 dîner의 시간은 시대에 따라 달랐다. 중세의 프랑스 격언을 인용해 보자: "새벽 5시에 일어나 9시에 아침을 먹고, 오후 5시에 저녁, 그리고 9시에 취침". 이 격언에서 말하는 아침이 본래 dîner였고, 지금은 야찬을 의미하는 souper가 당시에는 저녁 식사를 가리키는 말이었다. 그러던 것이 샤를르 5세(14세기 중엽)때는 dîner가 10시로 늦춰졌고, 앙리 4세(16세기 말)때에는 11시로, 다시 루이 14세의 때에는 정오로 점점 그 시간이 늦춰졌다. 이후 나폴레옹 1세 때에는 오후 5시, 루이필립 시기에는 지금의 저녁 식사 시간대인 저녁 7시로 옮겨졌다. 그러므로 본래 아침을 의미하던 dîner는 식사 시간의 변경에 따라 저녁이 되었고, 저녁을 의미하던 souper는 야찬으로 그 의미가 바뀌었다.

그런데 중세의 영국 사회를 상상해 보자. 정복자였던 노르망 귀족들은 밤늦게 술과 음식을 먹고 늦게 잠자리에 들었을 것이다. 그러나 대부분이 농민이었던 색슨족들은 아침 일찍 일어나 들에 나갈 준비를 해야 했다. 그들에게 아침은 하루의 노동을 위한 에너지를 제공해주는 아주 중요한 식사였던 반면, 노르망 귀족들은 아침 늦게 일어나 아침 겸 점심을 먹었을 것이다. 본래 breakfast란 말은 밤새 금식을 하다가 그것을 깨뜨린다라는 의미로 잘 알려져 있다. 불어의 아침을 뜻했던 dîner도 어원을 따지면 '금식을 깨뜨리다'라는 의미이다. 이런 까닭에 아침의 식사명은 영어로 남아있고 그밖의 식사명은 불어에서 유래하게 된 것이다.

• '얼굴'이 외래어라면?

어느 언어든지 기본 어휘라는 것이 있다. 친족명, 동식물 명칭, 신체 부위를 지칭하는 명사들이 기본 어휘의 대부분을 차지한다. 우리 한국어의 경우도 많은 한자어가 국어 어휘의 상당 부분을 차지하고 있지만, 기본 어휘는 순수한 고유어들이 차지하고 있다. 신체 부위의 명사만 보아도 모두 고유한 우리말임을 알 수 있다.

그러나 영어의 예를 보자. 손을 의미하는 hand는 독어의 Hand와 철자 하나 다르지 않은 순수 영어다. 영어도 신체 부위의 경우 거의 모든 명사들이 영어의 고유 어휘들이다. 그런데 얼굴을 의미하는 face는 불어의 face[fas]에서 유래한 명사이다. 우리말로 치면 '얼굴'이라는 중요한 명사가 한자에서 유래한 셈이다. 그러므로 face의 예를 통하여 우리는 두 언어가 얼마나 밀접한 관계에 있었는지, 정확히 말해 영어에 미친 불어의 영향이 어느 정도였는지 짐작할 수 있다.

• 사라진 고유어

우리말에서 '가람'과 '뫼'가 한자어 강(江)과 산(山)에 의해 사라졌듯이, 위에서 예를 든 영어의 face의 경우도 본래 고유어가 있었을 것이다. 현재 확인할 수 있는 사라진 영어의 고유어들을 몇 개 보자.

본래 색슨어에서 공기를 뜻하는 말은 *lyft*였다. 그러나 이 고유어는 사라지고 불어에서 유래한 air에 그 자리를 내주고 말았다. 반면 독일어는 순수한 게르만어의 특징을 잘 간직하고 있는 언어이다. 독일 항공사의 이름은 Lufthansa인데 'Luft'란 말은 독일어로 '공기'란 뜻이다. '아름다움'을 뜻하는 *wlite*란 말도 불어의 beauté에 자리를 내주었다. 여기에 형용사를 만드는 접사 '-ful'을 붙여 beutiful이란 말이 만들어지게 된다. 이밖에도 '죄'를 의미하던 *firen*은 불어의 crime에게, 군대를 뜻하던 *here*는 불어의 armée(영어의 army)에 의해 사라졌다.

• 여행은 '고통스러운 일'

영어의 '여행'을 의미하는 단어들은 그 대부분이 불어에서 유래했다. 먼저 travel의 경우를 보자. travel은 불어의 travail라는 단어가 그 어원인데, 본래 travail의 뜻은 '일', '노동'이지만 예전에는 '고통', '힘든 일'이라는 의미도 있었다.

중세 서양 사회를 상상해 보자. 로마 시대의 거미줄처럼 건설되었던

도로들은 황폐화되었고, 도시에 살던 로마인들과는 달리 게르만족들은 성을 중심으로 요새화된 성채에서 살고 있었다. 중세 서양에서 '숲'이라는 단어는 특별한 의미를 지닌 명사였다. 아더왕의 총애를 받던 기사 랑스로가 아더왕의 왕비와 연정을 나눈 곳이 숲이었고, '트리스탄과 이졸데'에서 두 연인은 사랑을 이루기 위해 숲으로 도피한다. 이처럼 중세 서유럽에서 숲은 속세와 절연한 은자(隱者)들이 사는 곳이었고, 무서운 공포의 대상이기도 했다. 그런 까닭에 교통망도 제대로 없었던 시절에 먼 곳으로 이동한다는 사실, 즉 여행을 한다는 것은 '고통'과 '힘든 일'이었을 것이다. 야수와 도적떼를 피해 여행을 마친 당시의 사람들은 아마도 다음과 같은 인사말을 들었을지 모른다: "여기까지 오느라 얼마나 고생하셨습니까?". 즉, '고생'이란 말이 '여행'으로 바뀐 것이다.

travel 이외에도 영어에는 journey라는 단어가 있는데, 이 단어는 불어의 journée라는 말에서 유래했다. 현대 불어에서 journée는 '하루'라는 의미로 사용되고 있지만 예전에는 '하루 동안의 여행'이라는 뜻으로 사용되었다. 이 밖에도 영어의 voyage와 불어의 voyage도 철자 하나 틀리지 않는다.

• '일동 기립!'

몇 년전 올리버 스톤 감독의 영화 'JFK'를 본 적이 있다. 이 영화 중간에는 암살 용의자 오스왈드의 재판 장면이 나온다. 영화를 기억해 보자 : 법정에는 피고와 원고가 이미 입장해 있고 검사와 변호사들은 판사들이 입장하기를 기다리고 있다. 바로 그 때 판사가 입장하는 순간 정리(廷吏)는 'Oyez[oies]! Oyez!'라고 외친다. 이 말은 우리말로 하면 '일동 기립'이라는 의미이다. 본래 Oyez란 말은 그 어원이 불어인데, 고대 불어 oir 동사의 2인칭 명령형에 해당된다. 그 뜻은 '듣다'이며 조금 의역하면 '주목!' 정도로 해석하면 될 것이다.

그렇다면 미국의 법정에서 20세기에도 불어가 관례대로 사용되고 있었다는 얘기이다. 본래 미국의 사법제도는 영국의 사법제도를 많이 모방했다. 그런데 법조계는 사회 변화의 파장이 가장 늦게 미치는 곳이다. 우리나라의 경우만 보아도 사법부를 개혁했다는 말은 아직 못 들어 봤다.

윌리암의 잉글랜드 정복이후 불어가 영국에서 차지했던 특수한 위상도 몇 세기가 흐른 뒤 많은 변화를 겪게 된다. 1362년부터는 의회의 개회를 영어로 했으며, 1350년부터 아이들에게 불어를 더 이상 가르치지 않게 되었다. 그러나 법원에서는 1731년까지 불어가 공식 언어로 사용되고 있었다. 그런 까닭에 'Oyez!'란 말이 그토록 오랜 기간 동안 영국과 미국의 법정에서 사용되었던 것이다.

• '자! 공 간다'

중세 프랑스에서는 죄드뽐므(jeu de paume)라는 공놀이가 있었다. 뽐므 paume란 말은 '손바닥'이란 뜻으로 손바닥으로 공을 치고 받는 놀이였음을 짐작할 수 있다. 이 놀이는 이후 왕실에서 크게 유행하였으며 마침내 영국에 전해져 테니스로 발전하게 된다. Tennis란 말은 불어의 'Tenez'란 말에서 유래하였다. 'Tenez!'란 말은 Tenir 동사의 2인칭 명령형으로 물건 등을 건넬 때 '자, 여기 있어! 자, 받아'라고 해석할 수 있다. 그러므로 'Tenez'란 말은 공을 상대방에게 보낼 때 상대방에게 공을 받을 준비를 하라는 의미를 담고 있다. 고대 불어에서는 철자 'z'가 's'와 혼용되었기 때문에 Tennis가 Tenez에 유래했다는 사실은 쉽게 이해할 수 있다. 이밖에도 테니스와 관련된 용어 중에서 Deuce란 말은 불어의 '둘'을 의미하는 Deux가 그 어원이다. 즉, 두 선수가 동점이라는 의미이다. 고대 영어에서는 불어의 's'를 'ce'로 표기하였으며, 불어의 'x'는 고대 불어에서 'us'를 표기하는 철자였으므로 영어의 Deuce는 불어 Deux의 영어식 표기인 것이다.

• 영국 왕실의 문장(紋章)에 불어?

<사진 30> 영국 왕실의 문장

영국 왕실의 문장에는 한 마리의 사자와 일각수(一角獸)인 유니콘이 마주 보고 있다. 영국 왕실의 문장에 두 마리의 동물이 등장한 배경에는 복잡한 영국의 중세사를 살펴볼 필요가 있다. 영국에 노르망 왕조가 들어선 것은 1066년. 지금도 프랑스의 노르망디 지방의 문장에는 두 마리의 사자, 정확히 말하면 표범이 그려져 있다. 그 표범들은 붉은 바탕에 한 발은 땅에 딛고 세 발은 허공을 향하여 움직이는 모습인데, 시선은 정면을 보고 있다. 본래 이 문장은 정복왕 윌리암의 외증손인 헨리 2세가 처음으로 사용했다고 전해진다. 당시에는 세 마리의 표범이 그려져 있었는데 헨리 2세의 세 아들인 조프르와, 리챠드 그리고 존을 의미한다는 말도 있다. 그리고 문장에 등장하는 또 다른 동물인 유니콘은 스코틀랜드를 병합한 뒤 첨가된 것이다.

먼저 영국 왕실의 문장(Royal coat of arms)에는 두 문장의 제명(題銘)이 적혀 있다. 첫번째 제명은 "Dieu et mon droit(신과 나의 권리)"인데, 이 말은 중세 기사형 군주의 전형으로 꼽혔던 사자왕 리챠드

Richard Coeur de Lion(영어명 Richard the Lionhearted)가 한 말로 전해
진다. 그 뒷이야기는 이렇다.

정복왕 윌리암의 외증손인 헨리 2세(재위: 1154~1189)의 둘째 아들
인 사자왕 리챠드는 프랑스 국왕인 필립오귀스트(존엄왕 필립)와 프
랑스에 소유하고 있던 영지를 빼앗기지 않기 위해 많은 전쟁을 벌였
다. 그러나 노르망 왕실의 고향인 앙쥬와 뿌와뚜 지방이 이미 프랑스
에 넘어가고, 노르망디까지 프랑스군이 침입하고 있었다. 이때 사자왕
리챠드는 세느강변에 천혜의 요새를 축조하는데 그 성이 바로 가이
야르 성(城) Château de Gaillard이다. 이 성을 두고 존엄왕 필립은 "성
벽이 쇠로 되어 있어도 나는 이것을 빼앗고야 말겠다"라고 외쳤고, 리
챠드는 "성벽이 버터로 되어 있어도 나는 이것을 지킬 수 있다"라고
응수했다. 이때 리챠드가 한 유명한 말이 바로 "신(神)과 나의 권리"
(Dieu et mon droit)라는 말이다. 이 말은 노르망디는 영국 왕실의 고향
이며, 그 곳을 지켜야함은 신명(神命)과도 같다는 의미이다.

영국 왕실의 문장에 적힌 두번째의 제명은 "Honi soit qui mal y
pense"이다. 이 말은 직역하면 "사념(邪念)을 품은 자에게 화(禍)가 있
으라"라는 의미이다. 이 말은 백년 전쟁을 일으켰던 에드워드 3세의
말이다.

사건의 전모는 이렇다. 국왕은 그의 애첩(愛妾)인 샐리스버리
Salisbury 백작 부인을 위해 토요일 저녁에 무도회를 열었다. 백작 부
인은 무도회가 무르익을 무렵 춤을 추다가 그만 양말 대님을 흘리고
말았다. 국왕은 황급히 그 대님을 주웠으며, 곧바로 그 장면을 보고 빈
정거리려는 궁정인들에게 소리쳤다: "Honi soit qui mal y pense". 다시
말해 대님이 흘러내렸다고 야릇한 생각을 애당초 하지 말라는 경고였
다. 왕은 바로 그 다음 날 대님 리본을 가져오는 사람에게 훈장을 주
겠다며 가터 훈장(the Order of the Garter, 불어명 Ordre de la Jarrtière)
을 제정하였다. 이 제명은 영국 왕실에 대해 험담을 하거나 사념(邪念)

을 품는 자들에게 일침을 놓는 경고의 의미를 담고 있다.

영국 왕실에 남아 있는 불어의 흔적은 다른 곳에서도 발견된다. 흔히 '짐은 다음과 같이 생각하게 되었다…', '짐은 훌륭한 신하들에게 사의를 표하고 그 선의를 가상히 받아들여 다음 일을 요망한다…'[94] 같은 표현이 불어 표현을 그대로 옮겨 놓은 것들이다. 영국 이외에도 네덜란드의 왕실 문장에는 'Je maintiendrai'라는 불어 제명이 있는데 해석하면 '나는 지킬 것이다'(국가의 안위를)라는 의미이다. 이밖에도 노르망 왕조는 영국의 지명도 불어식으로 이름을 지었는데, 대표적인 예가 Westminster이다. 본래 이 사원의 본래 이름은 불어식으로 Ouestmoutier('서쪽의 수도원')였다.

영어 발달의 황금기

윌리암의 잉글랜드 정복은 위에서 보았듯이 영국을 라틴 문화권에 편입시키는 결과를 가져왔다. 그러나 수세기간 지배층에서 불어를 사용했다는 사실은 역으로 영어가 발전하는 계기를 만들어 주었다. 정복 이후 영국 사회에서는 약 300년 동안 두 개의 언어를 사용하는 국가로 남아 있었다. 앙드레 모로아의 영국사를 인용해 보자.[95]

"(…)영어는 고유한 문학과 문법을 가지지 못한 채, 회화용, 그것도 일반인의 회화용으로 남아 있었다. 그러나 영어는 급속한 발전을 거듭했다. 왜냐하면 언어에 있어서는 상류계급만이 보수적이기 때문이다. 학자들이 사용한 색슨어는 복잡한 어미변화를 하는 격(格)을 가진 게르만어의 일종이었다. 그러나 일반인은 만사를 단순화하는 경향이 있어 영어도 품위라는 제약에서 해방되어 놀란 만큼 유연성을 가지게 되었다. 교양이 없는 사람이나 외국인이 발음을 하면 단어의 악센트가 있는 음절만

94) 『영국사』, 앙드레 모로아저, 기린원, 1991년, p.71.
95) 같은 책, p.71.

남게 된다. 이리하여 영어에는 대단히 많은 단음절어가 생기게 되어, 이 단음절어가 영시(英詩)의 독특한 아름다움을 빚어내고 있다."

또 다른 예로는 게르만어의 철자 습관인 'k-'를 로만스어의 철자 습관인 'qu-'로 바꿔 cwen은 queen으로, cwic은 quick으로 철자까지 마치 로만스어파에 속한 언어처럼 바뀌었다. 모음도 불어식으로 바뀌었다. hus는 house로 모음이 교체되었는데, 모음 'ou'는 대표적인 불어식 모음 표기법이다.

풍부한 어휘의 언어

영어는 다른 언어와 비교할 때 그 어휘 수가 상당히 많다. 그 이유는 영국의 역사와 불가분의 관계에 있다. 노르망 정복이 있기 약 300년 전에 데인족이 잉글랜드를 침범하여 영어에는 덴마크어가 차용되었다. 햄릿의 무대가 덴마크를 배경으로 하는 데는 이런 영국의 역사에서 비롯된 것이다.

학자들이 영어 단어 만개의 어원을 구분한 연구에 따르면 고유의 영어 어휘가 78.1%, 불어 15.2%, 라틴어 3.1%, 덴마크어가 2.4%의 순이라고 한다. 그런데 이는 전체 어휘 구성 비율이기 때문에 학술·전문 용어의 외래어 비중, 특히 불어의 비중은 거의 50%에 이른다. 우리가 일상 회화에서 순수한 우리말을 많이 사용하지만 전문적인 분야에서는 한자어가 절반을 넘게 차지하는 이치와 같다. 이렇듯 많은 외래어를 차용한 결과, 영어에는 많은 동의어들이 존재하는데, 그 뉘앙스의 차이를 구분하기란 그리 쉽지 않다. 끝으로 불어 어원과 영어 어원의 유의어를 비교하면서 본장을 마칠까 한다. 불어 어원의 단어들은 대부분 식자층들이 사용하던 학술·전문어라고 생각하면 된다.

영 어	불어 파생어
might	power(pouvoir)96
ask	demand(demander)
seethe	boil(bouillir)
freedom	liberty(liberté)
folk	people(peuple)
board	table(table)
blossom	flower(fleur)
speech	language(langage)
wedding	marriage(mariage)
ache	pain(peine)
side	part(part)
weep	cry(crier)
kingly	royal(royal)
deadly	mortal(mortel)
fire	flame(flamme)
deep	profound(profond)
lonely	solitary(solitaire)
indeed	in fact(en fait)
house	mansion(maison)
fatherly	paternal(paternel)
friendship	amity(amitié)

<표 24> 영어와 불어의 어휘 비교

위의 표에서 영어의 mansion은 '대저택'의 의미가 있지만 불어의
'maison'은 단순한 집을 가리킨다. 이러한 차이는 노르망족의 집은 색
슨족에 비해 저택이었기 때문에, 색슨족은 자신들의 집은 'house'로,
노르망 귀족의 저택은 'mansion'으로 구분하여 부른 데 기인한다.

맺는말

이 책의 집필이 끝날 무렵 전국의 모든 학교는 긴 여름 방학에 들어가 있었다. 특히 초등학생들은 학기가 끝나기 무섭게 어학 연수를 받으러 해외로 나가는 것이 유행처럼 되어 버렸다. 목표는 한 가지, 영어를 남보다 유창하게 구사하기 위해서다. 그런데 우리의 부모는 여기에서 한 가지 간과하는 부분이 있다. 과연 그들의 자녀들이 우리 문화에 대한 정체성은 고사하고라도 우리말은 제대로 배웠다고 자신하는가? 하기야 영어 공용론의 문제가 국민적인 토론의 대상이고 보면, 영어가 우리나라에서는 만사형통의 지름길인 것처럼 보인다.

우리는 지금까지 언어와 문화의 관계, 좀 더 자세히 말하면 언어를 통하여 문화의 여러 면을 보려고 시도하였다. 언어는 한 민족이 수천 년 동안에 축적한 경험의 산실이자 살아 있는 자료의 보고이다. 그렇기 때문에 언어를 배운다는 것은 서두에서 말했듯이 새롭게 사는 법을 배우는 것이다. 즉, 지금까지 살아왔던 세계가 아닌 또 다른 세계에서 삶을 사는 것이다.

우리가 외국 문화를 배우는 이유는 우리 스스로의 모습을 볼 수 없기 때문에 외국 문화라는 거울을 통해 우리 문화를 제대로 보기 위해서다. 즉, 외국 문화와 외국어를 배우는 것은 우리의 문화와 우리말을 좀 더 잘 알고 아껴야한다는 당위성을 찾기 위함이다. 이 말은 언어의 학습이 어학적 지식의 습득 자체가 그 목적은 아니라는 말이다. 그러나 작금의 현실은 어떠한가? 어느 외국인은 이런 질문을 던진다: "왜 한국인들은 한국어에 관심이 없는거죠?". 이 질문에 우리는 할 말이 없다.

언어는 한 민족이 존재하는 한 함께 가야할 영원한 동반자와 같은 존재이다. 우리는 언어를 통해서 문화의 모습을 보려고 시도하였고, 어느 정도는 그 모습을 보았다. 언어는 그 시대의 거울과 같은 존재이다. 그 말은 우리의 삶의 모습이 그대로 언어에 투영되어 있다는 뜻이다. 과거 우리 조상이 살아 왔던 궤적이 우리말에 남아 있듯이, 우리가 살아가는 모습도 언어를 통하여 후손들에게 전달될 것이다.

덧붙이며

언어와 문화의 주제는 그 범주가 넓은 만큼 내용도 다양하고 풍부하다. 이번에 개정·증보판을 펴내며 전편에서 다루지 않았던 주제를 많이 보충하려고 노력하였지만 아직도 미흡하게만 보인다.

언어는 문화의 산물인 동시에 문화도 언어의 산물이다. 우리는 언어의 습득이 언어적인 것에 국한된 것으로 생각하기 쉽지만, 언어는 문화의 산물이므로 그 토양을 이루는 문화의 실체에 접근해야만 분명한 언어의 습득을 이룰 수 있다.

본서에서는 인간 언어와 관련된 문화의 여러 양태들이 개별성보다는 보편성을 가지고 있음을 살펴보았다. 이름을 짓는 법, 다양한 알파벳의 공통 분모, 색채어의 공통점들이 그 좋은 예이다.

우리에게 보이는 각문화의 상이성은 외형적인 면만 중시한 결과일지 모른다. 여러 문화의 뿌리에는 인류 문명의 보편성이 존재한다는 사실을 주목해야 할 것이며, 문화와 밀접한 언어도 같은 시각에서 바라보아야 할 것이다.

참고문헌

김동섭, 『서양중세의 삶과 생활』, 새미, 1999년.
김방한, 『한국어의 계통』, 민음사, 1983년.
_____, 『언어학의 이해』, 민음사, 1992년.
_____, 『언어와 역사』, 서울대학교 출판부, 1994년.
김윤한, 『인구어 비교언어학』, 민음사, 1988년.
김진우, 『언어와 문화』, 중앙대학교 출판부, 1996년.
노명길 외, 『문화인류학의 이해』, 일신사, 1999년.
로날드 바르도 Ronald Wardhaugh/박의재 옮김, 『사회언어학』, 한신문화
            사, 1994년.
마빈 해리스/박종렬 옮김, 『문화의 수수께끼』, 한길사, 1997년.
박인효, 『프랑스 문화의 이해』, 조선대학교 출판국, 1998년.
발터 크래머/박영구 옮김, 『상식의 오류 사전』, 경당, 2001년.
시오노 나나미, 『로마인 이야기, 제 6권, 팍스 로마나』, 한길사, 2002년.
_____, 『로마인 이야기, 제 8권, 위기와 극복』, 한길사, 2002년.
_____, 『로마인 이야기, 제 9권, 현제의 세기』, 한길사, 2002년.
앙드레 모로아, 『영국사』, 기린원, 1991년.
에드워드 홀/최효선 옮김, 『문화를 넘어서』, 한길사, 2000년.
_____, 『침묵의 언어』, 한길사, 2001년.
에르베르 토마/김양미 옮김, 『인류의 기원』, 시공사, 1997년.
앨버트 가우어/ 강동일 옮김, 『문자의 역사』, 새날, 1995년.
이광규, 『문화인류학의 세계』, 서울대학교 출판부, 1995년.
이윤기, 『이윤기의 그리스 로마 신화』, 웅진닷컴, 2001년.
이장우, 『중국문화통론』, 중문출판사, 1993년.
장영준, 『언어의 비밀』, 한국문화사, 1999년.
쟝 피에르 베르니에/주형일 옮김, 『문화의 세계화』, 한울, 2000년.

정수일, 『고대문명교류사』, 사계절, 2002년.
조두상, 『문자학』, 부산대학교 출판부, 1998년.

조루주 장, 『기호의 언어』, 시공사, 1997년.

_____, 『문자의 역사』, 시공사, 1995년.

진성복, 『언어와 인간 생활』, 한신문화사, 1999년.

진 쿠퍼/이윤기 옮김, 『그림으로 보는 세계 문화 상징 사전』, 까치, 1996년.

최광선, 『몸짓을 읽으면 사람이 재미있다』, 일빛, 1999년.

최준식, 『한국인에게 문화는 있는가』, 사계절, 1999년.

카미, 『삐아제 이론과 유아 교육』, 창지사, 1997년.

케빈 크로슬리-홀런드/서미석 옮김, 『북유럽 신화』, 현대지성사, 2002년.

크리스티앙 자크/김진경 옮김, 『이집트 상형문자 이야기』, 예문, 1999년.

피터 콜릿/이윤식 옮김, 『습관을 알면 문화가 보인다』, 청림출판, 1999년.

한국문화인류학회, 『낯선 곳에서 나를 만나다』, 일조각, 1998년.

한상복 외, 『문화인류학개론』, 서울대학교 출판부, 1997년.

한용우 편역, 『그리스 로마 신화』, 홍신문화사, 1990년.

삐에르 미셸 베르뜨랑/박수현 옮김, 『왼손잡이의 역사』, 푸른미디어, 2002년.

Roger E. Axtell, *Gestures*, John Wiley & Sons, Ins., New York, 1997.

Christian Baylon, *Initiation à la linguistique*, 1985.

Claude Gagnière, *Tout sur tout*, France loisir, 1986.

Denys Cuche, *La notion de culture dans les sciences sociales*, La découverte, 1996.

Jean Copans, *Introduction à l'éthnologie et à l'anthropologie*, Nathan, 1996.

Jean-Pierre Warnier, *La mondialisation de la culture*, La découverte, 1999.

Louis Dollot, *Culture individuelle et culture de masse*, puf, 1999.

Michel Pastoureau, *Figures de l'héraldique*, Découverte Gaillmard, 1995.

X. Delamarre, *Le vocabulaire indo-européen*, Librairie d'Amérique et d'Orient, 1984.

김동섭(金東燮)

저자 김동섭은 성균관대학교 불어불문학과를 졸업하고
빠리 5대학교(Université René Descartes)에서 언어학을
전공하였다. 역서로는 『불어사』(1996년), 『서양 중세의 삶
과 생활』(1999년), 저서로는 『신화 어떻게 이해할 것인가』
(2006년) 등이 있으며, 논문으로는 『고대 불어 2격 곡용 상
실에 관한 연구』 등 다수가 있다. 현재 수원대학교 프랑스
어문학과에 재직중이다.

언어를 통해 본 문화이야기

1판 1쇄 발행 _ 2013년 3월 5일
1판 3쇄 발행 _ 2019년 2월 28일

저 자 · 김 동 섭
발 행 인 · 정 현 걸
발 행 · 신 아 사
인 쇄 · 대명프린팅
출판등록 · 1956년 1월 5일 (제9-52호)
주 소 · 서울특별시 은평구 통일로 59길 4 (2F)
전 화 · 02)382-6411 · 팩스 02)382-6401
홈페이지 · www.shinasa.co.kr
E-MAIL · shinasa@daum.net

ISBN 978-89-8396-812-8(93380)
저자와의 협의로 인지를 생략합니다.

정가 13,000원